MW01608627

STEPHEN KING

DER GESANG DER TOTEN

Unheimliche Geschichten

Deutsche Erstveröffentlichung

WILHELM HEYNE VERLAG
MÜNCHEN

HEYNE ALLGEMEINE REIHE
Nr. 01/6705

Titel der amerikanischen Originalausgabe
SKELETON CREW
Zweiter Teil der Ausgabe der Kurzgeschichten
Der erste Teil erschien mit dem Titel
»Im Morgengrauen« (01/6553)
Deutsche Übersetzung von Alexandra v. Reinhardt

7. Auflage

Inhalt

Mrs. Todds Abkürzung

»Da fährt die Todd«, sagte ich.

Homer Buckland hob den Kopf und schaute zu dem sich nähernden kleinen Jaguar hinüber. Die Frau am Steuer winkte Homer im Vorbeifahren grüßend zu, aber Homer winkte nicht zurück, sondern begnügte sich mit einem Nicken seines großen Wuschelkopfes. Die Todds hatten ein großes Sommerhaus am Castle Lake, und Homer war seit ewigen Zeiten ihr Hausmeister. Ich hatte immer das Gefühl, daß er Worth Todds zweite Frau nicht ausstehen konnte, im Gegensatz zur ersten, 'Phelia Todd, die er sehr gern gehabt hatte.

Das war so etwa vor zwei Jahren, und wir saßen auf einer Bank vor Bell's Market, ich mit einer Flasche Orangesoda, Homer mit einem Glas Mineralwasser. Es war Oktober. Das ist in Castle Rock immer ein ruhiger Monat. Viele Sommerhäuser am See werden an den Wochenenden zwar noch bewohnt, aber der größte Sommerrummel mit den ganzen Saufparties ist dann vorüber, und die Jäger von auswärts mit ihren großen Gewehren und den teuren Jagdkarten, die sie an ihren orangefarbenen Mützen befestigen, tauchen erst später im Herbst in der Stadt auf. Der größte Teil der Ernte ist schon eingebracht. Die Nächte sind kühl, angenehm zum Schlafen, und alte Knochen — wie die meinen — haben noch keinen Grund zur Klage. Im Oktober ist der Himmel über dem See für meine Begriffe wunderschön, mit seinen großen weißen Wolken, die so ganz langsam dahinziehen; es gefällt mir, daß ihre untersten Schichten so flach aussehen und ein bißchen grau sind, so als würden sie die Schatten des Sonnenuntergangs schon vorwegnehmen, und es wird mir auch nicht so schnell langweilig zu beobachten, wie die Sonne auf dem Wasser funkelt. Im Oktober, wenn ich auf der Bank vor Bell's Market sitze und aus der Ferne den See betrachte, überkommt mich immer noch der Wunsch zu rauchen, obwohl ich es schon vor Jahren aufgegeben habe.

»Sie fährt nich' so schnell wie 'Phelia«, bemerkte Homer. »Weiß der Deibel, ich hab immer gedacht, daß so'n altmodischer Name nich' zu 'ner Frau paßt, die beim Autofahren so'n Tempo drauf hatte.«

Leute mit Sommerhäusern wie die Todds sind für die Einwohner kleiner Städte in Maine bei weitem nicht so interessant, wie sie selbst es sich einbilden. Die Einheimischen bevorzugen ihre eigenen Liebes- und Haßgeschichten, ihre eigenen Skandale und Gerüchte über Skandale. Als jener Textilfritze aus Amesbury sich erschoß, mußte Estonia Corbridge feststellen, daß das Interesse an ihrer Schilderung, wie sie seine Leiche mit der Pistole in der noch nicht einmal steifen Hand gefunden hatte, schon nach einer Woche so abgeflaut war, daß diese Geschichte ihr nicht einmal mehr eine Einladung zum Mittagessen einbrachte. Über Joe Camber hingegen, der von seinem eigenen Hund getötet wurde, reden die Leute immer noch.

Na ja, was soll's. Es ist eben einfach so, daß sie auf anderen Reitbahnen unterwegs sind als wir. Die Sommerfrischler sind Traber; wir anderen, die zur Arbeit keine Krawatten umbinden, sind einfache Paßgänger. Trotzdem war das lokale Interesse sehr groß, als Ophelia Todd im Jahre 1973 verschwand. Ophelia war eine wirklich nette Frau, und sie hatte sich für alle möglichen Stadtprojekte sehr engagiert. Sie arbeitete tatkräftig mit, um Geld für die Sloan-Bücherei und die Restaurierung des Kriegerdenkmals aufzubringen und all so was. Aber die Idee, Gelder aufzubringen, ist eigentlich *allen* Sommerfrischlern sehr sympathisch. Man braucht es nur zu erwähnen, und schon bekommen sie richtige Leuchtaugen. Dann können sie nämlich ein Komitee ins Leben rufen und eine Sekretärin ernennen und eine Tagesordnung festsetzen. Und das lieben sie. Erwähnt man aber *Zeit*, so hat man bei ihnen kein Glück — es sei denn, es handelt sich um eine einzige Endlosveranstaltung, so 'ne Mischung zwischen Cocktailparty und Komiteesitzung. Zeit scheint den Sommerfrischlern am meisten am Herzen zu liegen. Sie geizen damit, und wenn sie sich Zeitvorräte in Einmachgläsern anlegen könnten, so würden sie's mit Sicherheit auch tun. Aber 'Phelia Todd war bereit, Zeit zu *opfern* — nicht nur Geld für die Bücherei aufzubringen, sondern auch dort an der Ausleihe zu arbeiten. Als es darum ging, das Kriegerdenkmal in mühevoller Arbeit zu putzen, war 'Phelia in einem Overall und mit Kopftuch zur Stelle und plagte sich zusammen mit den Frauen aus unserer Stadt ab, die in drei verschiedenen Kriegen ihre Söhne verloren hatten. Und als Kinder zu einem Sommerschwimmkurs gebracht werden mußten, konnte man sie oft die Landing Road entlangfahren sehen, Worth Todds großen glänzenden Lieferwagen hinten mit Kindern vollbeladen. Eine gute Frau. Keine Einheimische, aber eine gute Frau. Und als sie verschwand, waren die Leute betroffen. Man kann nicht direkt sagen, daß sie um 'Phelia trauerten, denn wenn jemand verschwindet, so ist das etwas anderes als wenn er stirbt. Es ist nicht so, als hätte man was mit dem Hackmesser abgetrennt, sondern vielmehr so, als wenn etwas ganz langsam in den Abfluß rinnt und man erst viel später merkt, daß alles verschwunden ist.

»Sie fuhr meistens den Mercedes«, sagte Homer, so als hätte er meine Gedanken erraten. »So'n Sportwagen, 'n Zweisitzer. Todd hat ihn ihr '64 oder '65 gekauft, glaub ich. Weißt du noch, wie sie jahrelang immer mit dem Lieferwagen die Kinder zum See runterkutschierte, wenn sie Schwimmunterricht hatten?«

»Ja.«

»Dann fuhr sie höchstens mit Tempo 40, wegen der Kinder, die hinten drinsaßen. Aber 's fiel ihr furchtbar schwer. Die Frau hatte Blei in den Füßen und Kugellager hinten in den Knöcheln.«

Früher hatte Homer nie über seine Sommerfrischler gesprochen. Aber dann starb seine Frau. Vor fünf Jahren war das. Sie pflügte an einer Steigung, und der Traktor kippte um und begrub sie unter sich; die Sache nahm Homer schwer mit. Er trauerte zwei Jahre oder so, und dann schien es ihm wieder besser zu gehen, aber er war nicht mehr der alte. Er schien immer auf etwas zu warten — auf das nächste Ereignis. Wenn man in der Abenddämmerung an seinem hübschen Häuschen vorbeikam, saß er oft auf der Veranda und rauchte Pfeife; ein Glas Mineralwasser stand auf der Verandabrüstung, und der Sonnenuntergang spiegelte sich in seinen Augen, und Rauchwolken umgaben seinen Kopf, und man dachte — *ich* jedenfalls tat's: *Homer wartet auf das nächste Ereignis*. Das beunruhigte mich mehr, als ich zugeben wollte, und schließlich kam ich auch drauf, warum es mich so beunruhigte: ich an seiner Stelle hätte nicht auf das nächste Ereignis gewartet wie ein Bräutigam, der seinen Cut angezogen und seine Krawatte ordentlich gebunden hat und dann aufgeregt auf dem Bett im oberen Stock seines Hauses sitzt und abwechselnd in den Spiegel und auf die Kaminuhr schaut und wartet, daß es endlich 11 Uhr wird und die Trauung über die Bühne geht. Ich an seiner Stelle hätte nicht auf das *nächste* Ereignis gewartet; ich hätte nur noch auf das *letzte* gewartet.

Aber während jener Wartezeit — die endete, als Homer ein Jahr später nach Vermont umzog — redete er manchmal über die Sommerfrischler. Mit mir, mit ein paar anderen Leuten.

»Soviel ich weiß, fuhr sie auch nich' schnell, wenn ihr Mann dabei war. Aber wenn ich mit ihr fuhr, holte sie aus dem Mercedes das Letzte raus.«

Ein Mann hielt vor den Zapfsäulen und begann seinen Wagen vollzutanken, der ein Massachusetts-Kennzeichen trug.

»Es war keiner von diesen neuen Sportwagen, die mit bleifreiem Benzin fahren und wo's jedesmal ruckelt, wenn man ordentlich aufs Gas tritt; nein, es war noch einer von den alten, und der Tacho hatte 'ne Skala, die bis 160 Meilen pro Stunde ging. Die Farbe von dem Auto war so'n komisches Braun, und einmal hab ich sie gefragt, wie man so'ne Farbe nennt, und sie hat gesagt — Champagner. Is' nich' so besonders, hab ich gesagt, und daraufhin hat sie schallend gelacht. Ich mag Frauen, die 'nen Witz gleich kapieren und lachen.«

Der Mann an den Zapfsäulen hatte sein Auto vollgetankt.

»Tag, meine Herren«, sagte er, während er die Treppe raufkam.

»Guten Tag«, sagte ich, und er ging in den Supermarkt rein.

»'Phelia hat immer nach Abkürzungen gesucht«, fuhr Homer fort, so als wären wir überhaupt nicht unterbrochen worden. »Die Frau war ganz verrückt auf Abkürzungen. So was hatt' ich noch nie erlebt. Sie sagte, wenn man nur genug Weg sparen kann, spart man auch Zeit. Sie sagte, ihr Vater hätt' auf diese Weisheit geschworen. Er war Vertreter und immer auf Achse. Sie hat ihn begleitet, wenn sie konnte, und er hat immer nach 'nem kürzeren Weg gesucht. Und sie hat's von ihm übernommen.

Einmal hab ich sie gefragt, ob das nich' verdammt komisch wäre — einerseits würd' sie ihre Zeit damit verbringen, die alte Statue im Park zu polieren und Kinder zum Schwimmunterricht zu fahren, anstatt Tennis zu spielen und zu schwimmen und sich zu betrinken wie normale Sommerfrischler, und andererseits würd' ihr so irrsinnig viel daran liegen, zwischen hier und Freyburg 'ne Viertelstunde einzusparen, daß sie darüber wahrscheinlich schlaflose Nächte verbringt. Mir kam's einfach so vor, als wär da ein Widerspruch, wenn du verstehst, was ich meine. Und weißt du, was sie darauf sagt? Sie schaut mich an und sagt: ›Ich helfe gern, Homer. Ich fahr auch gern Auto — wenigstens manchmal, wenn's eine echte Herausforderung ist — aber es gefällt mir nicht, daß man dabei *Zeit* verbraucht. Es ist so ähnlich wie beim Kleiderändern — manchmal macht man was enger oder kürzer, und manchmal läßt man was raus. Verstehen Sie, was ich meine?‹

›Ich glaub schon, Madam‹, sag ich unsicher.

›Wenn es mir die *ganze* Zeit über Spaß machen würde, hinter dem Steuer zu sitzen, würde ich nach *Umwegen* Ausschau halten‹, sagt sie, und das brachte mich furchtbar zum Lachen.«

Der Mann aus Massachusetts kam mit einem Sechserpack Bier in einer Hand und einigen Lotterielosen in der anderen aus dem Geschäft heraus.

»Sie genießen wohl das Wochenende, was?« sagte Homer.

»Das tu ich immer«, antwortete der Mann. »Ich wünschte nur, ich könnte es mir leisten, das ganze Jahr über hier zu leben.«

»Na ja, wir werden für Sie hier alles in Ordnung halten«, sagte Homer, und der Mann lachte.

Wir schauten ihm nach, als er wegfuhr. Sein Nummernschild glänzte in der Sonne. Es war grün. Meine Marcy sagt, daß in Massachusetts Autofahrer, die in diesem komischen, hektischen, gereizten Staat zwei Jahre lang keinen Unfall gebaut haben, von der Zulassungsstelle so'n grünes Schild bekommen. Wenn man aber in einen Unfall verwickelt war, sagt sie, muß man ein rotes haben, damit die Leute wissen, daß sie aufpassen müssen.

»Die beiden Todds waren aus Maine, wußtest du das?« sagte Homer, so als hätte der Mann aus Massachusetts ihn an diese Tatsache erinnert.

»Ja, das hab ich schon mal gehört«, sagte ich.

»Die Todds sind so ziemlich die einzigen Vögel, die im Winter von hier nach Norden fliegen. Die neue Frau — ich glaub nich', daß es der gefällt, nach Norden zu fliegen.«

Er nippte an seinem Mineralwasser und schwieg einen Moment lang nachdenklich.

»*Ihr* machte das aber nichts aus«, sagte er dann. »Davon bin ich *überzeugt*, obwohl sie sich immer heftig beklagt hat. Aber ich glaub, damit wollte sie nur erklären, warum sie immer nach 'ner Abkürzung suchte.«

»Und du meinst, daß es ihrem Mann nichts ausmachte, wenn sie jeden gottverdammten Waldweg zwischen hier und Bangor langfuhr, nur um auszuprobieren, ob er vielleicht 'ne Zehntelmeile kürzer war?«

»Es war ihm scheißegal«, erwiderte Homer kurz angebunden, stand auf und ging in den Supermarkt. Da hast du's, Owens, sagte ich mir, du weißt doch, daß er's nicht leiden kann, wenn man ihm beim Erzählen Fragen stellt, und trotzdem hast du ihn eben unterbrochen und dich damit um eine Geschichte gebracht, die ganz vielversprechend anfing.

Ich saß da und ließ mich von der Sonne wärmen, und nach etwa zehn Minuten kam Homer mit einem hartgekochten Ei wieder raus und setzte sich neben mich. Er aß, und ich hielt wohlweislich den Mund, und das Wasser vom Castle Lake funkelte so blau wie irgend so'n Edelstein. Als Homer sein Ei aufgegessen und einen Schluck Mineralwasser getrunken hatte, erzählte er weiter. Ich war überrascht, sagte aber immer noch nichts. Es wäre nicht klug gewesen.

»Sie hatten drei verschiedene Blechsärge«, sagte er. »Da war der Cadillac und sein Lieferwagen und ihr kleiner Mercedes-Flitzer. Den Lieferwagen ließ er manchmal den Winter über hier stehen, weil sie ab und zu zum Skifahren runterkamen. Wenn der Sommer vorbei war, fuhr er meistens mit dem Caddy rauf und sie mit ihrem kleinen Flitzer.«

Ich nickte, sagte aber immer noch nichts. Ich wollte einfach keinen weiteren Kommentar riskieren. Später dachte ich allerdings, daß auch 'ne Menge Kommentare Homer an jenem Tag nicht zum Schweigen gebracht hätten. Die Geschichte von Mrs. Todds Abkürzung muß ihm schon lange auf der Seele gelegen haben.

»Ihr kleiner Flitzer hatte so'n Meilenstandanzeiger, und jedesmal, wenn sie von Castle Lake nach Bangor fuhr, stellte sie ihn auf Null und schaute auch genau auf die Uhr. Sie machte sich einen Sport daraus, und mich pflegte sie immer damit aufzuziehen.«

Er verstummte und dachte über das soeben Gesagte nach.

»Nein, das stimmt nich'«, meinte er dann, und seine Stirn legte sich in Falten. »Sie *tat so*, als wär's für sie nur ein Sport oder ein Spiel, aber in Wirklichkeit war's 'ne ernste Angelegenheit. Mindestens so wichtig wie manches andere.« Er winkte ab, und ich nahm an, daß er den Ehemann meinte. »Das Handschuhfach des kleinen Flitzers war voll mit Landkarten, und hinten, wo ein normales Auto die Rücksitze hat, lagen noch mehr rum. Da gab's Karten, wie man sie an den Tankstellen bekommt, und lose Seiten, die sie aus 'nem Straßenatlas rausgerissen hatte, und Karten aus Reiseführern und auch jede Menge topographischer Karten. Aber 's war nich' die Tatsache allein, daß sie diese ganzen Karten besaß, warum ich glaubte, 's wär für sie mehr als nur ein Spiel; vielmehr war's die Sorgfalt, mit der sie alle Strecken einzeichnete, die sie schon langgefahren war oder zumindest versucht hatte langzufahren. Ein paarmal ist sie nämlich auch steckengeblieben und mußte von irgend-'nem Farmer mit Traktor und Kette abgeschleppt werden.

Eines Tages hab ich bei ihnen das Bad gekachelt — aus jeder verdammten Fuge quoll der Mörtel raus, und ich hab in der Nacht nur von Kacheln und aus den Fugen rauskommendem Mörtel geträumt — und sie stand auf der Schwelle und erzählte 'ne ganze Weile von ihren Abkürzungen. Ich hab sie oft damit aufgezogen, aber ich hab mich trotzdem dafür interessiert, und das nich' nur, weil mein Bruder Franklin unten in Bangor gewohnt hatte und ich die meisten Straßen selbst schon langgefahren war, von denen sie erzählte. Es hat mich einfach interessiert, einfach weil ein Mann wie ich immer gern den kürzesten Weg kennt, auch wenn er nich' immer Lust hat, ihn dann auch zu fahren. Geht's dir auch so?«

»Ja«, sagte ich. Es verschafft einem so 'ne Art Machtgefühl, den kürzesten Weg zu kennen, selbst wenn man dann den weitesten fährt, weil man weiß, daß daheim die Schwiegermutter sitzt. Irgendwohin möglichst schnell kommen zu wollen, ist oft für die Katz, obwohl das in Massachusetts kein Führerscheininhaber zu wissen scheint. Aber den schnellsten Weg zu *kennen* oder auch nur überhaupt einen Weg zu kennen, der dem Beifahrer nicht bekannt ist . . . das ist ein tolles Gefühl.

»Weißt du, Straßen waren für sie so was wie für'n Pfadfinder seine Knoten«, sagte Homer und grinste sein breites, strahlendes Lächeln. »›Einen Moment, warten Sie einen Moment‹, ruft sie plötzlich wie ein kleines Mädchen, und ich hör sie durch die Wand in ihrem Schreibtisch wühlen, und dann kommt sie mit 'nem kleinen Notizbuch zurück, das so aussieht, als hätt' sie's schon sehr lange. Weißt du, der Einband war schon ganz mitgenommen, und ein paar Seiten waren lose.

›Worth — und überhaupt die *meisten* Leute — fährt immer die Route 97 bis Mechanic Falls, dann die Route 11 nach Lewiston und dann die Interstate nach Bangor. Das sind 156,4 Meilen‹, sagt sie, und ich nikke nur.

›Wenn man die Autobahn umgehen — und ein paar Meilen sparen — will, fährt man nach Mechanic Falls, dann auf der Route 11 nach Lewiston, von da auf der Route 202 nach Augusta und dann auf der Route 9 über China Lake und Unity und Haven nach Bangor. Das sind 144,9 Meilen.‹

›Zeit werden Sie auf diese Weise aber nich' sparen können‹, sag ich zu ihr, ›nicht wenn Sie Lewiston *und* Augusta durchfahren müssen. Obwohl ich zugeben

16

muß, daß die Strecke über die Old Derry Road nach Bangor sehr reizvoll ist.‹

›Wenn man genügend Meilen spart, spart man auch Zeit‹, sagt sie. ›Außerdem habe ich nicht gesagt, daß ich diese Strecke wählen würde, obwohl ich sie sehr oft gefahren bin. Ich zähle Ihnen einfach die meistbenutzten Strecken auf. Soll ich fortfahren?‹

›Nein‹, sag ich, ›lassen Sie mich in diesem verdammten Bad allein diese ganzen verdammten Fugen anstarren, bis ich 'nen Schreikrampf krieg.‹

›Es gibt insgesamt vier Hauptstrecken‹, fährt sie also fort. ›Wenn man über die Route 2 fährt, sind es 163,4 Meilen. Ich hab's einmal ausprobiert. Das ist zu weit. Diese Strecke kann man also vergessen.‹

›Die würde ich langfahren, wenn meine Frau anrufen und mir sagen würde, es gäb Reste vom Vortag zu essen‹, murmelte ich so vor mich hin.

›Was haben Sie gesagt?‹ fragt sie.

›Ach, nichts‹, sag ich. ›Ich hab nur mit dem Mörtel geredet.‹

›Ach so‹, sagt sie. ›Nun, die vierte Möglichkeit — sie ist ziemlich wenig bekannt, obwohl sie über lauter gute, jedenfalls geteerte Straßen führt — besteht darin, auf der 219 über den Speckled Bird Mountain zu fahren und *hinter* Lewiston auf die 202 zu kommen. Wenn man dann auf der Route 19 weiterfährt, kann man Augusta umgehen und auf der Old Derry Road weiterfahren. Das sind dann bis Bangor nur 129,2 Meilen.‹

Ich hab 'ne Weile nichts gesagt, und vielleicht dachte sie, ich glaub ihr nicht, denn sie hat so'n bißchen schnippisch gesagt: ›Ich weiß, es ist schwer zu glauben, aber es ist so.‹

Ich hab gesagt, sie hätte bestimmt recht, und als ich's mir dann noch mal durch den Kopf hab gehen lassen, fiel mir auch ein, daß das genau die Strecke war, die ich normalerweise langgefahren bin, wenn ich Franklin in Bangor besucht hab, als er noch lebte. Aber damals hatt' ich jenen Weg schon jahrelang nich' mehr benutzt. Glaubst du, daß ein Mensch einen Weg — na ja — ganz einfach vergessen kann, Dave?«

Ich hielt das durchaus für möglich. Die Autobahn ist so eine einfache, bequeme Sache. Nach einer Weile überlegt man gar nicht mehr, wie komme ich von hier am besten nach dort, sondern nur noch, wie komme ich von hier am besten zur nächsten Autobahnauffahrt. Und das brachte mich auf den Gedanken, daß es vielleicht überall jede Menge Straßen gibt, die einfach nicht mehr befahren werden. Straßen, die an Felswänden entlangführen; richtige Straßen, die von Brombeerbüschen gesäumt sind, wo aber außer den Vögeln niemand da ist, um die Brombeeren zu essen; und Kiesgruben, an deren Einfahrten alte rostige Ketten hängen, die völlig in Vergessenheit geraten sind wie alte Kinderspielzeuge, und deren verlassene Abhänge mit Unkraut und Gras bedeckt sind. Straßen, die einfach von allen vergessen worden sind, von den paar Leuten abgesehen, die dort wohnen und überlegen, wie sie am schnellsten von diesen Nebenstraßen weg auf die Autobahn kommen, wo man einen Hügel rauffahren kann, ohne mordsmäßig zu fluchen. Wir hier in Maine sagen gern im Spaß, daß man nicht von hier nach dort kommen kann, aber vielleicht ist das in Wirklichkeit ein Scherz auf unsere Kosten. Verdammt, es gibt tausenderlei Möglichkeiten, irgendwo hinzukommen, nur kümmert sich kein Mensch darum.

»Ich hab den ganzen Nachmittag dieses kleine heiße Badezimmer gekachelt und mich mit dem Mörtel rumgeplagt«, fuhr Homer in seiner Erzählung fort, »und sie stand die ganze Zeit auf der Schwelle, ein Bein hinter dem anderen, in Tennisschuhen an den nackten Füßen; sie hatte einen khakifarbenen Rock und einen etwas dunkleren Sweater an. Ihr Haar war zu einem Pferdeschwanz zusammengebunden. Sie muß damals so vier- oder fünfunddreißig gewesen sein, aber ihr Gesicht strahlte so richtig beim Erzählen, und sie sah aus wie ein Collegemädchen, das die Ferien zu Hause verbringt.

Nach 'ner Weile muß sie dann gemerkt haben, wie lang sie schon da rumstand und redete, denn plötzlich hat sie gesagt: ›Ich muß Sie irrsinnig langweilen, Homer.‹

›Ja, Madam‹, sag ich, ›das tun Sie. Mir wär's viel lieber, wenn Sie weggingen. Dann könnt ich mich mit diesem verdammten Mörtel unterhalten.‹

›Werden Sie nicht frech, Homer‹, sagt sie.

›Nein, Madam, Sie langweilen mich nicht‹, sag ich also.

Und sie lächelt und blättert in ihrem kleinen Notizbuch wie ein Vertreter, der seine Aufträge überprüft. Sie hatte jene vier Hauptstrecken – vielmehr drei, weil sie die Route 2 ja gleich als uninteressant abgetan hatte. Aber sie muß mindestens 40 andere Wege gekannt haben, alles verschiedene Varianten der Hauptstrecken. Straßen mit und ohne Nummern, Straßen mit und ohne Namen. Mir schwirrte schon der Kopf. Und schließlich sagt sie dann: ›Wollen Sie hören, welche Strecke die Goldmedaille bekommen hat, Homer?‹

›Na klar‹, sag ich.

›Zumindest hat sie *bisher* die Goldmedaille‹, verbessert sie sich. ›Wußten Sie, Homer, daß im Jahre 1923 ein Mann in *Science Today* einen Artikel geschrieben und darin bewiesen hat, daß kein Mann eine Meile in weniger als vier Minuten laufen kann? Er hat es *bewiesen*, mit allen möglichen Berechnungen, die auf der maximalen Länge der männlichen Oberschenkelmuskeln, der maximalen Schrittlänge, der maximalen Herz- und Lungenkapazität und einer Menge anderer Daten basierten. Dieser Artikel *faszinierte* mich. Er faszinierte mich so, daß ich ihn Worth gab und ihn bat, ihn Professor Murray von der mathematischen Fakultät der University of Maine zu geben. Ich wollte diese Berechnungen überprüfen lassen, weil ich überzeugt davon war, daß sie von falschen Grundvoraussetzungen ausgingen oder irgend so was. Worth hielt mich wahrscheinlich für verrückt — »Ophelia hat einen kleinen Vogel«, sagt er immer — aber er tat mir den Gefallen. Nun, Professor Murray hat alle Angaben und Berechnungen des Mannes sorgfältig überprüft... und wissen Sie *was*, Homer?‹

›Nein, Madam.‹

›Die Zahlen *stimmten*. Der Mann war auch von den *richtigen* Werten ausgegangen. Er *bewies* 1923, daß ein Mann eine Meile nicht in weniger als vier Minuten zurücklegen kann. Er *bewies* das. Aber es wird ständig vollbracht, und wissen Sie, was das bedeutet?‹

›Nein, Madam‹, sag ich, obwohl ich schon so'ne Ahnung hatte, worauf sie hinauswollte.

›Es bedeutet, daß keine Goldmedaille für immer und ewig ist‹, sagt sie. ›Irgendwann — wenn die Erde nicht vorher in die Luft fliegt — wird jemand bei den Olympischen Spielen eine Meile in *zwei* Minuten zurücklegen. Vielleicht erst in 100 oder in 1000 Jahren, aber irgendwann wird's jemand schaffen. Es gibt nämlich keine letzte Grenze, die unüberwindbar wäre. Es gibt den Nullpunkt und die Ewigkeit, und es gibt die Sterblichkeit, aber es gibt keine unüberwindbare Grenze.‹

Da stand sie nun, mit strahlendem Gesicht, die Haare zurückgekämmt, und sah mich an, so als wollte sie sagen: ›Na los, widerlegen Sie mich, wenn Sie können.‹ Aber das konnte ich nicht, weil ich selbst so was Ähnliches glaube. Ich glaub, so was in dieser Art meint auch der Pfarrer, wenn er von Gnade redet.

›Wollen Sie also hören, welche Strecke *gegenwärtig* die Goldmedaille hat?‹ fragt sie.

›Ja‹, sag ich. Ich hab sogar für'n Augenblick die Arbeit unterbrochen. Ich war ohnehin bei der Badewanne angelangt, und es waren nur noch die blödsinnigen kleinen Ecken zu machen. Sie holte tief Luft und rasselte den Weg dann runter, mit 'ner Geschwindigkeit, wie der Auktionator drüben in Gates Falls sie draufhat, wenn er ein paar Whisky zuviel gekippt hat. Ich erinnere mich nich' mehr genau an alles, aber 's war so ähnlich wie's folgt.«

Homer Buckland schloß einen Moment lang die Augen. Sein Gesicht war der Sonne zugewandt, die Hände lagen ganz ruhig auf seinen langen Oberschenkeln. Dann öffnete er wieder die Augen, und ich schwör's Ihnen, einen Moment lang sah er aus wie sie, jawohl, das tat er — ein siebzigjähriger Mann sah aus wie eine vierunddreißigjährige Frau, die damals aber selbst wiederum wie eine zwanzigjährige Collegestudentin aussah. Ich erinnere mich nicht mehr genau daran, was *er* sagte, ebensowenig wie er sich genau erinnerte, was *sie* gesagt hatte, und das nicht nur deshalb, weil es so kompliziert war, sondern hauptsächlich deshalb, weil ich von seinem Aussehen so fasziniert war. Aber in etwa lief es auf folgendes hinaus:

»Man fährt auf der Route 97, biegt dann in die Denton Street ab, zur Old Townhouse Road, und braucht auf diese Weise nicht durch die Innenstadt von Castle Rock zu fahren, kommt aber trotzdem wieder auf die 97. Nach neun Meilen kann man dann auf 'ne alte Holzfällerstraße abbiegen und erreicht nach anderthalb Meilen die Town Road 6, auf der man dann zur Big Anderson Road kommt, etwa in Höhe der Sites'schen Kelter. Von da gibt's dann eine Abkürzung, die von den alten Leuten Bear Road genannt wird und zur 219 führt. Sobald man den Speckled Bird Mountain hinter sich hat, nimmt man die Stanhouse Road, biegt dann links in die Bull Pine Road ab — da gibt's eine morastige Stelle, aber über die kann man gut hinwegbrausen, wenn man vorher auf dem Kiesweg schnell genug gefahren ist — und kommt auf der Route 106 wieder raus. Die 106 führt durch Alton's Plantation zur Old Derry Road — und dort gibt's ein paar Waldwege, die man entlangfährt und die hinter dem Krankenhaus von Derry in die Route 3 münden. Von da sind's dann nur noch vier Meilen bis zur Route 2 in Etna, und auf der kommt man dann vollends nach Bangor.‹

Sie mußte erst wieder zu Atem kommen, und dann schaute sie mich an und fragte: ›Wissen Sie, wieviel Meilen das insgesamt sind, Homer?‹

›Nein, Ma'm‹, sag ich und denke insgeheim, daß es sich anhört wie 190 Meilen und vier kaputte Federn.

›Genau 116,4 Meilen‹, sagt sie.«

Ich lachte. Ich konnte einfach nicht anders, obwohl mir sofort einfiel, daß ich das lieber hätte unterlassen sollen, wenn ich das Ende dieser Geschichte hören wollte. Aber erstaunlicherweise grinste Homer selbst und nickte.

»Ich weiß. Und *du* weißt, daß ich mich nich' gern mit jemandem rumstreite, Dave. Aber es ist immerhin ein großer Unterschied, ob man nur leicht am Bein gezogen wird, oder ob jemand es schüttelt wie 'nen gottverdammten Apfelbaum.

›Sie glauben mir nicht‹, sagt sie also.

Und ich sag: ›Na ja, es ist *schwer* zu glauben, Ma'am.‹

›Lassen Sie diesen Mörtel trocknen und kommen Sie mit. Ich werd's Ihnen zeigen‹, sagt sie. ›Das Stückchen hinter der Badewanne können Sie morgen auch noch fertigmachen. Kommen Sie, Homer. Ich leg Worth einen Zettel hin — es ist ohnehin ungewiß, ob er heute abend herkommt — und Sie können Ihre Frau anrufen! Wir werden im Pilot's Grille zum Abendessen Platz nehmen, in...‹ — sie schaute auf ihre Uhr — ›in genau 2 Stunden und 45 Minuten. Und wenn's nur eine Minute später ist, kaufe ich Ihnen eine Flasche Irish Mist für zu Hause. Wissen Sie, mein Vater hatte recht. Wenn man nur genügend Meilen einspart, spart man auch Zeit, selbst wenn man dazu durch jeden verdammten Sumpf im Kennebec County fahren muß. Na, was sagen Sie?‹

Sie sah mich mit ihren leuchtenden braunen Augen an, die so 'nen verwegenen Ausdruck hatten, als wollte sie sagen, dreh deine Mütze nach hinten, Homer, und steig aufs Pferd, ich werd erste sein und du zweiter, und die übrigen soll alle der Teufel holen! Und ihr Lächeln drückte dasselbe aus, und ich kann dir sagen, Dave, ich *wollte* fahren. Ich hätt' am liebsten nich' mal die verdammte Mörteldose zugeschraubt. Was ich bestimmt nich' wollte, war, ihren kleinen Flitzer selbst zu fahren. Ich wollt nur auf dem Beifahrersitz sitzen und zuschauen, wie sie einsteigt, wie ihr Rock ein bißchen höher rutscht, wie sie ihn über die Knie runterzieht oder auch nicht. Ich wollt dasitzen und ihr Haar leuchten sehen.«

Er verstummte, und dann lachte er plötzlich sarkastisch, und dieses Lachen hörte sich an wie ein Schuß aus einer mit Steinsalz geladenen Schrotflinte.

»Ich hatte Lust, Megan anzurufen und ihr einfach zu

sagen: ›Du kennst doch 'Phelia Todd, die Frau, auf die du ohnehin schon so eifersüchtig bist, daß du kein gutes Haar an ihr läßt? Na ja, sie und ich machen jetzt in ihrem kleinen champagnerfarbenen Mercedes-Flitzer 'nen Ausflug nach Bangor, also wart nich' mit dem Abendessen auf mich.‹ O ja, ich hatte Lust, sie anzurufen und ihr das zu sagen. O jaaaa.«

Und er lachte wieder, während seine Hände immer noch ganz ruhig auf seinen Schenkeln lagen, und einen Moment lang hatte sein Gesicht einen fast gehässigen Ausdruck, und dann griff er nach seinem Glas und trank einen Schluck Mineralwasser.

»Du bist aber nicht mitgefahren«, sagte ich.

»*Damals* nicht.«

Er lachte wieder, aber diesmal klang es ausgeglichener.

»Sie muß irgendwas in meinem Gesicht gelesen haben, denn sie schien plötzlich wieder zu sich zu kommen. Auf einmal sah sie nich' mehr wie so'n Collegemädchen aus, sondern wie 'Phelia Todd. Sie betrachtete ihr Notizbuch, als wüßte sie nicht, was sie da in der Hand hielt, und legte es dann auf den Boden.

›Ich täte nichts lieber als das, Ma'm, aber ich muß hier fertigwerden‹, hab ich gesagt, ›und meine Frau macht 'nen Braten zum Abendessen.‹

Und sie sagt daraufhin: ›Ich versteh schon, Homer — ich hab mich nur ein bißchen hinreißen lassen. Das passiert mir oft. Ständig, sagt Worth.‹ Und dann gab sie sich einen Ruck und sagte: ›Aber mein Angebot gilt jederzeit. Sie könnten sogar den Wagen anschieben, wenn wir irgendwo steckenbleiben. Vielleicht spar ich mir damit fünf Dollar.‹ Und sie lachte.

›Ich nehm Sie beim Wort, Madam‹, hab ich gesagt, und sie hat gesehen, daß ich wirklich meinte, was ich sagte, und nicht nur höflich sein wollte.

›Und damit Sie nicht weiterhin glauben, daß 116 Meilen bis Bangor unmöglich sind, sollten Sie Ihre eigene Karte rausholen und nachschauen, wieviel Meilen Luftlinie es sind.‹

Ich kachelte das Bad fertig und ging nach Hause und aß Reste vom Vortag — es gab keinen Braten, und ich glaube, 'Phelia Todd wußte das —, und als Megan im Bett war, holte ich Lineal und Bleistift und meine Mobil-Karte von Maine und tat, was sie mir geraten hatte ... die Sache ging mir nämlich nich' mehr aus dem Kopf, weißt du. Ich zog eine gerade Linie und rechnete dann die Strecke dem Maßstab entsprechend aus. Ich war verdammt überrascht. Wenn man nämlich von Castle Rock nach Bangor fliegen würde, wie's diese kleinen Piper Clubs an klaren Tagen tun können — wenn man keine Seen oder von Holzfirmen eingezäunten Wälder oder Sümpfe oder Flüsse ohne Brücken berücksichtigen müßte, nun, dann wären's nur 79 Meilen!«

Ich fiel vor Staunen fast von der Bank.

»Du kannst es selbst nachmessen, wenn du mir nicht glaubst«, sagte Homer. »Ich hab nie gewußt, wie klein Maine ist, bis ich das gesehen hab.«

Er trank einen Schluck und schaute mich dann an.

»Und im Frühjahr drauf fuhr Megan mal zu ihrem Bruder nach New Hampshire. Ich mußte im Haus der Todds nach dem Rechten sehen, die Wintertüren abnehmen und die Fliegengitter einsetzen, all so was, und wie ich hinkomm, steht ihr kleiner Flitzer da, und sie öffnet mir selbst die Tür und sagt: ›Homer! Sind Sie gekommen, um die Fliegengitter einzusetzen?‹

Und ich sag daraufhin: ›Nein, Madam, ich wollt fragen, ob Sie Lust haben, mit mir auf jenem kürzesten Weg nach Bangor zu fahren.‹

Sie starrte mich völlig ausdruckslos an, und ich

dachte schon, sie hätt' die ganze Sache total vergessen. Ich spürte, wie ich 'nen roten Kopf bekam, so
wie's einem halt geht, wenn man glaubt, gerade 'ne
Riesendummheit begangen zu haben. Und wie ich
mich gerade entschuldigen will, lächelt sie wieder so
wie damals und sagt: ›Rühren Sie sich nicht von der
Stelle, Homer! Ich hole nur rasch meine Schlüssel.
Und ändern Sie ja nicht Ihre Meinung.‹

Eine Minute später war sie mit den Schlüsseln in der
Hand wieder da. ›Wenn wir steckenbleiben, werden Sie
Moskitos zu sehen bekommen, die so groß sind wie Li-
bellen.‹

›Oben an den Rangeley-Seen hab ich schon welche gesehn, die waren so groß wie Sperlinge, Madam‹, sag ich,
›und ich glaube, wir sind beide ein bißchen zu schwer,
als daß sie uns wegtragen könnten.‹

Sie lachte. ›Na, jedenfalls hab ich Sie gewarnt, Homer.
Kommen Sie.‹

›Und wenn wir nich' in 2 Stunden und 45 Minuten da
sind‹, hab ich verschmitzt gesagt, ›wollten Sie mir 'ne
Flasche Irish Mist kaufen.‹

Sie sah mich überrascht an, einen Fuß schon im Auto.
›Verdammt, Homer‹, sagt sie. ›Ich habe Ihnen doch erklärt, das sei nur der *momentane* Rekord. Ich habe inzwischen einen noch kürzeren Weg gefunden. Wir werden
in zweieinhalb Stunden in Bangor sein. Steigen Sie ein,
Homer. Gleich geht's los.‹«

Er verstummte wieder, und sein Blick war leicht verschwommen — vielleicht sah er wieder vor sich, wie der
champagnerfarbene Zweisitzer die steile Auffahrt der
Todds entlangfuhr.

»Am Ende der Auffahrt hielt sie noch einmal an und
fragte: ›Sind Sie ganz sicher?‹

›Nichts wie los!‹ sagte ich, und jenes Kugellager in ihrem Knöchel kam in Bewegung, und ihr Bleifuß drückte aufs Gaspedal. Ich kann dir nich' viel sagen, was dann passierte. Nur daß ich nach 'ner Weile meine Augen einfach nich' mehr von ihr losreißen konnte. Ihr Gesicht bekam was Wildes, Dave – was *Wildes* und was *Freies*, und das jagte mir Angst ein. Sie war schön, und ich war ganz weg von meiner Liebe zu ihr – jeder wär das gewesen, zumindest jeder Mann, aber vielleicht auch jede Frau – doch gleichzeitig hatte ich auch Angst vor ihr, weil sie so aussah, als könnte sie mich töten, wenn sie ihre Augen von der Straße abwenden und mich anschauen und beschließen würde, meine Liebe zu erwidern. Sie trug Blue Jeans und ein altes weißes Hemd mit aufgerollten Ärmeln – vermutlich hatte sie gerade irgendwas auf der Rückseite des Hauses streichen wollen, als ich aufgekreuzt bin – aber als wir 'ne Weile gefahren waren, kam es mir so vor, als hätt' sie nichts weiter an als dieses weiße wogende Zeug wie auf diesen Abbildungen von alten Göttern und Göttinnen.«

Er blickte nachdenklich auf den See hinaus, und sein Gesicht war sehr schwermütig.

»Wie jene Göttin der Jagd, die angeblich den Mond über den Himmel lenkt.«

»Diana?«

»Ja. Und ihr Flitzer war der Mond. In meinen Augen sah 'Phelia so aus, und ich geb ganz offen zu, daß mir vor Liebe zu ihr fast das Herz zerriß und ich keine Berührung wagte, obwohl ich damals um einiges jünger war als heute. Ich hätt' sie nich' mal angerührt, wenn ich zwanzig gewesen wär – vielleicht hätt' ich's mit sechzehn getan und dafür mit meinem Leben bezahlt – ich hatte jedenfalls das Gefühl, wenn sie mich anschauen würde, müßte ich auf der Stelle tot umfallen.

Sie war wirklich wie jene Frau, die den Mond über

den Himmel lenkt, wie sie so am Steuer saß und ihr dünnes Halstuch wie silberne Spinnweben im Winde wehte und ihre Haare flatterten und die kleinen dunklen Grübchen an ihren Schläfen enthüllten — sie trieb ihre Pferde an, und es war ihr ganz egal, ob sie keuchten, sie trieb sie immer mehr an, immer schneller, schneller, *schneller*.

Wir brausten über 'ne Menge Waldwege — die ersten zwei oder drei kannte ich noch, aber danach keinen einzigen mehr. Wir müssen ein toller Anblick für jene Bäume gewesen sein, die noch nie was Motorisiertes gesehen hatten außer alten LKWs voller Holz und Schneeautos. Ihr kleiner Flitzer, der besser auf den Sunset Boulevard gepaßt hätte als in diese Wälder, schoß hügelauf- und hügelabwärts über jene staubigen grünen Streifen der Nachmittagssonne — sie hatte das Verdeck runtergeklappt, und ich roch diese Wälder, und du weißt ja, was für ein herrlicher Duft das ist — so unberührt und irgendwie sorglos. Wir brausten über Knüppeldämme an besonders morastigen Stellen, und schwarzer Schlamm quoll zwischen den gefällten Baumstämmen hervor, und sie lachte wie ein Kind. Manche der Baumstämme waren alt und halbvermodert, weil schon lange kein Mensch mehr diese Wege langgefahren war — das heißt, außer ihr —, ich schätz, so seit fünf oder zehn Jahren nich' mehr. Wir war'n ganz *allein*, abgesehen von den Vögeln und vielleicht irgendwelchen Tieren, die uns gesehen haben. Der Motor ihres Flitzers — leise summend und dann laut und wild aufbrausend, wenn sie schaltete... das war das einzige Motorengeräusch weit und breit. Und obwohl ich wußte, daß wir die ganze Zeit über in der Nähe menschlicher Ansiedlungen waren — das ist man heutzutage ja immer —, hatte ich allmählich das Gefühl, als wären wir in die Vergangenheit zurückversetzt und es gäbe *nichts* um uns herum. Ich hatte das Gefühl, wenn wir anhalten würden und ich auf 'nen hohen Baum steigen würde, könnte ich außer Wäldern nichts sehen, außer endlosen Wäldern nach allen Richtungen. Und die ganze Zeit über holte sie das Letzte aus ihrem Flitzer raus, mit wehenden Haaren, lächelnd, mit blitzenden Augen. Und dann kamen wir auf der Speckled Bird Mountain Road raus, und 'ne Zeitlang wußte ich wieder, wo wir waren, und dann bog sie wieder ab, und zuerst hab ich noch geglaubt zu wissen, wo wir waren, und dann hab ich gar nicht mehr probiert, mich zurechtzufinden. Wir sind wieder über irgendwelche Waldwege gebraust, und dann waren wir plötzlich — ich schwör's dir — auf einer hübschen gepflasterten Straße mit einem Schild, auf dem MOTORWAY B stand. Hast du schon mal was von 'ner Straße in Maine gehört, die Motorway B heißt?«

»Nein«, sagte ich. »Hört sich englisch an.«

»Ja. Sie sah auch englisch aus. Bäume, die wie Weiden aussahen, hatten ihre Äste tief auf die Straße runterhängen. ›Hier müssen Sie aufpassen, Homer‹, rief 'Phelia, ›vor einem Monat hat einer davon mich fast erwischt und mir 'nen ganz schönen Hieb verpaßt.‹

Ich hatte natürlich keine Ahnung, wovon sie redete, und das wollt ich ihr gerade sagen, aber dann sah ich, daß die Äste dieser Bäume sich runterneigten — sich heftig nach unten bewegten, obwohl es völlig windstill war. Unter ihrem Grünzeug sahen sie schwarz und naß aus. Ich wollt meinen Augen nich' trauen. Dann riß mir einer meine Mütze vom Kopf, und da wußt ich, daß ich das alles nicht träumte. ›He!‹ schrie ich. ›Gib das zurück!‹

›Zu spät, Homer!‹ rief 'Phelia und lachte. ›Da vorne ist Tageslicht... alles in Ordnung.‹

Dann kam wieder so'n Zweig runter, diesmal auf ihrer Seite, und griff nach ihr — ich schwör dir, so war's wirklich. Sie duckte sich, und er verfing sich in ihren Haaren und riß ihr eine Strähne aus. ›Au, verdammt, das tut *weh*!‹ rief sie, aber gleichzeitig hat sie auch gelacht. Das Auto kam ein bißchen vom Weg ab, als sie sich duckte, und ich konnt einen Blick in den Wald reinwerfen, und — heiliger Himmel, Dave! — da drin bewegte sich *alles*. Gräser winkten, und manche Pflanzen waren so ineinander verschlungen, daß sie Grimassen zu schneiden schienen, und auf 'nem Baumstumpf kauerte etwas, das wie 'ne Baumkröte aussah, nur war's so groß wie 'ne ausgewachsene Katze.

Dann kamen wir oben auf 'nem Hügel aus dem Schatten raus, und sie rief: ›Das war aufregend, was!‹, als wenn's nichts weiter gewesen wär wie 'ne Fahrt mit der Geisterbahn.

Etwa fünf Minuten später bogen wir wieder in einen ihrer Waldwege ab. Ich hatte von Wäldern inzwischen die Schnauze total voll, das kann ich dir sagen. Aber diesmal war's nur ein ganz normaler Wald mit alten Bäumen. Eine halbe Stunde später fuhren wir auf den Parkplatz von Pilot's Grille in Bangor. Sie deutete auf den Meilenanzeiger und sagte: ›Werfen Sie mal 'nen Blick drauf, Homer!‹ Das tat ich, und er zeigte 111,6 Meilen an. ›Na, glauben Sie jetzt an meine Abkürzungen?‹

Sie war jetzt wieder 'Phelia Todd. Jener wilde Ausdruck war fast aus ihrem Gesicht verschwunden — fast, aber doch nicht ganz. Es war so, als würden zwei Frauen in ihr wohnen, 'Phelia und Diana, und jener Teil von ihr, der Diana war, wurde beim Fahren über die Seitenstraßen so übermächtig, daß die 'Phelia in ihr keine Ahnung hatte, daß ihre Abkürzung sie durch Gegenden führte, die auf keiner Karte von Maine verzeichnet sind, nich' mal auf jenen topographischen Vermessungsquadraten.

›Na, was halten Sie von meiner Abkürzung, Homer?‹ fragte sie.

Und ich sagte das erste, was mir in den Sinn kam, obwohl man solche Ausdrücke normalerweise einer Dame wie 'Phelia Todd gegenüber nich' benutzt. ›Dabei geht einem ja die Muffe auf und zu‹, hab ich gesagt.

Sie lachte fröhlich, und da schien's mir ganz klar: sie erinnerte sich an nichts von all dem komischen Zeug. Nicht an die Weidenäste — nur daß es überhaupt keine Weiden waren, nich' mal so was Ähnliches, obwohl sie so aussahen —, die mir die Mütze vom Kopf gerissen hatten, nicht an jenes Schild MOTORWAY B oder an jenes furchtbare krötenartige Wesen. *Sie erinnerte sich an nichts von all dem!* Entweder hatte ich geträumt, daß es das alles gegeben hatte, oder sie hatte geträumt, daß es das *nicht* gegeben hatte. Hundertprozentig sicher wußte ich nur das eine, Dave: Daß wir nur 111 Meilen gefahren und doch in Bangor angekommen waren; das war kein Fantasiegespinst — ich konnte es schwarz auf weiß auf dem Tacho ablesen.

›Ich gebe ja zu, daß einem die Muffe dabei auf und zu geht‹, hat sie gesagt. ›Ich wünschte nur, ich könnte Worth dazu bringen, ab und zu mit mir so einen Weg auszuprobieren... aber er ist so im alten Trott festgefahren, daß man vermutlich schon eine Titan II-Rakete brauchte, um ihn auf eine neue Bahn zu bringen. Ich glaub nämlich, daß dieses Festhalten am alten Trott für ihn ein Schutzmechanismus ist, so eine Art Atombunker. Na ja, gehen wir rein, Homer, damit Sie zu Ihrem Abendessen kommen.‹

Und sie bestellte mir ein ganz tolles Abendessen, Dave, aber ich brachte nicht viel runter. Ich mußte dauernd daran denken, wie wohl die Rückfahrt werden würde, nachdem es nun draußen allmählich dunkel wurde. Dann entschuldigte sie sich plötzlich zwischen zwei Gängen und führte ein Telefongespräch. Als sie zurückkam, fragte sie, ob es mir was ausmachen würde, mit ihrem Flitzer allein nach Castle Rock zurückzufahren. Sie sagte, sie hätte mit einer Frau gesprochen, die im selben Schulkomitee wär wie sie selbst, und da wären irgendwelche Probleme aufgetaucht. Sie sagte, sie würde sich bei Hertz 'nen Mietwagen nehmen, wenn sie nich' mit Worth zurückfahren könnte. ›Macht es Ihnen sehr viel aus, in der Dunkelheit zurückzufahren?‹ fragte sie mich.

Und dabei schaute sie mich lächelnd an, und da erkannte ich, daß sie sich *doch* an einiges erinnerte — an wieviel, das weiß der liebe Herrgott, aber sie begriff jedenfalls, daß ich ihren Weg nach Einbruch der Dunkelheit nicht gern ausprobieren würde, wenn überhaupt... obwohl mir ein gewisser Glanz in ihren Augen verriet, daß es *ihr* gar nichts ausgemacht hätte!

Ich sagte also, daß es mir nichts ausmachte, und aß mit größerem Appetit als anfangs weiter. Als wir fertig waren, war es draußen schon fast dunkel, und wir fuhren zum Haus der Frau, die sie angerufen hatte. Und als sie ausstieg, sah sie mich an, und da war wieder jener Glanz in ihren Augen, und sie hat mich gefragt: ›Sind Sie ganz sicher, Homer, daß Sie nicht warten wollen? Ich habe heute ein paar Seitenwege gesehen, und obwohl ich sie auf meinen Karten nicht finden kann, glaube ich, daß man damit ein paar Meilen einsparen könnte.‹

›Nun, Ma'm, ich würd's ja machen‹, hab ich gesagt,

›aber in meinem Alter schläft man am besten im eigenen Bett, hab ich festgestellt. Ich bring Ihr Auto heil zurück... obwohl ich vermutlich 'n paar Meilen mehr dazu brauchen werd als Sie.‹

Sie lachte zärtlich und gab mir 'nen Kuß. Das war der schönste Kuß meines ganzen Lebens, Dave. Sie küßte mich nur auf die Wange, und es war nur der keusche Kuß einer verheirateten Frau, aber er war so reif wie ein Pfirsich, er war wie jene Blumen, die sich in der Dunkelheit öffnen, und als ihre Lippen meine Haut berührten, fühlte ich mich wie... wie... ich weiß selbst nicht genau wie, weil ein Mann seine Gefühle überhaupt nicht so leicht in Worte fassen kann... ich weiß, ich rede drumherum, aber du verstehst mich bestimmt auch so.

›Sie sind süß, Homer‹, sagte sie, ›und ich liebe Sie, weil Sie mir zugehört haben und mitgefahren sind. Kommen Sie gut nach Hause.‹

Dann ging sie in das Haus jener Frau rein, und ich fuhr heim.«

»Auf welchem Weg?« fragte ich.

Er lachte leise vor sich hin. »Auf der Autobahn, du verdammter Narr«, sagte er, und nie zuvor hatte ich in seinem Gesicht soviel Fältchen gesehen.

Er saß da und blickte zum Himmel empor.

»Na ja, und dann kam der Sommer, wo sie verschwand. Ich hab sie nur selten gesehen... es war der Sommer, als wir hier das Feuer hatten, wie du dich vielleicht noch erinnerst, und dann auch noch den furchtbaren Sturm, bei dem soviel Bäume entwurzelt wurden. Für Hausmeister gab's damals jede Menge zu tun. Oh, natürlich dachte ich von Zeit zu Zeit an sie und an jenen Tag und an jenen Kuß, und allmählich kam mir das alles wie ein Traum vor. Wie früher mal, als ich so etwa sechzehn war und nichts anderes im Kopf hatte als Mädchen. Ich war draußen und pflügte George Bascombs westliches Feld, von dem man so'n herrlichen Blick aufs Gebirge hinter dem See hat, und ich träumte vor mich hin — na, was halbwüchsige Jungs halt so träumen. Und ich zog mit der Egge einen Stein aus der Erde, und er bekam 'nen Riß, und er *blutete*. Zumindest sah es für mich so aus, als ob er blutete. So'n rotes Zeug floß aus dem Felsspalt und sickerte in die Erde. Ich hab nie jemandem was davon erzählt, außer meiner Mutter, und auch ihr hab ich nich' erzählt, welche Bedeutung das für mich hatte oder was mir daraufhin passiert war, obwohl sie's vielleicht gewußt hat, weil sie immer meine Unterhosen wusch. Na ja, jedenfalls schlug sie vor, ich sollte beten. Was ich auch tat; aber ich bekam nie 'ne Erleuchtung, und nach 'ner Weile begann mein Verstand mir einzureden, es wär nur ein Traum gewesen. So geht's einem manchmal. Es gibt Löcher in der *Mitte*, Dave. Weißt du das?«

»Ja«, sagte ich und dachte an jene Nacht, als ich was Komisches gesehen hatte. Das war 1959; es war ein schlechtes Jahr für uns, aber meine Kinder wußten nicht, daß es ein schlechtes Jahr war; sie wußten nur, daß sie wie immer was zu essen haben wollten. Ich hatte auf Henry Bruggers hinterem Feld ein Rudel Hirsche gesehen, und an einem Augustabend nach Einbruch der Dunkelheit bin ich mit einem Locklicht rausgegangen. Im Sommer, wenn sie fett sind, kann man zwei auf einen Schlag erledigen; der zweite kommt nämlich zurück und schnuppert am ersten herum, als fragte er sich: *Was zum Teufel ist denn das? Ist es denn schon Herbst?* und man kann ihn dann so leicht treffen wie eine Kegelfigur. Das Fleisch reicht aus, um sechs Wochen lang die Jungen zu füttern, und Knochen und sonstiges unverwertbares Zeug kann man vergraben. Die Jäger, die im November kommen, haben dann zwar zwei Hirsche weniger zu schießen, aber schließlich müssen Kinder ja was essen. Jener Mann aus Massachusetts meinte, *er* wäre froh, wenn er es sich leisten könnte, das ganze Jahr über hier zu leben; dazu kann ich nur sagen, daß man manchmal im Dunkeln für dieses Privileg bezahlen muß. Da war ich also, und plötzlich sah ich dieses große orangefarbene Licht am Himmel, das immer tiefer sank, und ich stand da und starrte es mit aufgesperrtem Mund an, und als es auf dem Wasser aufprallte, erstrahlte der ganze See einen Moment lang in orangerotem Licht, das strahlenförmig zum Himmel emporzusteigen schien. Niemand hat mir gegenüber jemals dieses Licht erwähnt, und auch ich habe niemandem was erzählt, erstens, weil ich Angst hatte, daß man mich auslachen würde, und zweitens, weil es vielleicht neugierige Fragen gegeben hätte, was ich in der Nacht draußen zu suchen gehabt hatte. Und nach einer Weile war's dann so, wie Homer gesagt hat — es kam mir so vor, als hätte ich das nur geträumt, und es hatte für mich keine Bedeutung, weil ich es nicht irgendwie einordnen konnte. Es war wie ein Mondstrahl. Etwas ohne Griff und ohne Klinge. Etwas, womit ich nicht umgehen konnte. Deshalb ließ ich die Sache einfach auf sich beruhen und wandte mich lieber dem vertrauten Alltag zu.

»Es gibt Löcher in der Mitte von Dingen«, wiederholte Homer und setzte sich aufrechter hin. »Genau in der verdammten *Mitte*, nicht mal links oder rechts davon, am Rande des Blickfelds, wo man sagen könnte: ›Na ja, aber...‹ Sie sind da, und man umgeht sie einfach, so wie man um ein Schlagloch in der Straße herumfährt, weil man sonst einen Achsenbruch am Wagen riskiert. Verstehst du's? Und dann vergißt man's. Oder es ist so wie beim Pflügen. Man kann an 'nem Abhang pflügen. Aber wenn man dann plötzlich einen Spalt in der Erde sieht, und da drin scheint's dunkel zu sein, so als ob's vielleicht 'ne Höhle sein könnte, dann sagt man sich: ›Mach lieber einen Bogen drum herum, alter Junge. Kümm're dich einfach nicht darum! Hier links davon ist noch genügend Platz.‹ Weil man nämlich nicht nach 'ner Höhle gesucht hat und auch kein Interesse an aufregenden Funden hat, sondern nur ordentlich pflügen will.

Löcher in der *Mitte* von Dingen.«

Er schwieg dann lange Zeit, und ich ließ ihn ganz in Ruhe. Ich hatte keinen Grund, ihn zur Eile anzutreiben. Und schließlich erzählte er von selbst weiter:

»Sie verschwand im August. Ich hab sie zum erstenmal Anfang Juli gesehen, und sie sah...« Homer wandte sich mir zu und legte auf jedes einzelne Wort besonderen Nachdruck: »Dave Owens, sie sah *prachtvoll* aus! Prachtvoll und wild und fast ungezähmt. Die kleinen Fältchen um die Augen herum, die ich früher bemerkt hatte, schienen völlig verschwunden zu sein. Worth Todd war bei irgendeiner Konferenz oder so was Ähnlichem in Boston. Und sie stand da auf der Verandatürschwelle – ich hatte mein Hemd ausgezogen und reparierte was in der Mitte der Veranda – und sie sagte: ›Homer, Sie werden's mir nicht glauben.‹

›Nein, Madam, aber ich werd's versuchen‹, hab ich gesagt.

›Ich habe zwei neue Straßen entdeckt‹, sagt sie drauf, ›und zuletzt habe ich bis Bangor nur 67 Meilen zurückgelegt.‹

36

Ich hab an das gedacht, was sie mir früher mal gesagt hatte, und ich hab gesagt: ›Das ist unmöglich, Ma'm. Entschuldigen Sie bitte, aber ich hab selbst auf der Karte nachgemessen, und 79 sind das absolute Minimum... das ist die Luftlinie.‹

Sie lachte und sah schöner aus als je zuvor. Wie eine Göttin in der Sonne, auf einem jener Hügel in 'ner Geschichte, wo's nichts gibt außer grünem Gras und Brunnen und noch nich' mal Kobolde, die Unfug treiben könnten. ›Das stimmt‹, sagt sie, ›und man kann auch nicht eine Meile in weniger als vier Minuten laufen. Das ist mathematisch *bewiesen*.‹

›Das ist nich' dasselbe‹, sag drauf ich.

›Doch‹, sagt sie. ›Falten Sie die Karte und stellen Sie fest, wieviel Meilen es dann noch sind, Homer. Es können ein paar weniger sein als die Luftlinie, wenn Sie die Karte nur ein wenig falten, es können aber auch eine ganze Menge weniger sein, wenn Sie die Karte stark falten.‹

Ich erinnerte mich plötzlich wieder an unsere gemeinsame Fahrt, so wie man sich an einen Traum erinnert, und ich sagte: ›Madam, Sie können eine Karte aus Papier falten, aber Sie können kein *Land* falten. Zumindest sollten Sie's nicht probieren. Sie sollten's wirklich sein lassen.‹

›Nein, Sir‹, sagte sie. ›Es ist inzwischen das Einzige in meinem Leben, was ich nicht sein lasse, denn es ist *möglich*, und *ich* kann's vollbringen.‹

Drei Wochen später — etwa zwei Wochen vor ihrem Verschwinden — ruft sie mich aus Bangor an und sagt: ›Worth ist nach New York gefahren, und ich komme raus. Ich habe aber meinen verdammten Schlüssel verlegt, Homer. Könnten Sie bitte aufschließen, damit ich ins Haus kann?‹

Na ja, dieser Anruf kam um acht, gerade als es anfing, dunkel zu werden. Ich hab erst noch ein Sandwich gegessen und 'n Bier getrunken, bevor ich los bin — das hat so zwanzig Minuten gedauert. Dann bin ich hingefahren. Alles in allem war ich so etwa 'ne Dreiviertelstunde nach ihrem Anruf dort. Und wie ich hinkomm, seh ich, daß in der Speisekammer Licht brennt. Und wie ich noch so überleg, wie das möglich ist, fahr ich fast in ihren kleinen Flitzer rein. Er war ganz schief geparkt, so als hätt's ein Betrunkener gemacht, und er war bis zu den Fenstern rauf mit Dreck bespritzt, und auf der Karosserie klebte am Dreck auch noch so'n komisches Zeug... 's sah aus wie Algen... aber als mein Scheinwerferlicht darauf fiel, schien sich das Zeug zu *bewegen*. Ich parkte hinter ihrem Flitzer und stieg aus meinem Lieferwagen aus. Es waren keine Algen, aber es *war* Unkraut, und es bewegte sich *tatsächlich*... langsam und träge, so als wär's am Sterben. Ich berührte eines dieser komischen Dinger, und es versuchte sich um meine Hand zu wickeln. Es fühlte sich gräßlich an. Ich riß meine Hand weg und wischte sie an meiner Hose ab. Dann ging ich um das Auto herum. Von vorne sah es noch schlimmer aus — als hätte es 90 Meilen durch Sumpfgebiet hinter sich. Es sah richtiggehend *erschöpft* aus. Überall auf der Windschutzscheibe klebten Insekten — nur sahen sie nich' aus wie irgendwelche Insekten, die *ich* je zuvor gesehen hatte. Da war eine Motte etwa von der Größe eines Sperlings, die noch ganz schwach die Flügel bewegte. Da war auch so 'ne Art Moskitos, nur hatten sie richtige Augen, die man sehen konnte, und sie schienen mich *ebenfalls* zu sehen. Ich hörte, wie das Unkraut über die Karosserie des Flitzers schabte, wie es sterbend versuchte, irgendwo Halt zu finden. Und in meinem Kopf hatte nur ein Gedanke Platz: Wo zum Teufel war sie nur gewesen? Und wie war sie in einer Dreiviertelstunde hierher gekommen? Und dann hab ich noch was anderes gesehn. Auf der Kühlerhaube, direkt unter dem Mercedes-Stern, war ein halb zerschmettertes Tier. Nun werden die meisten kleinen Tiere, die man auf den Straßen tötet, direkt unters Auto gefegt, weil sie sich nämlich ducken, wenn es auf sie zugeschossen kommt, in der Hoffnung, daß es dann einfach über sie hinwegfährt und sie noch einmal mit heiler Haut davonkommen. Aber hin und wieder springt eines auch schon mal nich' weg, sondern das verdammte Auto direkt an, so als wollt's das schreckliche Ding kräftig beißen − so was hab ich selbst schon erlebt. Vielleicht hatte auch dieses seltsame Tier das tun wollen. Jedenfalls sah's bösartig genug aus, um sogar 'nen Sherman-Panzer anzuspringen. Es sah aus wie 'ne Kreuzung zwischen Murmeltier und Wiesel, aber es hatte auch noch so verschiedenes anderes Zeug an sich, was ich am liebsten gar nich' gesehen hätt'. Es beleidigte mein Auge, Dave; aber was noch viel schlimmer war − es beleidigte meinen *Verstand*. Sein Fell war blutig, und es hatte die Krallen an den Pfoten rausgelassen wie 'ne Katze, nur waren sie viel länger. Es hatte große gelbliche Augen, nur daß sie schon erstarrt waren. Als Kind hatte ich 'ne Porzellanmurmel, die genauso aussah. Und dann die Zähne! Lange dünne Zähne, die so ähnlich aussahen wie Stopfnadeln, ragten ihm aus dem Maul. Einige waren richtig ins Metall der Kühlerhaube eingedrungen. Ich schaute dieses gräßliche Ding an und wußte, daß es den Kopf voll Gift hatte wie 'ne Klapperschlange. Als es gesehen hatte, daß der Flitzer es gleich überfahren würde, mußte es ihn angesprungen und versucht haben, ihn tödlich zu beißen. Und ich hatte absolut keine Lust, es von der Kühlerhaube zu nehmen, weil ich nämlich Kratzer auf den Händen hatte − vom Heuen − und dachte, daß ich mausetot umfallen würde, wenn etwas von dem Gift in die Kratzer käm.

Ich ging zur Fahrertür und öffnete sie. Das Innenlicht ging an, und ich schaute auf jenen Meilenzähler, den sie immer auf Null stellte, bevor sie losfuhr... er zeigte 31,6 an.

Ich starrte eine Weile drauf, dann ging ich zur Hintertür. Sie hatte das Fliegengitter abgerissen und die Scheibe eingeschlagen, um ihre Hand durchschieben und so ins Haus gelangen zu können. Auf 'nem Zettel stand: ›Lieber Homer – bin ein bißchen früher hier gewesen, als ich gedacht hatte. Habe eine Abkürzung gefunden, die ganz toll ist! Sie waren noch nicht da, deshalb bin ich wie ein Dieb ins Haus eingedrungen. Worth kommt übermorgen. Könnten Sie bis dahin eine neue Scheibe einsetzen und das Gitter wieder befestigen? Hoffentlich geht das, weil Worth sich über solche Dinge immer aufregt. Falls ich nicht rauskomme, um Sie zu begrüßen, schlafe ich schon. Die Fahrt war sehr anstrengend, aber ich war in Nullkommanichts da! Ophelia.‹

Anstrengend! Ich warf noch 'nen Blick auf das gräßliche Tier, das an der Kühlerhaube ihres Autos hing, und ich dachte: Bei Gott, das *muß* ja sehr anstrengend gewesen sein. Bei Gott, *ja*.«

Er verstummte wieder und knackte nervös mit den Knöcheln.

»Ich hab sie danach nur noch einmal gesehen«, fuhr er schließlich fort. »Etwa 'ne Woche später. Worth war auch da, aber er schwamm draußen auf'm See, hin und her, hin und her, so als würd er Holz sägen oder Papiere unterschreiben. Eher so, als würd er Papiere unterschreiben, glaub ich.

›Madam‹, hab ich zu ihr gesagt, ›es geht mich zwar

nichts an, aber Sie sollten's wirklich sein lassen. An dem Abend, an dem Sie zurückgekommen sind und die Scheibe eingeschlagen haben, um ins Haus zu kommen, hab ich vorne an Ihrem Auto was hängen sehen...‹

›Oh, das Murmeltier! Ich habe mich darum gekümmert‹, sagt sie seelenruhig.

›Mein Gott!‹ sag ich. ›Hoffentlich waren Sie vorsichtig.‹

›Ich habe Worths Gartenhandschuhe angezogen‹, sagt sie. ›Aber es war doch sowieso nichts weiter als ein etwas giftiges Murmeltier.‹

›Aber, Madam‹, sag ich, ›wo's Murmeltiere gibt, da gibt's auch Bären. Und wenn auf Ihrer Abkürzung schon die Murmeltiere *so* aussehn — was wird dann aus Ihnen, wenn ein Bär auftaucht?‹

Sie blickte mich an, und ich sah wieder jene andere Frau in ihr — jene Diana. ›Wenn auf diesen Wegen die Dinge anders sind, Homer — vielleicht bin auch ich anders. Schauen Sie sich das mal an.‹

Ihr Haar war auf dem Hinterkopf mit 'ner Spange zusammengefaßt. Sie öffnete sie, und es fiel offen runter. Sie hatte Haare, bei denen ein Mann unwillkürlich denkt, wie sie wohl auf 'nem Kopfkissen aussehen würden. ›Ich bekam schon graue Haare, Homer‹, sagt sie. ›Sehen Sie jetzt auch nur eins?‹ Und sie ließ es durch die Finger gleiten, so daß die Sonne richtig drauf schien.

›Nein.‹

Sie sah mich mit leuchtenden Augen an und sagte: ›Ihre Frau ist bestimmt eine gute Frau, Homer Buckland, aber wenn wir uns in letzter Zeit beim Einkaufen oder auf der Post begegnet sind und ein paar Worte gewechselt haben, habe ich bemerkt, daß sie meine Haare so zufrieden betrachtete, wie nur eine Frau das kann. Ich weiß, was sie sagt, und was sie ihren Freundinnen erzählt... daß Ophelia Todd angefangen hat, sich die Haare zu färben. Aber das tu ich nicht. Auf der Suche nach einer Abkürzung habe ich mehr als einmal den Weg verloren... den Weg verloren... und meine grauen Haare verloren.‹ Und sie lachte, nicht wie ein College-Mädchen, sondern wie ein High School-Mädchen. Ich bewunderte sie und begehrte sie, weil sie so schön war, aber ich hab auch damals wieder jene andere Schönheit in ihrem Gesicht gesehn... und ich hatte wieder Angst. Angst *um sie*, und Angst *vor ihr*.

›Madam‹, sag ich also, ›Sie gehen das Risiko ein, viel mehr zu verlieren als nur ein paar graue Haare.‹

›Nein‹, erwidert sie. ›Ich sage Ihnen doch, ich bin dort ein ganz anderer Mensch... ich bin dort ganz *ich selbst*. Wenn ich in meinem kleinen Auto jene Straße entlangfahre, bin ich nicht Ophelia Todd, Worth Todds Frau, die nie ein Kind austragen konnte, die versucht hat, Gedichte zu schreiben und keinen Erfolg damit hatte, die Frau, die dasitzt und sich bei irgendwelchen Komiteesitzungen Notizen macht oder all so was. Auf jener Straße bin ich ganz und gar ICH SELBST, und ich fühle mich wie...‹

›Diana‹, fiel ich ein.

Sie sah mich so eigenartig an, sehr überrascht, und dann lachte sie. ›O ja, wie irgendeine Göttin. Diana paßt vielleicht besser als die anderen, weil ich so ein Nachtfalter bin — ich bleibe gern so lange auf, bis ich mein Buch ausgelesen habe oder bis im Fernsehen die Nationalhymne erklingt — und auch, weil ich sehr bleich bin, wie der Mond — Worth sagt immer, ich brauchte irgendein Stärkungsmittel oder Bluttests oder so'n ähnlichen Unsinn. Aber ich glaube, tief im Herzen will jede Frau so'ne Art Göttin sein — Männer greifen diesen Wunschtraum dann in entstellter Form auf und versuchen, die Frau auf ein Podest zu stellen — aber das ist es nicht, was eine Frau will. Eine Frau will frei sein, das ist alles. Sie will stehen, wenn sie Lust dazu hat, oder spazierengehen...‹ Ihre Blicke schweiften zu dem kleinen Flitzer auf der Auffahrt, und ihre Augen wurden ganz schmal. Dann lächelte sie. ›Oder Autofahren, Homer. Ein Mann versteht das nicht. Er glaubt, eine Göttin will irgendwo auf einem Abhang am Fuße des Olymps liegen und Früchte essen, aber das hat nichts Göttliches an sich. Eine Frau will im Prinzip auch nichts anderes als ein Mann — eine Frau will *vorankommen*.‹

›Seien Sie nur vorsichtig, *wohin* Sie kommen, Madam‹, sagte ich, und sie lachte und küßte mich mitten auf die Stirn.

›Das werde ich, Homer‹, versprach sie, aber es stimmte nicht, und ich wußte es, weil sie es so sagte wie ein Mann, der seiner Frau oder Freundin verspricht, vorsichtig zu sein, obwohl er genau weiß, daß er es nicht sein wird... nicht sein *kann*.

Ich ging zu meinem Wagen und winkte ihr noch einmal zu, und eine Woche später meldete Worth sie dann als vermißt. Sie und ihren Flitzer. Worth wartete sieben Jahre, und dann ließ er sie vom Gericht für tot erklären, und dann wartete er anstandshalber noch ein Jahr — das muß ich dem Blödmann gerechtigkeitshalber lassen —, und dann heiratete er die zweite Frau Todd, die wir vorhin vorbeifahren sahen. Und ich erwarte gar nicht, daß du mir auch nur ein einziges Wort von dieser ganzen Geschichte glaubst.«

Am Himmel bewegte sich eine jener großen Wolken ein Stückchen und enthüllte den gespenstischen Mond — einen milchigweißen Halbmond. Und bei diesem Anblick krampfte sich mein Herz plötzlich zusammen... halb vor Furcht, halb vor Liebe.

»Ich tu's aber«, sagte ich. »Ich glaube dir jedes einzelne verdammte Wort. Und selbst wenn es nicht wahr ist, Homer — es sollte einfach wahr sein.«

Er legte mir den Arm um den Hals, was für Männer die einzige Möglichkeit ist, ihre Zuneigung zu zeigen — küssen dürfen sie ja nur Frauen —, und lachte und stand auf.

»Selbst wenn es nicht sein *sollte*, so ist es doch so«, drehte er meine Worte um. Er holte seine Uhr aus der Hosentasche und warf einen Blick darauf. »Ich muß jetzt gehen und bei den Scotts nach dem Rechten sehen. Willst du mitkommen?«

»Ich glaube, ich bleib noch 'ne Weile hier sitzen und denke nach.«

Er ging zur Treppe, drehte sich noch einmal um und sah mich leicht lächelnd an. »Ich glaube, sie hatte recht«, sagte er. »Sie *war* auf diesen Wegen, die sie entdeckte, ganz anders... es gab nichts, das gewagt hätte, sie anzurühren. Dich oder mich vielleicht, aber sie nicht.

Und ich glaube, daß sie jung ist.«

Dann stieg er in seinen Lieferwagen und fuhr zum Haus der Scotts.

Das war vor zwei Jahren, und in der Zwischenzeit ist Homer, wie ich schon erwähnt habe, nach Vermont verzogen. Kurz vorher hat er mich eines Abends besucht. Sein Haar war ordentlich gekämmt, er war frisch rasiert, und er duftete nach einem angenehmen Rasierwasser. Sein Gesicht war heiter, und seine Augen waren sehr lebendig. An jenem Abend sah er wie sechzig und nicht wie siebzig aus, und ich freute mich für ihn und beneidete ihn und haßte ihn auch ein bißchen. Arthritis ist ein gräßlich großer alter Fischer, und an jenem Abend sah Homer nicht so aus, als hätte sie schon Angelhaken in seine Hände gebohrt, wie sie das bei meinen getan hatte.

»Ich brech auf«, sagte er.

»Ja?«

»Ja.«

»In Ordnung; hast du dafür gesorgt, daß deine Post nachgeschickt wird?«

»Ich will nicht, daß mir was nachgeschickt wird«, erklärte er. »Meine Rechnungen sind bezahlt. Ich zieh 'nen klaren Trennungsstrich.«

»Na, gib mir deine Adresse. Ich werd dir hin und wieder mal schreiben, alter Junge.« Schon spürte ich, wie Einsamkeit mich einhüllte wie ein Mantel... und als ich ihn ansah, wußte ich, daß die Dinge ganz anders waren, als sie zu sein schienen.

»Ich hab noch keine«, sagte er.

»Schon gut«, sagte ich. »*Ist* es überhaupt Vermont, Homer?«

»Na ja«, erwiderte er, »diese Angabe ist für Leute, die Näheres wissen wollen.«

Fast hätte ich nicht gefragt, aber dann tat ich's doch. »Wie sieht sie jetzt aus?«

»Wie Diana«, sagte er. »Aber sie ist freundlicher.«

»Ich beneide dich, Homer«, sagte ich, und das stimmte.

Ich stand in der Tür. Es war Hochsommer, und die Felder und Blumen dufteten. Es war schon fast dunkel. Der Vollmond warf eine Silberspur auf den See. Homer überquerte meine Veranda und ging die Stufen hinab. Ein Auto stand am Straßenrand. Der Motor war im Leerlauf sehr laut, wie das bei alten Wagen nun mal so ist, die aber ansonsten noch sehr leistungsfähig sind. Das Auto sah ein bißchen mitgenommen aus, aber so, als könnte es mühelos mit

Höchstgeschwindigkeit davonbrausen. Homer blieb am Fuß der Treppe stehen und hob etwas auf – es war sein Benzinkanister, der große, der zehn Gallonen faßt. Er ging meinen Weg runter, zur Beifahrerseite des Wagens. Sie beugte sich rüber und öffnete ihm die Tür. Die Innenleuchte ging an, und einen Moment lang sah ich sie, das Gesicht von langen kastanienbraunen Haaren umhüllt. Ihre Stirn leuchtete wie eine Lampe. Nein, wie der *Mond*. Er stieg ein, und sie fuhr los. Ich stand da und sah die Rücklichter ihres kleinen Flitzers in der Dunkelheit rot aufleuchten. Sie wurden immer kleiner, glichen zuerst Funken, dann Irrlichtern... und dann waren sie ganz verschwunden.

Vermont, erzähl ich den Leuten in der Stadt, und Vermont, das glauben sie auch, weil das so weit weg ist, wie die meisten von ihnen sich überhaupt vorstellen können. Manchmal glaube ich es sogar fast selbst, besonders wenn ich müde und erschöpft bin. Aber dann gibt's wieder Zeiten, da denke ich sehr viel an sie – diesen ganzen Oktober über habe ich es getan, vermutlich weil der Oktober jener Monat ist, in dem Männer am meisten an ferne Orte und an die Straßen denken, die sie dorthin führen könnten. Ich sitze auf der Bank vor Bell's Market und denke über Homer Buckland und jenes wunderschöne Mädchen nach, das ihm die Autotür öffnete, als er mit dem vollen roten Benzinkanister in der rechten Hand auf den Flitzer zuging – Ophelia hatte ausgesehen wie höchstens sechzehn, wie ein Mädchen, das gerade erst den Führerschein macht, und ihre Schönheit *war* schrecklich, aber ich glaube, zu sterben braucht der Mann, dem sie ihr Gesicht zuwendet, doch nicht mehr; einen Moment lang hatte sie mich angeblickt, und ich war nicht tot umgefallen, obwohl ein Teil von mir zu ihren Füßen gestorben ist.

Der Olymp muß eine wahre Pracht sein – für die Augen und für das Herz; und es gibt jene Menschen, die ihre Gebete dorthin richten, und jene anderen, die vielleicht einen direkten Weg dorthin finden, aber ich für meine Person kenne Castle Rock wie meine Westentasche, und ich könnte es nie verlassen, nicht für alle Abkürzungswege auf der Welt, wohin sie auch führen mögen. Im Oktober ist der Himmel über dem See zwar keine wahre Pracht, aber er ist doch wunderschön, mit den großen weißen Wolken, die so langsam dahinziehen; ich sitze hier auf der Bank und denke an 'Phelia Todd und Homer Buckland, und ich wünsche mir nicht unbedingt, dort zu sein, wo sie sind ... aber immer noch überkommt mich der Wunsch zu rauchen.

Der Hochzeitsempfang

Im Jahre 1927 spielten wir Jazz in einer Kneipe mit illegalem Alkoholausschank, etwas südlich von Morgan in Illinois, einer 70 Meilen von Chicago entfernten Stadt. Es war eine gottverlassene ländliche Gegend, 20 Meilen im Umkreis keine andere größere Stadt. Aber es gab eine Menge junger Farmer, die nach einem heißen Tag auf dem Feld Lust auf etwas Stärkeres als Moxie hatten, und eine Menge angeblich jazzbegeisterter Mädchen, die sich dort mit ihren Möchtegern-Cowboy-Freunden trafen. Es gab auch immer ein paar verheiratete Männer (sie sind völlig unverkennbar, Freunde; es scheint ihnen direkt auf der Stirn geschrieben zu stehen), die keinen noch so weiten Weg scheuten, um vor Bekannten sicher zu sein, wenn sie mit einem heimlichen Schnuckelchen ein Schäferstündchen verleben wollten.

Zu jener Zeit war Jazz noch Jazz, kein Lärm. Wir hatten eine Fünf-Mann-Band – Schlagzeug, Horn, Posaune, Klavier und Trompete –, und wir waren echt gut. Das war drei Jahre, bevor wir unsere erste Platte machten, und vier Jahre, bevor wir auch zum Film kamen.

Wir spielten gerade ›Bamboo Bay‹, als jener große Kerl hereinkam. Er trug einen weißen Anzug und rauchte eine Pfeife, die verschnörkelter war als ein Waldhorn. Die ganze Band war schon ein bißchen beschwipst, aber das fiel überhaupt nicht auf, denn alle Gäste hatten bereits schwer einen in der Krone, und es ging ganz schön heiß her. Aber sie hatten alle gute Laune — an jenem Abend war es noch zu keiner einzigen Schlägerei gekommen. Wir Jungs von der Band schwitzten wie die Irren, und Tommy Englander, dem der Laden gehörte, ließ uns öfter mal Whisky bringen. Für Englander zu arbeiten, war eine feine Sache, und außerdem gefiel ihm unser Sound. Natürlich hatte er dadurch bei mir einen Stein im Brett.

Der Kerl im weißen Anzug setzte sich an die Bar, und ich vergaß ihn. Als letztes Stück vor einer Erholungspause spielten wir ›Aunt Hagar's Blues‹, ein Lied, das bei diesen Hinterwäldlern damals besonders gut ankam, und wir ernteten ganz schön viel Applaus. Manny grinste übers ganze Gesicht, als er seine Trompete weglegte, und ich klopfte ihm auf den Rücken, als wir das Podium verließen. Ein einsam aussehendes Mädchen in grünem Abendkleid hatte mir schon die ganze Zeit schöne Augen gemacht. Es war rothaarig, und für Rotschöpfe hab ich seit jeher eine Vorliebe gehabt. Es nickte mir einladend zu, und ich begann mir einen Weg durch die Menge zu bahnen, um es zu einem Drink einzuladen.

Auf halbem Wege baute sich aber der Kerl im weißen Anzug vor mir auf. Aus der Nähe betrachtet, sah er aus, als wäre mit ihm nicht gut Kirschen essen. Seine Haare standen am Hinterkopf hoch, obwohl er sie dem Geruch nach zu schließen mit einer ganzen Flasche Wildroot Creme Oil pomadisiert hatte, und er hatte die platten, eigenartig glänzenden Augen gewisser Tiefseefische.

»Ich möcht mich draußen mit Ihnen unterhalten«, sagte er.

Die Rothaarige machte einen Schmollmund und schaute weg.

»Das hat Zeit«, sagte ich. »Lassen Sie mich vorbei.«

»Mein Name ist Scollay. Mike Scollay.«

Dieser Name war mir bekannt. Mike Scollay war ein kleiner Schieber, der sich seine Bierchen und Kegelrunden damit verdiente, daß er Alkohol aus Kanada ins Land schmuggelte. Jenes hochprozentige Zeug, das ursprünglich dorther kam, wo die Männer Röcke tragen und Dudelsack spielen, wenn sie nicht gerade ein Faß leer machen. Sein Foto war ein paarmal in der Zeitung gewesen. Zuletzt, als irgendein anderer Ganove ihn abzuknallen versuchte.

»Sie sind ganz schön weit weg von Chicago, mein Freund«, sagte ich.

»Keine Bange, ich bin nicht allein hier«, meinte er. »Kommen Sie, wir reden draußen.«

Der Rotschopf schaute wieder zu mir herüber. Ich deutete auf Scollay und zuckte die Achseln. Das Mädchen rümpfte die Nase und wandte mir den Rücken zu.

»Da!« sagte ich verärgert. »Das haben Sie mir jetzt versaut.«

»Flittchen wie die können Sie in Chicago scheffelweise für 'nen Penny haben«, sagte er.

»Ich *wollte* sie aber nicht gleich scheffelweise.«

»Kommen Sie mit raus!«

Ich folgte ihm ins Freie. Nach der verräucherten Kneipenatmosphäre war die frische Luft angenehm kühl und duftete nach frisch gemähten Luzernen. Die Sterne flimmerten warm und freundlich. Weniger beruhigend wirkten Scollays Begleiter, die mit glühenden Zigaretten in der Gegend herumstanden.

»Ich hab 'nen Job für Sie«, sagte Scollay.

»Tatsächlich?«

»Ich zahl 200 Mäuse. Sie können's gerecht mit Ihren Mannen teilen oder auch erst mal 'nen Hunderter in die eigene Tasche schieben.«

»Und was soll'n wir machen?«

»Musik, was denn sonst! Meine Schwester heiratet. Ich will, daß ihr beim Empfang spielt. Sie liebt Dixieland. Und zwei meiner Jungs sagen, ihr würdet guten Dixieland spielen.«

Ich hab schon erwähnt, daß es eine feine Sache war, für Engländer zu arbeiten; er zahlte uns 80 Dollar pro Woche. Dieser Kerl bot aber für einen einzigen Abend mehr als das Doppelte.

»Nächsten Abend, von fünf bis acht«, erklärte Scollay. »In der Sons of Erin Hall in der Grover Street.«

»Wie kommt's, daß Sie soviel ausspucken wollen?«

»Dafür gibt's zwei Gründe«, sagte Scollay und zog an seiner Pfeife. Sie paßte nicht zu diesem Ganoven. Er hätte eine Lucky Strike Green im Mundwinkel haben sollen, vielleicht auch eine Sweet Caporal. Die Zigarette der Ganoven. Mit der Pfeife sah er nicht wie ein Ganove aus. Irgendwie machte die Pfeife ihn zu einer traurigen und komischen Gestalt.

»Zwei Gründe«, wiederholte er. »Vielleicht haben Sie gehört, daß der Grieche versucht, mich zu erledigen.«

»Ich habe Ihr Foto in der Zeitung gesehen«, sagte ich. »Sie waren der Bursche, der in den Gehweg reinzukriechen versuchte.«

»Werden Sie ja nicht frech!« knurrte er, aber es hörte sich nicht wirklich drohend an. »Ich werd dem Griechen allmählich zu mächtig. Er wird alt. Er hat ein Spatzenhirn. Er sollte in seine alte Heimat zurückkehren, Olivenöl saufen und auf den Pazifik hinausschauen.«

»Ich glaube, es ist die Ägäis.«

»Das ist mir scheißegal — von mir aus kann's auch der Lake Huron sein«, sagte er. »Tatsache ist, der Kerl will nicht einsehen, daß er alt ist. Er will mich immer noch zur Strecke bringen. Er begreift einfach nicht, wer im Kommen ist.«

»Und das sind Sie.«

»Sie haben's verdammt schnell erfaßt.«

»Mit anderen Worten, Sie zahlen zwei Hunderter, weil unser letztes Stück von Gewehrgeknatter untermalt sein könnte.«

Zorn flammte in seinem Gesicht auf, aber da war auch noch etwas anderes. Damals konnte ich es nicht definieren, aber ich glaube, jetzt kann ich's: es war Gram. »Mein lieber Freund, ich hab die besten Schutzmaßnahmen getroffen, die man für Geld kaufen kann. Wenn irgendeine verdächtige Gestalt auftaucht, wird sie erledigt, bevor sie 'nen Mucks von sich geben kann.«

»Und was ist der zweite Grund?«

»Meine Schwester heiratet einen Italiener«, sagte er leise.

»Einen guten Katholiken, wie Sie selbst einer sind«, spottete ich.

Wieder stand ihm der Zorn deutlich im Gesicht geschrieben, und einen Moment lang befürchtete ich, zu weit gegangen zu sein. »Ich bin *Ire*! *Ire*, mein Freund, und das sollten Sie sich lieber hinter die Löffel schreiben!« Dann fügte er kaum hörbar hinzu: »Auch wenn mir die meisten inzwischen ausgefallen sind — ich hatte mal *rote* Haare.«

Ich wollte etwas sagen, aber er gab mir keine Gelegenheit dazu. Er schwenkte mich herum und senkte den Kopf, bis unsere Nasen sich fast berührten. Ich habe nie wieder solchen Zorn, solche Rage, Entschlossenheit und Erniedrigung im Gesicht eines Menschen gesehen. Heutzutage findet man diesen Ausdruck zumindest auf Gesichtern von Weißen nicht mehr, jenen Zorn und Schmerz über erlittene Erniedrigungen. Jene Mischung aus Liebe und Haß. Aber ich sah das alles in dieser Nacht in seinem Gesicht, und ich begriff, daß es vernünftiger war, keine weisen Sprüche mehr zu klopfen, wenn mir mein Leben lieb war.

»Sie ist fett«, erklärte er halblaut. Sein Atem roch nach Pfefferminzbonbons. »Viele Leute lachen über mich — hinter meinem Rücken. Mir ins Gesicht zu lachen trauen sie sich aber nicht, das kann ich Ihnen versichern, Mr. Horn-Spieler. Vielleicht war dieser Itaker wirklich der einzige, den sie kriegen konnte. Aber Sie werden nicht über mich oder über meine Schwester oder über den Itaker lachen. Und auch sonst keiner! Weil Sie nämlich dazu viel zu laut spielen werden. Niemand wird über meine Schwester lachen! Niemand!«

»Wir lachen nie, wenn wir Musik machen. Ist nämlich 'n bißchen schwierig, so gleichzeitig.«

Das löste die Spannung. Er lachte — ein kurzes, bellendes Lachen. »Sie werden also so rechtzeitig dasein, daß Sie um fünf anfangen können zu spielen. Sons of Erin Hall in der Grover Street. Ich übernehm auch Ihre Fahrtkosten.«

Es war keine Frage, sondern eine Feststellung. Ich fühlte mich überrumpelt, aber er ließ mir keine Zeit für Diskussionen. Er entfernte sich bereits, und einer seiner Leute hielt ihm die hintere Tür eines Packard-Coupés auf.

Sie fuhren weg. Ich blieb noch eine Weile draußen und rauchte. Der Abend war mild und schön, und das Gespräch mit Scollay kam mir schon fast wieder wie ein Traum vor. Ich wünschte mir gerade, wir könnten draußen auf dem Parkplatz spielen, als Biff meine Schulter berührte.

»Es ist Zeit«, sagte er.

»Okay.«

Wir gingen wieder hinein. Die Rothaarige hatte sich einen Seemann aufgegabelt, der mindestens doppelt so alt war wie sie. Ich weiß nicht, was ein Angehöriger der U.S. Navy in Illinois machte, aber von mir aus konnte sie ihn haben, wenn sie einen so miesen Geschmack hatte. Ich fühlte mich nicht so besonders. Mein Schädel brummte vom Whisky, und Scollay kam mir wieder viel realer vor, in dieser Kneipe, wo der Gestank nach diesem Zeug, das er und seinesgleichen verkauften, betäubend stark war.

»Da hat sich einer ›Camptown Races‹ gewünscht«, sagte Charlie.

»Vergiß es«, erwiderte ich kurz angebunden. »Dieses Nigger-Zeug spielen wir erst nach Mitternacht.«

Ich sah, wie Billy-Boy sich flüchtig verkrampfte, während er sich ans Klavier setzte; gleich darauf trug er aber wieder ein unbeteiligtes Gesicht zur Schau. Ich hätte mich selbst ohrfeigen können, aber, verdammte Scheiße, ein Mann kann nun mal nicht von einem Tag auf den anderen seinen Wortschatz total ändern, vielleicht nicht mal in zehn Jahren. Zu jener Zeit war ›Nigger‹ ein Wort, das ich haßte, und das mir doch ständig über die Lippen rutschte.

Ich ging zu ihm hinüber. »Tut mir leid, Billy – ich bin heute abend nicht ganz ich selbst.«

»Schon gut«, sagte er, aber er schaute dabei über meine Schulter hinweg, und ich wußte, daß er meine Entschuldigung nicht akzeptiert hatte. Das war schlimm, aber etwas anderes war viel schlimmer – zu wissen, daß er von mir schwer enttäuscht war.

Während unserer nächsten Pause erzählte ich ihnen von dem Auftrag, gab die richtige Honorarhöhe an und verheimlichte auch nicht, daß Scollay ein kleiner Ganove war (allerdings erwähnte ich nichts von dem anderen Ganoven, der hinter ihm her war). Ich berichtete, daß Scollays Schwester fett, und daß Scollay in dieser Hinsicht sehr empfindlich sei, und daß jeder, der darüber Witze reißen würde, damit rechnen müsse, sich ein drittes Atemloch etwas über den beiden anderen einzuhandeln.

Ich hielt beim Reden den Blick auf Billy-Boy Williams gerichtet, aber an seinem Pokergesicht ließ sich nichts ablesen. Es wäre leichter gewesen, die Gedanken einer Walnuß anhand der Runzeln auf ihrer Schale zu erkennen. Billy-Boy war der beste Klavierspieler, den wir je gehabt hatten, und uns allen tat es leid, daß er wegen seiner Hautfarbe immer wieder diskriminiert wurde, wenn wir von Ort zu Ort reisten. Im Süden war es natürlich am schlimmsten, doch so toll war es auch im Norden nicht. Aber was hätte ich tun können? Sagen Sie mir das mal. Damals mußte man eben mit diesen Unterschieden leben.

Wir kamen an jenem Freitag schon um vier, eine Stunde vor Beginn des Empfangs, bei der Sons of Erin Hall an. Wir waren in dem Ford-Lieferwagen raufgefahren, den Biff, Manny und ich umgebaut hatten. Der hintere Teil war mit Leinwand bespannt, und zwei schmale Betten waren im Boden befestigt. Wir hatten sogar eine batteriebetriebene Kochplatte, und auf den seitlichen Außenflächen stand der Name unserer Band.

Es war ein herrlicher Sommertag — strahlend blauer Himmel mit weißen Wölkchen, die Schatten auf die Felder warfen. Aber sobald wir nach Chicago reinkamen, wurde es heiß und unangenehm — wenn man sich längere Zeit an einem Ort wie Morgan aufhält, ist man den Großstadtbetrieb einfach nicht mehr gewöhnt. Als wir unser Ziel erreichten, klebten mir die Kleider am Leibe, und ich hatte das dringende Bedürfnis, mich im Waschraum etwas zu erfrischen. Auch einen Schluck von Tommy Englanders Whisky hätte ich gut gebrauchen können.

Die Sons of Erin Hall war ein großes Holzgebäude, das der Kirche gehörte, in der Scollays Schwester getraut wurde. Sie kennen bestimmt solche Örtlichkeiten, wenn Sie je was mit Kirche zu tun hatten — dienstags Treffen der Christlichen Jugend, mittwochs Bingo-Spielabende und samstags ein gemütliches Beisammensein für junge Leute.

Wir ging rein; jeder von uns trug sein Instrument in einer Hand, einen Teil von Biffs Schlagzeugzubehör in der anderen. Eine magere Dame ohne nennenswerte Oberweite hatte drinnen das Kommando. Zwei schwitzende Männer schmückten den Saal mit Kreppapier. Das Podium für die Kapelle war gleich vorne, und darüber war ein Transparent gespannt, mit der Aufschrift: ALLES GUTE, MAUREEN UND RICO! in Goldbuchstaben. Darunter hingen zwei große Hochzeitsglocken aus rosa Pappe.

Maureen und Rico. Gott verdamm mich, wenn ich auf einmal nicht viel besser begreifen konnte, warum Scollay so empfindlich war. Maureen und Rico. Das war ja echt zum Schießen!

Die magere Dame eilte auf uns zu. Sie sah so aus, als hätte sie 'ne Menge auf dem Herzen, deshalb kam ich ihr lieber zuvor. »Wir sind die Band.«

»Die Band?« Sie warf einen mißtrauischen Blick auf unsere Instrumente. »Ach so. Ich hatte gehofft, Sie wären die Feinkostlieferanten.«

Ich mußte lächeln — Feinkostlieferanten schleppten normalerweise keine Schlagzeuge und Posaunenkästen mit sich herum.

»Sie können...«, begann sie, aber in diesem Moment kam ein etwa neunzehnjähriger Milchbubi lässig auf uns zugeschlendert. Der Kerl hatte eine Zigarette im Mundwinkel hängen, aber sie konnte auch nichts zu seinem Image beitragen, denn sein linkes Auge tränte vom Rauch.

»Macht dieses Scheißzeug mal auf!« kommandierte er. Charlie und Biff schauten mich an. Ich zuckte mit den Schultern, und wir öffneten unsere Etuis. Er betrachtete unsere Instrumente, und nachdem er nichts entdecken konnte, was so aussah, als könnte man es laden und damit schießen, trollte er sich wieder in seine Ecke und setzte sich auf einen Klappstuhl.

»Sie können Ihre Sachen schon mal auspacken«, fuhr die magere Dame fort, so als wäre sie überhaupt nicht unterbrochen worden. »Im Nebenzimmer steht ein Klavier. Ich werde es von meinen Männern rüberrollen lassen, sobald sie mit den Dekorationen fertig sind.«

Biff schaffte sein Schlagzeug schon auf das kleine Podium hinauf.

»Ich dachte, Sie wären die Lieferanten«, wiederholte die Frau aufgeregt. »Mr. Scollay hat einen Hochzeitskuchen bestellt und Hors d'Œuvres und Rinderbraten und...«

»Die kommen schon noch, Madam«, tröstete ich sie. »Schließlich werden sie erst nach erfolgter Lieferung bezahlt.«

»... zwei Schweinebraten und einen Kapaun, und Mr. Scollay wird *wütend* sein, wenn...« Sie sah, wie einer ihrer Männer sich direkt unter einer Kreppgirlande eine Zigarette anzündete, und kreischte: »HENRY!« Der Mann machte vor Schrecken einen Riesensatz, und ich flüchtete auf das Podium.

Um Viertel vor fünf waren wir mit allen Vorbereitungen fertig. Charlie, der Posaunenspieler, blies probeweise ein paar leise Töne, und Biff machte Lockerungsübungen mit den Händen. Die Feinkostlieferanten waren um zwanzig nach vier aufgekreuzt, und Miß Gibson (so hieß die magere Dame, die von Berufs wegen solche Veranstaltungen organisierte) hatte sie mit heftigen Vorwürfen überschüttet.

Vier lange Tische mit weißen Leinentischtüchern wurden von vier schwarzen Frauen in Häubchen und Schürzen festlich gedeckt. Der Hochzeitskuchen prangte unübersehbar in der Mitte des Saals. Er war sechsstöckig und mit kleinen Marzipanfiguren eines Brautpaars gekrönt.

Ich ging an die frische Luft, um eine Zigarette zu rauchen, und als ich auf dem Gehweg stand, hörte ich sie kommen — hupend und lärmend. Ich blieb stehen, wo ich war, bis ich das erste Auto um die Ecke biegen sah, dann trat ich meine Zigarette aus und ging wieder hinein.

»Sie kommen«, teilte ich Miß Gibson mit.

Sie wurde ganz bleich und schwankte buchstäblich ein bißchen. Diese gute Dame hätte sich einen anderen Beruf aussuchen sollen — Innenarchitektin oder Bibliothekarin. »Den Tomatensaft!« schrie sie. »Bringt den Tomatensaft her!«

Ich ging aufs Podium, und wir machten uns bereit. Wir hatten schon öfter bei Hochzeitsempfängen gespielt — welche Combo hat das nicht? —, und als sich die Türen öffneten, schmetterten wir eine Ragtime-Version des Hochzeitsmarsches, die ich selbst arrangiert hatte. Wenn Sie der Meinung sind, daß sich das so anhören mußte wie ein Limonadencocktail schmeckt, so stimme ich Ihnen völlig zu, aber wir hatten damit meistens großen Erfolg, und so war es auch diesmal. Alle klatschten und brüllten und pfiffen, und dann fingen sie an, sich miteinander zu unterhalten.

Aber an der Art, wie sie beim Reden mit den Füßen den Rhythmus klopften, konnte ich sehen, daß wir gut ankamen. Wir waren auch richtig in Fahrt — ich hatte es im Gefühl, daß die ganze Sache gut klappen würde. Ich weiß natürlich alles, was man so über die Iren sagt, und das meiste davon stimmt sogar, aber eins muß man ihnen lassen: langweilig geht's bei ihnen nie zu. Sie verstehen es großartig zu feiern.

Trotzdem muß ich gestehen, daß ich um ein Haar die ganze Nummer geschmissen hätte, als der Bräutigam und die errötende Braut hereinkamen. Scollay, in Cut und gestreiften Hosen, warf mir einen scharfen Blick zu, und glauben Sie ja nicht, daß mir das entgangen wäre. Irgendwie brachte ich es fertig, ein Pokergesicht zu machen, und auch den übrigen Bandmitgliedern gelang es — niemand verspielte sich auch nur im geringsten, was ein Glück für uns war. Die Hochzeitsgäste — es schienen fast ausschließlich Scollays Ganoven und deren Liebchen zu sein — waren natürlich schon im Bilde. Mußten sie ja sein, wenn sie in der Kirche gewesen waren. Ich hingegen hatte nur höchst unzureichende Informationen bekommen.

Sie haben vielleicht schon mal was von Jack Sprat und seiner Frau gehört. Nun, ich kann Ihnen nur sagen — dies war hundertmal schlimmer. Scollays Schwester hatte — wie er selbst, bevor sie ihm ausfielen — rote Haare. Sie waren lang und kraus. Aber es war nicht jener schöne rotbraune Farbton, den Sie vielleicht vor Augen haben. Nein, es war ein grelles Karottenrot, und die Krause hatte Ähnlichkeit mit Sprungfedern. Sie hatte von Natur aus wohl einen schönen hellen Teint, aber er kam überhaupt nicht zur Geltung, weil das ganze Gesicht mit Sommersprossen übersät war. Und wenn Scollay gesagt hatte, sie sei fett, so war das eine ähnliche Untertreibung, wie wenn jemand sagen würde, daß man bei Macy's ein paar Sachen kaufen kann. Sie war ein Dinosaurus in Menschengestalt — milde geschätzt, mußte sie so an die 350 Pfund wiegen. Die meisten davon verteilten sich auf Busen, Hüften, Oberschenkel und Hintern, wie das bei fetten Mädchen so gut wie immer der Fall ist — was eigentlich sexy sein sollte, wird dadurch grotesk und irgendwie beängstigend. Manche fetten Mädchen haben wenigstens erstaunlich hübsche Gesichter, aber nicht einmal das konnte man von Scollays Schwester sagen. Ihre Augen standen viel zu dicht beieinander, ihr Mund war zu groß, und sie hatte Henkelohren. Und dazu die Sommersprossen. Sogar schlank wäre sie häßlich wie die Nacht gewesen.

Aber das allein hätte niemanden zum Lachen gereizt, es sei denn dumme oder sehr gemeine Menschen. Erst wenn man Rico, den Bräutigam, zum Bild hinzufügte, wurde es zum Brüllen komisch. Selbst wenn er einen Zylinder aufgesetzt hätte, hätte er neben ihr wie ein Zwerg gewirkt. Er sah so aus, als bringe er in tropfnassem Zustand so an die neunzig Pfund auf die Waage. Er war sehr mager und hatte einen dunklen Teint. Als er nervös grinste, sahen seine Zähne wie ein Pfahlzaun in einer Slumgegend aus.

Wir spielten weiter.

Scollay brüllte: »Die Braut und der Bräutigam! Gott gebe ihnen Glück!« *Und wenn Gott es nicht tut*, drückten seine drohend zusammengezogenen Brauen aus, *so solltet ihr es lieber tun — zumindest heute.*

Alle riefen Glückwünsche und klatschten. Wir beendeten unsere Nummer mit einem Tusch, und das löste neues Rufen und Klatschen aus. Scollays Schwester Maureen lächelte. O Gott, ihr Mund war furchtbar groß! Rico trug ein einfältiges Grinsen zur Schau.

Danach schlenderten alle einfach herum, aßen Käse und Wurst auf Crackers und tranken Scollays besten geschmuggelten Scotch. Ich goß mir zwischen den einzelnen Musikstücken selbst drei hinter die Binde, und das Zeug stellte Tommy Englanders Whisky total in den Schatten.

Scollay sah allmählich gelöster und glücklicher aus — wenigstens ein bißchen. Er kreuzte einmal bei uns auf und sagte: »Ihr spielt ganz ausgezeichnet, Jungs.« Aus dem Mund eines Musikliebhabers, wie er es einer war, dürfte das wirklich ein großes Kompliment für uns gewesen sein.

Kurz bevor alle ihre Plätze zum Essen einnahmen, kam Maureen selbst zu uns. Aus der Nähe betrachtet, war sie noch häßlicher, und ihr weißes Kleid (die Mengen von weißem Satin, in das sie gehüllt war, hätten mindestens für drei Bettdecken gereicht!) verschönte sie auch kein bißchen. Sie fragte, ob wir ›Roses of Picardy‹ so spielen könnten wie Red Nichols and His Five Pennies; das sei nämlich ihr Lieblingslied. Sie war zwar fett und häßlich, dafür aber nicht herablassend wie einige der Gangsterliebchen, die auch schon ihre Wünsche vorgebracht hatten. Wir spielten ihr Lied, aber nicht besonders gut. Trotzdem schenkte sie uns ein süßes Lächeln, das sie fast hübsch aussehen ließ, und als wir fertig waren, applaudierte sie.

Sie nahmen so gegen Viertel nach sechs zum Abendessen Platz, und Miß Gibsons Hilfskraft servierte. Sie machten sich wie wilde Tiere darüber her, was nicht allzu erstaunlich war, und kippten dazu weiterhin hochprozentige Getränke. Ich beobachtete mit einer Art angewiderter Faszination Maureen beim Essen. Ich versuchte wegzuschauen, aber meine Blicke schweiften immer wieder zu ihr hinüber, so als wollten meine Augen sich davon überzeugen, daß sie tatsächlich das sahen, was sie zu sehen *glaubten*. Die Hochzeitsgäste stopften schon unheimlich viel in sich hinein, aber gegen Maureen nahmen sie sich aus wie alte Damen in einer Teestube. Sie hatte keine Zeit mehr für ein süßes Lächeln oder für ›Roses of Picardy‹. Unter ein Foto von ihr hätte am besten die Unterschrift SCHWER AR- BEITENDE FRAU gepaßt. Diese Dame hätte eigentlich nicht Messer und Gabel gebraucht, sondern einen Großbagger und ein Fließband. Es war traurig, ihr zuzusehen. Und Rico (über dem Tisch des Brautpaares konnte man gera- de noch sein Kinn erkennen, und seine braunen Augen waren so scheu wie die eines Rehs) reichte ihr mit seinem ständigen nervösen Lächeln immer wieder Schüsseln.

Wir legten eine zwanzigminütige Pause ein, während der Hochzeitskuchen angeschnitten wurde, und Miß Gibson höchstpersönlich bediente uns in der Küche. Der Herd war eingeschaltet, und es war irrsinnig heiß. Kei- ner von uns hatte großen Hunger. Anfangs hatte eine gute Feststimmung geherrscht, aber jetzt hatte ich ein ziemlich mieses Gefühl. Dieses Unbehagen las ich auch in den Gesichtern meiner Bandmitglieder... und ebenso in Miß Gibsons Gesicht.

Als wir in den Saal zurückkehrten, war eine richtige Sauferei im Gange. Einige schwere Jungs torkelten mit albernem Grinsen in der Visage durch die Ge- gend, andere drückten sich in den Ecken herum oder stritten sich über Rennwetten. Einige Pärchen wollten Charleston tanzen, deshalb spielten wir ›Aunt Hagar's Blues‹, ›I'm Gonna Charleston Back to Charleston‹ und andere Nummern dieser Art. Blödsinniges Zeug. Die Weiber verrenkten sich auf der Tanzfläche, fuchtelten mit den Fingern neben ihren Gesichtern herum und kreischten »Voe-doe-dee-oh-doe«; wenn ich nur daran denke, kommt mir bis zum heutigen Tage fast das Essen hoch. Draußen wurde es allmählich dunkel. Die Fliegennetze waren von manchen Fenstern herabgefallen, und Motten schwirrten in den Saal und umschwärmten scharenweise die Lampen. Und, wie es im Lied so schön heißt, die Band spielte immer weiter. Braut und Bräutigam — keiner von beiden schien Interesse daran zu haben, sich früh zurückzuziehen — standen in der Gegend herum, ohne daß jemand sich um sie kümmerte. Sogar Scollay hatte sie anscheinend total vergessen. Er war ganz schön betrunken.

Es war fast acht Uhr, als der kleine Bursche auftauchte. Er fiel mir sofort auf, weil er nüchtern war und sehr verängstigt aussah — wie eine kurzsichtige Katze, die sich in einen Hundezwinger verirrt hat. Er ging auf Scollay zu, der sich dicht neben unserem Podium mit einem Flittchen unterhielt, und tippte ihm mit dem Finger auf die Schulter. Scollay wirbelte herum, und ich hörte jedes Wort, das sie wechselten. Ich wünschte, ich hätte es nicht gehört, das können Sie mir glauben.

»Wer zum Teufel sind Sie?« fragte Scollay grob.

»Ich heißen Demetrius«, sagte der Kerl. »Demetrius Katzenos. Mich hergeschickt Grieche.«

Die Verrenkungen auf der Tanzfläche wurden abrupt abgebrochen. Jacketts wurde aufgeknöpft, Hände glitten unter Revers. Ich bemerkte, daß Manny ziemlich nervös aussah. Verdammt, ich selbst fühlte mich auch nicht gerade sehr wohl in meiner Haut. Trotzdem spielten wir natürlich weiter.

»Tatsächlich?« sagte Scollay ruhig, fast nachdenklich.

»Ich nix wollen herkommen, Mr. Scollay«, sprudelte der Mann hervor. »Der Grieche, er haben meine Frau. Er sagen, er sie töten, wenn ich Ihnen nix bringen seine Botschaft!«

»Was für eine Botschaft?« knurrte Sollay. Seine Stirn hatte sich wieder in bedrohliche Falten gelegt.

»Er sagen...« Der Mann verstummte. Todesangst stand ihm im Gesicht geschrieben. In seiner Kehle arbeitete es, als wären die Wörter Klöße, die dort feststeckten und ihn zu ersticken drohten. »Er sagen, ich Ihnen muß sagen, daß Ihre Schwester ist fette Sau. Er sagen... er sagen...« Er rollte wild mit den Augen und schien Scollays Gesichtsausdruck deuten zu wollen. Ich warf einen Blick auf Maureen. Sie sah aus, als hätte jemand sie geohrfeigt. »Er sagen, Schwester bekommen Juckreiz. Er sagen, wenn fette Frau Juckreiz haben an Rücken, kaufen Rückenkratzer. Er sagen, wenn Frau haben Juckreiz an anderes Stelle, kaufen Mann.«

Maureen stieß einen erstickten Schrei aus und rannte weinend hinaus. Der Boden erzitterte. Rico lief ihr händeringend nach. Sein Gesicht drückte äußerste Verwirrung aus.

Scollay hatte einen so hochroten Kopf, daß ich halb damit rechnete, sein Gehirn würde jeden Moment explodieren und seine Ohren raussprengen. Sein Gesicht hatte wieder jenen Ausdruck von rasendem Schmerz, den ich im Dunkeln vor Englanders Kneipe gesehen hatte. Vielleicht war er nur ein kleiner Ganove und sonst nichts, aber ich hatte Mitleid mit ihm. Ihnen wäre es bestimmt ebenso gegangen.

Als er den Mund aufmachte, klang seine Stimme sehr ruhig — fast schon sanft. »Sonst noch etwas?«

Der kleine Grieche zitterte. Seine Stimme war vor Angst ganz hoch und schrill. »Bitte mich nix töten, Mr. Scollay! Meine Frau... der Grieche haben meine Frau! Ich nix *wollen* sagen diese Dinge! Aber er haben meine Frau, meine Frau...«

»Ich werde Ihnen nichts tun«, sagte Scollay noch ruhiger als zuvor. »Erzählen Sie mir den Rest.«

»Er sagen, ganze Stadt lachen über Sie.«

Wir hatten aufgehört zu spielen, und einen Moment lang herrschte Totenstille. Dann verdrehte Scollay seine Augen in Richtung Decke. Seine Hände zitterten. Er hatte sie so krampfhaft zu Fäusten geballt, daß ich glaubte, durch sein Hemd hindurch die hervortretenden Muskeln sehen zu können.

»ALSO GUT!« brüllte er. »ALSO GUT!«

Er stürzte zur Tür. Zwei seiner Männer versuchten ihn aufzuhalten, versuchten ihn zu überzeugen, daß es Selbstmord wäre, jetzt rauszugehen, daß der Grieche genau das beabsichtigt hätte. Aber Scollay war wie wahnsinnig. Er schlug sie nieder und rannte in den Sommerabend hinaus.

In der nun folgenden Totenstille hörte ich nur die lauten Atemzüge des kleinen Griechen und aus irgendeinem Nebenraum das leise Schluchzen der Braut.

Dann stieß der junge Bursche, der uns bei unserer Ankunft gefilzt hatte, einen Fluch aus und rannte zur Tür. Er war der einzige.

Noch bevor er das im Foyer aufgehängte große Papier-Kleeblatt – das irische Nationalsymbol – erreicht hatte, quietschten Autoreifen auf dem Pflaster, und Motoren heulten auf – eine ganze Menge Motoren.

»O Gott!« schrie der Milchbubi von der Schwelle aus. »Das ist ja 'ne ganze verdammte Armee! *Runter, Boß! Runter! Runter!* . . .«

Und kurz darauf ertönte ein-zwei Minuten lang ein Maschinengewehrfeuer, als wäre da draußen der Erste Weltkrieg ausgebrochen. Kugeln pfiffen durch die offene Saaltür, und eine der Hängelampen zerbrach. Dann brausten die Autos davon. Eines der Gangsterliebchen schüttelte sich Glassplitter aus dem Bubi-kopf.

Nachdem die Gefahr nun vorüber war, stürzten alle Männer nach draußen. Die Küchentür flog weit auf, und Maureen rannte hinaus. Alles an ihr schwabbel-te. Ihr dickes Gesicht war jetzt auch noch vom Wei-nen verquollen. Rico folgte ihr wie ein aufgescheuch-ter Lakai.

Miß Gibson tauchte mit weit aufgerissenen, entsetzten Augen im leeren Saal auf. Der kleine Grieche, der die ganze Katastrophe ausgelöst hatte, war verduftet.

»Da war doch eine Schießerei«, murmelte Miß Gibson. »Was ist denn nur passiert?«

»Ich nehme an, daß der Grieche soeben unseren Auf-traggeber kaltgemacht hat«, sagte Biff.

Sie sah mich verwirrt an, aber noch bevor ich es ihr übersetzen konnte, erklärte Billy-Boy mit seiner leisen, höflichen Stimme: »Er meint, daß Mr. Scollay umge-bracht wurde, Miß Gibson.«

Miß Gibson starrte ihn fassungslos an. Ihre Augen wurden immer größer, und dann fiel sie in Ohnmacht. Kein Wunder, ich hatte selbst ziemlich weiche Knie.

In diesem Moment ertönte draußen der fürchterlichste Schrei, den ich in meinem ganzen Leben gehört habe. Er nahm und nahm kein Ende. Ich brauchte nicht erst hin-auszuschauen, um festzustellen, wer sich dort auf der Straße die Seele aus dem Leib schrie. Maureen hatte die Totenklage für ihren Bruder angestimmt, ohne sich auch nur im geringsten darum zu kümmern, daß die Bullen und die Nachrichtenjäger jeden Moment aufkreuzen konnten.

»Verduften wir!« flüsterte ich. »Schnell!«

In weniger als fünf Minuten hatten wir alles zusam-mengepackt. Einige von Scollays Männern kamen inzwischen wieder herein, aber sie waren zu betrunken und zu verunsichert, um uns Aufmerksamkeit zu schenken.

Wir verließen die Sons of Erin Hall durch den Hinterausgang. Jeder von uns trug wieder einen Teil von Biffs Schlagzeug. Wir müssen ein lustiges Bild abgegeben haben, wie wir so die Straße raufmarschierten. Ich ging voraus, mein Hornetui unter den Arm geklemmt, in jeder Hand eine Zimbel. Die anderen blieben dann an der Ecke am Ende des Blocks stehen, und ich holte unseren Lieferwagen. Die Bullen waren noch nicht aufgetaucht. Die fette Maureen lag immer noch mitten auf der Straße über der Leiche ihres Bruders und heulte wie jene irische Fee, die Todesnachrichten überbringt. Ihr Zwerg von Ehemann rannte um sie herum, wie ein Mond, der einen großen Planeten umkreist.

Ich fuhr zur Ecke, und die Jungs warfen alles wild durcheinander in den Wagen. Dann machten wir, daß wir wegkamen. Wir legten die ganze Strecke bis Morgan mit einer Durchschnittsgeschwindigkeit von 45 Meilen pro Stunde zurück, Landstraßen hin, Landstraßen her, und entweder hielten Scollays Leute es für überflüssig, den Bullen etwas von uns zu sagen, oder aber die Bullen hielten es nicht der Mühe wert, sich mit uns zu beschäftigen. Jedenfalls rückten sie uns nicht auf den Pelz.

Die zweihundert Mäuse haben wir nie gesehen.

Etwa zehn Tage später kam sie in Tommy Englanders Kneipe, eine fette junge Irin in Trauerkleidung. Schwarz stand ihr aber auch nicht besser als der weiße Satin.

Englander muß sie erkannt haben (ihr Foto war neben dem von Scollay in den Zeitungen gewesen), denn er führte sie höchstpersönlich zu einem Tisch und brachte schleunigst einige Betrunkene an der Bar zum Schweigen, die über sie Witze gerissen hatten.

Sie tat mir leid, so wie mir auch Billy-Boy manchmal leid tut. Es ist schwer, ein Außenseiter zu sein. Man braucht nicht selbst einer zu sein, um das zu wissen, obwohl ich natürlich zugeben muß, daß ich nicht nachvollziehen kann, *wie* es ist. Und Maureen war sehr nett gewesen, als ich mich — wenn auch nur kurz — mit ihr unterhalten hatte.

Als wir Pause machten, ging ich an ihren Tisch hinüber.

»Die Sache mit Ihrem Bruder tut mir sehr leid«, sagte ich ungeschickt. »Ich weiß, daß er Sie wirklich gern hatte und...«

»Genausogut hätte ich selbst auf ihn schießen können«, fiel sie mir ins Wort. Sie schaute beim Sprechen auf ihre Hände, und jetzt erst fiel mir auf, daß sie wirklich das Hübscheste an ihr waren — klein und anmutig. »Alles, was jener kleine Grieche sagte, stimmte genau.«

»Na hören Sie mal!« widersprach ich — was hätte ich auch anderes sagen sollen? Ich bedauerte schon, zu ihr rübergegangen zu sein — sie redete so eigenartig daher. So als wäre sie ganz allein und hätte den Verstand verloren.

»Trotzdem werde ich mich nicht von ihm scheiden lassen«, fuhr sie fort. »Eher würde ich mich selbst umbringen und dadurch meine Seele zur ewigen Verdammnis verurteilen.«

»So dürfen Sie nicht reden«, sagte ich.

»Hatten Sie nie den Wunsch, sich umzubringen?« fragte sie und schaute mich leidenschaftlich an. »Hatten Sie nie den Wunsch, einfach Schluß zu machen, wenn Leute Ihnen übel mitspielten und dann über Sie lachten? Oder ist Ihnen sowas noch nie passiert? Aber das würde ich Ihnen nicht glauben, selbst wenn Sie's beteuern würden. Wissen Sie, wie es ist, wenn man ißt und ißt und sich selbst dafür haßt und aus Verzweiflung weiter ißt? Wissen Sie, wie man sich fühlt, wenn man seinen eigenen Bruder umgebracht hat, weil man *fett* ist?«

Leute drehten sich nach uns um, und die Betrunkenen lachten wieder.

»Tut mir leid«, flüsterte sie.

Ich wollte ihr sagen, auch mir täte es leid. Ich wollte ihr sagen... oh, ich schätze, einfach alles, was ihr irgendwie hätte helfen können. Ich wollte zu ihr durchdringen, sie ein bißchen aufrichten. Aber mir fiel überhaupt nichts Passendes ein.

Deshalb sagte ich nur: »Ich muß jetzt gehen. Wir müssen weiterspielen.«

»Natürlich«, sagte sie leise. »Natürlich müssen Sie das... sonst werden die Leute noch anfangen, über *Sie* zu lachen. Aber weshalb ich überhaupt gekommen bin — würden Sie bitte ›*Roses of Picardy*‹ spielen? Sie haben es beim Empfang sehr schön gespielt, finde ich. Würden Sie das für mich tun?«

»Na klar«, sagte ich. »Es ist mir eine Freude.«

Und wir spielten es. Aber mitten im Lied ging sie, und weil es für diese Art von Kneipe ziemlich schmalzig war, ließen wir's ausklingen und gingen zu einer Ragtime-Version von ›*The Varsity Drag*‹ über. Das riß die Typen immer mit. Den Rest des Abends trank ich zuviel, und gegen Schluß hatte ich Maureen total vergessen. Na ja, sagen wir mal, *fast* vergessen.

Auf dem Heimweg fiel es mir dann ein. Was ich ihr hätte sagen sollen. Das Leben geht weiter — *das* hätte ich ihr sagen sollen. Das sagt man doch immer zu Leuten, denen ein geliebter Mensch weggestorben ist. Aber als ich noch einmal darüber nachdachte, war ich froh, diese Floskel nicht gebraucht zu haben. Denn vielleicht hatte sie gerade *davor* Angst.

Heute weiß natürlich jedermann Bescheid über Maureen Romano und ihren Mann Rico, der sie überlebt hat und auf Kosten der Steuerzahler im Staatsgefängnis von Illionis sitzt. Wie sie Scollays kleine Gangsterorganisation übernahm und zu einem Imperium ausbaute, das es mit dem von Al Capone aufnehmen konnte. Wie sie zwei andere Gangsterbosse erledigte und deren Gebiete schluckte. Wie sie den berüchtigten Griechen zu sich bringen ließ und ihn umbrachte — wie es heißt, indem sie ihm ein Stück Klavierdraht durchs linke Auge ins Gehirn stieß, während er vor ihr kniete und jammernd um sein Leben bettelte. Rico, der aufgescheuchte Lakai, wurde ihr Oberleutnant und war selbst für ein Dutzend Todesfälle in Kreisen der Unterwelt verantwortlich.

Ich verfolgte Maureens Karriere von der Westküste aus, wo wir ein paar sehr erfolgreiche Schallplatten aufnahmen. Allerdings ohne Billy-Boy. Er gründete eine eigene Band, kurz nachdem wir von Englander weggegangen waren, eine Band, die nur aus Schwarzen bestand und Dixieland und Ragtime spielte. Sie hatten unten im Süden viel Erfolg, und ich freute mich für sie. So war's wohl für alle besser. Mit einem Neger in der Band hätten wir an sehr vielen Orten überhaupt nicht auftreten können.

Aber ich wollte ja von Maureen erzählen. Sie machte in der Öffentlichkeit sehr viel von sich reden, und das nicht nur deshalb, weil sie so'ne Art Ma Barker mit viel Hirn war... daran lag es nur teilweise. Sie war *schrecklich* fett, und sie war *schrecklich* böse, und von der Ost- bis zur

Westküste verspürten die Amerikaner eine eigenartige Zuneigung für sie. Als sie 1933 an Herzschlag starb, stand in einigen Zeitungen, sie hätte 500 Pfund gewogen. Aber das bezweifle ich denn doch. So fett kann einfach kein Mensch sein, oder?

Na ja, jedenfalls machte *ihr* Begräbnis Schlagzeilen. Und das war mehr, als man von ihrem Bruder sagen konnte, der in seiner ganzen erbärmlichen Karriere nie über Seite 4 der Zeitungen hinausgelangt war. Zehn Mann waren erforderlich, um ihren Sarg zu tragen. In einem Boulevardblatt war ein Foto von ihnen, wie sie den Sarg schleppten, der die Größe einer gewaltigen Fleischtruhe hatte − was er ja wohl in gewisser Hinsicht auch war. Es war ein widerliches Foto.

Rico war nicht helle genug, um die Organisation allein zusammenzuhalten, und er wurde bereits ein Jahr später wegen versuchten Mordes verhaftet.

Ich konnte Maureen nie vergessen, und ebensowenig Scollays gequältes Aussehen an jenem ersten Abend, als er über sie sprach. Aber rückblickend kann ich mit ihr auch kein allzu großes Mitleid haben. Fette Leute können schließlich aufhören, soviel zu fressen. Burschen wie Billy-Boy Williams hingegen können höchstens aufhören zu atmen. Ich sehe immer noch keine Möglichkeit, wie ich Maureen oder Billy-Boy hätte helfen können, aber hin und wieder plagt mich doch das Gewissen. Vermutlich liegt das einfach daran, daß ich jetzt sehr viel älter bin und nicht mehr so gut schlafe wie als junger Kerl. Das ist alles.

Das ist doch alles, oder etwa nicht?

Travel

»Letzter Aufruf für Travel 701«, sagte eine angenehme weibliche Stimme in den Lautsprechern des Port Authority Terminal in New York. Nicht so angenehm war der Rest des Flugplatzes. Dieser Terminal hatte sich in den letzten 300 Jahren kaum verändert. Immer noch waren die Baulichkeiten kalt und beängstigend. Die automatische Ansagerstimme war vielleicht das Beste an dem ganzen Flugplatz. »Reiseziel des Fluges 701 ist Whitehead City, Mars«, fuhr die Stimme fort. »Alle Passagiere mit gültigen Flugscheinen werden gebeten, sich unverzüglich in die Einschlafzone zu begeben. Bitte vergewissern Sie sich, daß Ihre Unterlagen den Prüfvermerk der Behörde tragen. Dankeschön.«

Die Einschlafzone für die Travel-Flüge war weder kalt noch beängstigend. Der Raum war mit einem austerngrauen Spannteppich ausgestattet, der von Wand zu Wand reichte. Die Wände waren eierschalenfarben gestrichen und mit hübschen Graphiken geschmückt. Die Decke des Raumes bestand aus einem Kaleidoskop, dessen Farbenspiel und Formen sich ständig änderten. 100 Liegebetten standen im Raum, in Gruppen zu jeweils zehn. Fünf Travel-Stewardessen gingen zwischen den Liegebetten herum, unterhielten sich mit den Travel-Teilnehmern, boten ihnen Milch an. Der Eingang zur Einschlafzone wurde von bewaffneten Posten flankiert. Neben den Posten stand ein Travel-Steward. Er kontrollierte gerade die Reisepapiere eines Fluggastes, der sich verspätet hatte. Bei dem Fluggast handelte es sich um einen nervös wirkenden Geschäftsmann, der ein Exemplar der ›*New York World Times*‹ unter den Arm geklemmt hielt. Auf der gegenüberliegenden Seite senkte sich der Fußboden des Raumes und bildete einen Schacht von etwa 1,50 mal 3 Metern. Der Anblick erinnerte Mark an eine Kinderrutsche.

Die Familie Oates hatte sich auf vier Liegen im hinteren Bereich der Einschlafzone verteilt. Mark Oates, seine Frau Marilys und die beiden Kinder.

»Erzählst du mir jetzt bitte, was Travel bedeutet«, bettelte Ricky. Er sprach zu seinem Vater. »Du hast es mir versprochen.«

»Jawohl, Daddy, du hast es uns versprochen«, kicherte Patricia. Es klang etwas schrill, und Mark führte das auf die Nervosität des Kindes zurück.

Der Geschäftsmann, der auf dem Liegebett nebenan lag, warf Patricia einen strafenden Blick zu. Er war ein stiernackiger Mann, an dem Mark besonders die hochglanzpolierten Schuhe auffielen. Nachdem der Fremde sein Gift verschossen hatte, wandte er sich wieder dem Studium der Dokumente zu, die er von der Stewardeß erhalten hatte. Nur noch das sanfte Flüstern der Einweiserinnen war zu hören und das Rascheln der Kleider, wenn sich die Passagiere auf den Travel-Liegen niederließen.

Mark Oates warf seiner Frau einen Blick zu, der Sicherheit signalisieren sollte. Sie nickte. Sie sah bleich und nervös aus. Kein Wunder, dachte er. Es war der erste Travel, dem sie und die Kinder sich unterzogen. Er hatte mit Marilys im letzten halben Jahr wieder und wieder die Vor- und Nachteile eines Umzugs der ganzen Familie durchgesprochen. Seit er den Versetzungsbescheid von Texaco bekommen hatte, redeten sie darüber. Sein neuer Einsatzort hieß Whitehead City. Sie waren dann übereingekommen, daß die ganze Familie umsiedeln würde.

Zwei Jahre würden sie auf dem Mars zubringen. Mark betrachtete das bleiche Gesicht seiner Frau. Ob sie ihren Entschluß bereits bedauerte?

Er sah auf seine Uhr. Noch eine halbe Stunde bis Travel-Zero. Genügend Zeit, um den Kindern die Geschichte zu erzählen. Vielleicht war es auch ganz gut, wenn er gerade jetzt davon sprach. Das würde sie ihre Unsicherheit vergessen lassen. Nicht nur die Kinder, auch Marilys konnte eine Aufmunterung gebrauchen.

»Also gut«, sagte er. Ricky und Pat betrachteten ihn mit gespannter Aufmerksamkeit. Sein Sohn war zwölf, die Tochter neun. Sein Sohn würde bereits in den Sümpfen der Pubertät herumwaten, wenn sie vom Mars zurückkehrten. Und seine Tochter würde so etwas wie Brüste haben. Schwer zu glauben, aber Tatsache. Die beiden würden die Whitehead-Gesamtschule besuchen, wo die Kinder der Ingenieure unterrichtet wurden. Sein Sohn würde wahrscheinlich an einem Klassenausflug auf Phobos teilnehmen. Geologie.

Wer weiß, dachte Mark. Vielleicht werde ich nach dem Zwischenspiel in Whitehead City sogar befördert.

»Soweit ich weiß«, begann er, »wurde Travel vor 320 Jahren erfunden, im Jahre 1987. Der Erfinder hieß Victor Carew. Dieser Carew betrieb ein privates Forschungsprojekt, für das ihm die Regierung einen Zuschuß gegeben hatte. Wie das so geht, die Regierung hatte zum Schluß sehr den Daumen drauf. Ich sagte vorhin 1987, aber ganz genau weiß man das nicht, dieser Carew war nämlich ein Exzentriker...«

»Du willst sagen, er war verrückt?« unterbrach ihn Ricky.

»Exzentriker sind ein bißchen verrückt, ja«, sagte Marilys. Sie lächelte Mark zu. Sie schien nicht mehr so nervös wie vorhin.

»Aha.« Ricky versank in Nachdenken.

»Jedenfalls hatte Carew schon eine ganze Weile mit der Sache herumexperimentiert, bevor er die Regierung über die Resultate informierte. Er hätte am liebsten gar nichts gesagt, aber er war mit seinem Geld am Ende, und irgendwie hatte er auch Angst, die Regierung würde den Zuschuß zurückverlangen, wenn er die Ergebnisse nicht rausrückte.«

»Wenn Sie mit der Ware nicht zufrieden sein sollten, erstatten wir Ihnen das Geld zurück«, piepste Pat. Wieder das schrille Lachen.

»So ähnlich, mein Kleines«, sagte Mark und streichelte seiner Tochter über das Haar. »So ähnlich.« Sein Blick fiel auf einen Schlitz in der gegenüberliegenden Wand. Der Schlitz wurde größer. Zwei Travel-Stewardessen erschienen in der Öffnung, beide in dem hellroten Overall der Linie. Die beiden schoben einen Wagen vor sich her. Auf dem Wagen lag ein Mundstück aus nichtrostendem Stahl, das mit einem Gummischlauch verbunden war. Mark wußte, daß der Gummischlauch zu zwei Gasflaschen führte, die hinter der Textilumkleidung des Wagens verborgen waren. In dem Netz, das an der Schmalseite des Wagens hing, lagen 100 Wegwerfmasken. Mark sprach weiter, als hätte er den Wagen nicht bemerkt. Die Kinder würden die beiden Lethe-Beauftragten schon früh genug zu sehen bekommen. Inzwischen würde er mit seiner Story durch sein, so daß die Kinder sich nicht weiter wehren würden, wenn ihnen die Maske aufs Gesicht gedrückt wurde.

Welche Alternative blieb ihnen denn?

»Ihr wißt natürlich, daß Travel die Bezeichnung für den telekinetischen Prozeß ist, die sich seit Carews Erfindung eingebürgert hat«, fuhr er fort »In der Chemie und in der Physik auf den Universitäten spricht man vom Carew-Syndrom, aber es handelt sich ganz einfach um Telekinese. Wenn man den Berichten aus jener Zeit Glauben schenken darf, dann war es Carew selbst, der seine Erfindung Travel taufte. Er las gern Science Fiction. Es gab da ein Buch von einem gewissen Alfred Bester. Das Buch hieß ›Die Sterne sind mein Schicksal‹, und der Autor hatte den Teletransport von Personen mit dem Ausdruck ›Travel‹ umschrieben, mit dem Unterschied, daß man in seinen Büchern nur an Travel zu denken brauchte, und schon war man unterwegs, ich meine, so weit sind wir ja noch nicht.«

Er sah, wie eine der Lethe-Beauftragten eine Maske mit dem Mundstück verband. Sie reichte die Maske einer älteren Frau, die auf einem Bett am anderen Ende des Raumes lag. Die Frau drückte sich die Maske aufs Gesicht. Schon nach dem ersten Atemzug fiel ihr Kopf zur Seite. Ihr Rock war ein Stück zur Seite gerutscht, so daß die Krampfadern an den Waden sichtbar wurden. Eine der beiden Lethe-Beauftragten zog den Rock mit einer sorgsamen Bewegung wieder über die Blöße. Dann wurde die Maske der Frau vom Mundstück gelöst. Eine frische Maske wurde an dem schimmernden Röhrchen befestigt, der Vorgang erinnerte Mark an den Austausch von Plastikbechern im Badezimmer eines Motels. Er hoffte zu Gott, daß Patty nicht mehr so aufgedreht war, wenn sie drankam. Er hatte Kinder gesehen, die von ihren Eltern festgehalten werden mußten, damit die Lethe-Beauftragten ihnen die Maske aufsetzen konnten. Sie hatten geschrien, als sich der glänzende Gummi auf ihr Gesicht senkte. Es war wohl normal, wenn ein Kind so reagierte, aber für einen Erwachsenen war es unangenehm, der Prozedur zuzuschauen. Er jedenfalls wollte nicht dabeisein, wenn sie Patty die Maske aufs Gesicht drückten. Bei Rick würde es vermutlich weniger Schwierigkeiten geben.

»Man könnte sagen, Travel war eine Erfindung, die

fünf vor zwölf gemacht wurde«, faßte er zusammen. Er sah Ricky an beim Sprechen, aber seine Finger tasteten nach der Hand seiner Tochter. Ihr Griff schloß sich wie eine stählerne Spange um sein Handgelenk. Die Innenseite ihrer Hand fühlte sich merkwürdig kühl an. »Die Ölreserven der Welt gingen damals zur Neige. Öl gab es damals nur noch im Mittleren Osten, und die Staaten dort gebrauchten es als politische Waffe gegen die anderen Staaten. Wer kein Öl hatte, wurde erpreßt. Die Ölstaaten hatten ein Kartell gebildet, das sie OPEC nannten...«

»Was ist ein Kartell, Daddy?« kam Pats Frage.

»Das gleiche wie ein Monopol«, sagte Mark.

»Das gleiche wie ein Klub, Kleines«, sagte Marilys. »Nur wer viel Öl hatte, konnte Mitglied im Klub werden.«

»Aha.«

»Damals herrschte ein ziemliches Chaos auf der Welt«, sagte Mark. »Es ging so chaotisch zu, daß ich das hier nicht erklären kann, ihr nehmt das demnächst sowieso in der Schule durch. Jedenfalls war es damals so, daß man seinen Wagen nur an zwei Tagen in der Woche fahren durfte. Eine Gallone Benzin kostete 15 Altdollar.«

»Mann!« sagte Ricky. »Und jetzt kostet es nur vier Cent die Gallone.«

Mark schmunzelte. »Das ist mit der Grund, warum wir zum Mars unterwegs sind. Das Öl auf der Erde ist so billig, weil wir auf dem Mars Ölvorräte für die nächsten achttausend Jahre haben. Die Ölreserven der Venus reichen für weitere zwanzigtausend Jahre, aber auf der Venus zu arbeiten, na, das wäre nicht gerade nach meinem Geschmack.«

Ricky nickte sachverständig.

»Der springende Punkt ist, wir wußten immer, daß es

viel Öl auf dem Mars gab, aber zur Erde kriegen können wir das Öl erst, seit es Travel gibt. Als Carew seine Erfindung machte, stand die Welt am Scheideweg. Ein Jahr zuvor waren in den Vereinigten Staaten zehntausend Menschen erfroren. Es gab keine Energie mehr.«

»Riesig«, sagte Patty.

Mark warf einen Blick zur Rechten. Die Stewardeß war in einem Gespräch mit einem Mann begriffen, dem die Furcht anzusehen war. Nach einer Weile nickte der Mann. Er drückte sich die Maske aufs Gesicht. Dann schien er tot umzusinken. Anfänger, dachte Mark. Man sah sofort, wenn jemand seinen ersten Travel machte.

»Die Sache fing mit einem Bleistift an«, sagte Mark, zu seiner Tochter gewandt. »Und dann benutzte Carew noch ein paar Schlüssel, seine Armbanduhr und Mäuse. Und bei den Mäusen gab es ein Problem...«

Victor Carew war hochgradig erregt, als er in sein Laboratorium zurückkehrte. Er wußte jetzt, was Morse empfunden haben mußte, als er seine Erfindung machte, Morse und Bell und Edison, aber seine, Carews Erfindung war viel bedeutsamer als alles, was Menschen bisher ersonnen hatten. Er war gerade vom Zoogeschäft in New Paltz zurückgekehrt, wo er seine letzten zwanzig Dollar für weiße Mäuse ausgegeben hatte. 9 Stück hatte er gekauft. Er hatte jetzt nur noch 93 Cents in der Tasche. Und 18 Dollar auf dem Sparbuch. Aber das kümmerte ihn jetzt nicht.

Das Laboratorium befand sich in einem umgebauten Schuppen am Ende eines unbefestigten Weges, der von der 26 abzweigte. Als Carew in den Weg einbog, hätte er beinahe die Bordbefestigung gestreift. Mit einem kühnen Schwenker war es ihm gelungen, seinen Kombiwagen vor dem endgültigen Auseinanderfallen zu bewahren. Es wäre schlimm gewesen, wenn er jetzt mit einer Panne steckenblieb. Der Tank war fast leer. Benzin gab es frühestens in zehn, wahrscheinlich erst in vierzehn Tagen. Aber Carew verlor keinen Gedanken an das Benzinproblem. Er befand sich in einer unwahrscheinlichen Hochstimmung.

Nicht daß die Sache völlig unerwartet gekommen wäre. Wenn die Regierung ihn mit jährlich 20 000 Dollar unterstützt hatte, dann eben auch, weil die Männer dort wußten, daß er an der Partikeltransmission arbeitete. Die Tür war aufgetan. Er brauchte nur noch hindurchzugehen. Die Erfindung würde der Menschheit den Weg in die Vierte Dimension eröffnen.

Dann war alles recht schnell gegangen. Plötzlich hatte es geklappt. Carew hatte nur die Energiemenge einspeisen müssen, die dem Verbrauch eines Farbfernsehers entsprach. Herrgott noch mal, die ganzen Jahre hatte er sich den Kopf zerbrochen, wo er die Millionen Volt herbekommen würde, und jetzt genügte ein normaler Steckkontakt!

Er war auf den schlammigen Hof eingebogen und brachte den Kombiwagen zum Stehen. Er ergriff die Schachtel, die er neben sich auf dem Sitz stehen hatte — auf der Schachtel waren die Umrisse von Katzen und Hunden und Hamstern und Goldfischen sowie die Aufschrift ICH KOMME AUS DEM TIERGESCHÄFT STACKPOLE zu erkennen — und rannte auf das hohe Scheunentor zu. Er hörte, wie die Tiere in der Schachtel unruhig auf und ab liefen.

Er versuchte, das Scheunentor mit der Schulter aufzudrücken. Erst als er sich dreimal vergeblich dagegengestemmt hatte, fiel ihm ein, daß er vor dem Wegfahren zugeriegelt hatte. »Scheiße!« fluchte er. Er hielt das Paket mit der Linken an sich gepreßt, mit der Rechten fummelte er nach dem Schlüsselbund. Die Regierung hatte ihm zur Auflage gemacht, daß er die Scheune verschlossen hielt. Dies war eine der Seidenschnüre, die sie einem um den Hals legten. Das Zuschließen des Laboratoriums. Carew vergaß das regelmäßig.

Er hatte den Schlüsselbund aus der Hosentasche hervorgeholt und fuhr mit dem Finger über die Zahnung des Zündschlüssels. Herrgott noch mal! dachte er. Ich hab's geschafft! Er schob die Schlüssel über den Ring, bis er den Schlüssel fand, der in das Yale-Vorhängeschloß paßte.

Der Durchbruch war ein Zufall gewesen. Ein bißchen wie bei der Erfindung des Telefons. Als Bell den Funken sah, hatte er »Watson, komm her!« geschrien. Victor Carew hatte nichts geschrien, er hatte nur auf seine Fingerstümpfe gestarrt. Zwei Finger seiner linken Hand waren teletransportiert worden, über fünfzig Meter hinweg, durch die ganze Länge der Scheune.

Seit Jahren experimentierte er mit der Partikeltransmission. Er hatte an beiden Enden der Scheune Laboratoriumstische mit Instrumentengalgen aufgestellt. Auf einem der beiden Tische stand eine Ionenkanone, ein einfaches Gerät, wie man es in den Fachgeschäften für Elektronik für 500 Dollar erwerben konnte. Auf dem Tisch am anderen Ende der Scheune hatte Carew eine Nebelkammer aufgebaut, ein Kubus, nicht größer als ein Buch. Auf halber Strecke zwischen den beiden Tischen befand sich eine Art Duschvorhang, allerdings bestehen Duschvorhänge ja normalerweise nicht aus Blei. Die Grundidee der Experimente war, die Ionen von einem Ende der Scheune zum anderen zu schießen. Um sicher zu sein, daß die Ionen überhaupt bewegt wurden, ließ er sie den bleiernen Vorhang passieren. In den vergangenen zwei Jahren hatte das Experiment nur in zwei Fällen Erfolg gehabt. Beide Male hatte Carew keine Ahnung, warum es gerade jetzt klappte und in allen anderen Fällen nicht.

Als er die Ionenkanone justierte, geriet seine Hand an den Instrumentengalgen. Das war eigentlich nicht schlimm, aber an jenem Morgen hatte er außerdem im Vorbeigehen den Kippschalter mit der Hüfte gestreift. Was dann passierte, hatte Victor Carew nicht genau zu ergründen vermocht. Von der Maschinerie, die er in der Scheune aufgebaut hatte, war das übliche Summen aufgestiegen, mehr nicht. In den Fingern hatte er ein kitzelndes, brennenes Gefühl verspürt.

›Es war nicht eigentlich das, was man unter einem elektrischen Schlag versteht‹, hatte er in seinem Bericht über den Vorfall ausgeführt. Der Bericht war in der Zeitschrift *Popular Mechanics* erschienen, und Carew hatte dafür ein Honorar von 750 Dollar bekommen. Irgendwie war es zugleich ein letzter verzweifelter Versuch gewesen, das Travel-Forschungsprojekt im privatwirtschaftlichen Bereich zu halten. Unmittelbar nach der Veröffentlichung des ersten und einzigen Berichtes hatte die Regierung ihm einen Maulkorb umgehängt. ›Es war nicht so schmerzhaft wie der Schlag, den man beim Angreifen einer defekten elektrischen Leitung bekommt‹ hieß es in *Popular Mechanics*. ›Eigentlich mehr so, als hielte man die Hand an das Gehäuse einer Maschine, die auf hohen Touren dreht. Die Schwingungsfrequenz ist so hoch, daß ein Kitzelgefühl entsteht.‹

Er hatte dann im Bericht sein Erstaunen über die verschwundenen Fingerglieder beschrieben. ›Mein Zeigefinger war weg, der Schnitt ging durch das mittlere Fingerglied. Ganz ähnlich sah es beim Mittelfinger aus.‹ Einen Augenblick lang hatte er Blut zu sehen vermeint, aber das war wohl eine Halluzination gewesen. Er war vor Schreck mit dem Ellenbogen an die Ionenkanone gestoßen, das Gerät war vom Labortisch gefallen und zerbrochen.

Er stand da, mit den Fingern im Mund, und dachte nach. Jawohl, die Finger waren wieder da. Waren sie überhaupt weg gewesen? Der Gedanke kam ihm, daß er vielleicht überarbeitet war. Oder aber es lag an der veränderten Versuchsanordnung.

Er streckte die Hand aus, um einen zweiten Versuch zu wagen, dann zog er sie wieder zurück. Nein, er würde das Risiko kein zweites Mal eingehen. Zumindest jetzt nicht. Nur noch ein einziges Mal in seinem Leben sollte Carew das Travel-Experiment wiederholen.

Erst einmal unternahm er gar nichts. Er ging ziellos in der Scheune umher, fuhr sich mit den Fingern durch die Haare und grübelte darüber nach, ob er Carson in New Jersey anrufen sollte oder Buffington in Charlotte. Carson würde das R-Gespräch nicht entgegennehmen, der verdammte Hurensohn. Buffington schon eher. Dann kam ihm ein Gedanke. Wenn es wirklich so war, daß seine Finger durch die ganze Scheune transportiert worden waren, dann war vielleicht auf dem zweiten Instrumententisch eine Spur zurückgeblieben.

Aber diese Hoffnung mündete natürlich in eine Enttäuschung. Die Versuchsanordnung Nr. 2 war unverändert. Wie eine Spielzeugguillotine sah die Vorrichtung aus, nur die Schneide fehlte. Es gab einen rostfreien Stahlrahmen, der mit dem Stromnetz verbunden war. Zwischengeschaltet war ein Transformator, der mit dem Zentralcomputer gleichgeschaltet wurde.

Der Zentralcomputer...

Carew warf einen Blick auf seine Armbanduhr. Viertel nach elf. Sein Vertrag mit der Regierung erstreckte sich auf die Nutzung des Zentralcomputers zu genau festgelegten Zeiten. Die vereinbarte Zeit endete um 15 Uhr. Dann war Sendepause, bis nächsten Montag. Ich muß mich beeilen, dachte er. Ich darf nicht so rumstehen und die Zeit vertun...

›Ich starrte auf den Labortisch‹, hatte Carew in seinem Bericht geschrieben, ›und dann starrte ich wieder auf meine Finger. Ich hatte jetzt keinen Zweifel mehr, daß mein Experiment geglückt war. Ich war allerdings zu jenem Zeitpunkt gar nicht erpicht darauf, irgend jemandem von der Sache zu erzählen. Am wichtigsten ist es schließlich, daß man selbst von dem überzeugt ist, was man tut. Ich denke, jeder Wissenschaftler sieht das so.‹

Es war Ricky, der die Frage stellte. »Warum war er denn so sicher, daß sein Experiment geglückt war?«

»Ja«, fiel Patricia ein. »Warum konnte er so sicher sein?«

Mark mußte lächeln. Die beiden Kinder schienen alles um sich vergessen zu haben, so sehr waren sie gefangengenommen von seiner Erzählung. Aus den Augenwinkeln beobachtete er die Travel-Einweiserinnen mit ihrem Wagen voller Gerätschaften. Das monotone Flüstern erfüllte den Raum. Es dauerte seine Zeit, die Travel-Aspiranten einzuschläfern. Mark hatte ganz allgemein die Beobachtung gemacht, daß Zivilpersonen schwieriger einzuschläfern waren als Soldaten. Die Zivilpersonen gaben sich nervös, stellten Fragen, wollten alles noch einmal durchsprechen. Das glitzernde Mundstück und die Masken erinnerten sie an den Operationssaal eines Krankenhauses. Man kennt die Atmosphäre. Die Anästhesistin steht da mit ihren schimmernden Kanistern voller geheimnisvoller Gase. Hinter ihrem Rücken verbirgt sich der Chirurg mit dem Skalpell. Es gab Travel-Teilnehmer, die in Panik gerieten, wenn sie eingeschläfert werden sollten. Während Mark mit den Kindern sprach, waren ihm zwei Männer aufgefallen, die von ihren Liegebetten wieder aufgestanden waren. Sein Blick folgte ihnen, wie sie sich den Weg zum Ausgang bahnten. Sie hatten dem Steward die Kontrollkarte zurückgegeben, die man ihnen beim Einchecken ans Revers geheftet hatte. Sie waren hinausgegangen, ohne sich noch einmal umzusehen. Das Travel-Personal hatte strikte Anweisung, keine peinlichen Fragen zu stellen, wenn jemand es sich im letzten Augenblick noch anders überlegte. Es gab immer Passagiere auf der Warteliste. Vierzig oder fünfzig Personen, die der Hoffnung anhingen, beim Ausfall eines anderen Passagiers doch noch getravelt zu werden. Als die beiden Männer den Einschläferungsraum verlassen hatten, traten die beiden Ersatzpassagiere ein. Sie wurden mit Kontrollkarten ausgestattet.

»Carew hatte zwei Splitter in seinem Zeigefinger gefunden«, sagte er, zu den Kindern gerichtet. »Er zog sich die Splitter heraus und verwahrte sie. Einer der beiden Beweise ging verloren, der andere ist heute noch zu besichtigen, im Anbau des *Smithsonian Institute* in Washington. Der Splitter befindet sich in einem luftdicht versiegelten Gefäß, übrigens in der gleichen Vitrine wie das erste Stück Mondgestein, das die Raumfahrer auf die Erde heimbrachten.«

»Von unserem Mond oder vom Marsmond?« fragte Ricky.

»Von unserem Mond«, sagte Mark. »Auf dem Mars ist bisher nur eine bemannte Rakete gelandet. Eine französische. Ich glaube, das war um 2030. Nun ja, jedenfalls wißt ihr jetzt, was es mit dem Holzsplitter auf sich hat, der im *Smithsonian Institute* aufbewahrt wird. Dieser Splitter ist der erste Gegenstand, der je getravelt, also teletransportiert wurde.«

»Und was geschah dann?« fragte Ricky.

»Den Berichten zufolge rannte Carew quer durch seine Scheune und...«

Carew rannte zum Labortisch Nr. 1 zurück. Sein Herz klopfte wie wild, als er die Versuchsanordnung dort betrachtete. Ich muß die Nerven behalten, dachte er. Ich muß über das Ganze erst einmal in Ruhe nachdenken. Man muß seine Zeit gezielt einsetzen. Jedenfalls hatte es keinen Sinn, wie ein Verrückter loszurennen.

Er überhörte geflissentlich das Pochen in seinem Hirn, jene kleinen Schreie, mit denen ihn sein Gewissen anflehte, er sollte doch irgend etwas *unternehmen*. Statt dessen zog er seinen kleinen Nagelclipper aus der Anzugtasche. Er benützte die ausstellbare Spitze der Feile, um die Splitter aus seinem Zeigefinger zu entfernen. Er bugsierte die beiden Splitter auf das Stanniolpapier einer Tafel Schokolade der Marke Hershey. Er hatte die Tafel gegessen, während er an dem Transformator herumschraubte und über die Möglichkeiten nachsann, wie man die Ausgangsleistung dieses Geräts steigern konnte. Nun, das war ihm offenbar gelungen, in einem Ausmaß, wie er es in seinen kühnsten Träumen nicht für möglich gehalten hatte. Er sah, wie einer der Splitter von der Stanniolunterlage glitt, es gelang ihm nicht, das winzige Ding auf dem Boden wiederzufinden. Der zweite Splitter wurde später dem *Smithsonian Institute* übereignet. Das kostbare Stück wurde in Glas eingeschlossen und in einer Vitrine aufbewahrt, von der die Besucher einige Schritte Abstand zu wahren hatten. Dicke, mit Samt ummantelte Seile sorgten dafür, daß der Abstand eingehalten wurde. Seile und eine Fernsehkamera, die mit einem Computer verbunden war.

Nachdem die Splitter aus dem Finger entfernt waren, fühlte Carew sich etwas ruhiger. Ein Bleistift. Warum nicht? Ein Bleistift war ein Gegenstand wie jeder andere. Er nahm einen Bleistift aus dem Regal und legte ihn auf den Labortisch Nr. 1. Er sah, wie der Bleistift sich Stück für Stück in nichts auflöste. Es war wie eine Halluzination. Wie ein Zaubertrick. Der Bleistift trug die Aufschrift EBERHARD FABER Nr. 2, schwarz auf gelb. Nur noch die fünf Buchstaben waren zu lesen: EBERH. Er durchquerte die Scheune und trat an den Labortisch Nr. 2.

Ein halber Bleistift lag dort, das Stück sah aus, als sei es mit einem scharfen Messer abgetrennt worden. Carew schob den Finger an die Stelle, wo sich die andere Hälfte hätte befinden müssen. Nichts war zu spüren. Luft. Er rannte an den Labortisch Nr. 1 zurück. Hier lag die andere Hälfte. Carew schob sie in die Aufnahmeöffnung und wurde Zeuge, wie das Holz unsichtbar wurde.

Er ging zum Empfangstisch und holte den ganzen Bleistift aus der konischen Öffnung hervor. Er betrachtete ihn aus nächster Nähe. Dann ging er zum Scheunentor und schrieb die Worte ES GEHT auf die Bretter. Er drückte so fest auf, daß die Mine beim letzten Buchstaben zerbrach. Er brach in ein gellendes Lachen aus. Er lachte so laut, daß die schlafenden Schwalben aufwachten und davonflatterten.

»Es geht!« schrie er. Er rannte zum Labortisch Nr. 1, ruderte mit den Armen. »*Es geht, es geht, es geht!* Hast du gehört, Carson, du altes Arschloch, es geht! Ich hab's geschafft. Ich!«

»Mark, du solltest deine Sprache etwas zügeln in Gegenwart der Kinder«, sagte Marilys.

Mark hob die Schultern. »Aber genau das hat er gesagt.«

»Du hättest es ja geringfügig abändern können.«

»Daddy«, fragte Pat, »ist der Bleistift jetzt auch im Museum?«

»Was trägt unsere Tante Mable unter ihrem Korsett«, lachte Mark, und dann hielt er sich den Mund mit der flachen Hand zu, aber die Sache mit dem Korsett war schon heraus. Die Kinder quittierten den Ausdruck mit wildem Gelächter. Mark fiel auf, daß Pats Lachen jetzt nicht mehr so schrill klang wie vor einigen Minuten. Er war erleichtert. Wenig später begann auch Marilys zu lächeln, nachdem sie eine ganze Weile lang versucht hatte, die gute Laune nicht sichtbar werden zu lassen.

Als nächstes kamen die Schlüssel dran. Carew stellte keine langen Überlegungen an, er legte die Schlüssel einfach auf die vorbestimmte Fläche des Labortisches Nr. 1. Sein Denken verlief jetzt wieder in geordneten Bahnen. Es würde darauf ankommen, ob die Gegenstände nach dem Travel genau die gleiche Zusammensetzung aufwiesen wie vorher. Ob sie in ihren Bestandteilen oder in ihrer Form irgendwie durch den Teletransport verändert wurden.

Er sah, wie die Schlüssel verschwanden, und hörte, wie sie auf dem anderen Tisch klirrend wiedererstanden. Er ging zum Empfangstisch. Er hatte es jetzt nicht mehr so eilig. Im Vorbeigehen schob er den Bleivorhang zur Seite. Er brauchte jetzt keinen Bleivorhang mehr.

Er nahm das Schlüsselbund und ging zum Scheunentor. Er steckte den Schlüssel in das Vorhängeschloß, das er auf Anweisung der Regierung hatte anbringen müssen. Der Schlüssel paßte. Auch der Hausschlüssel paßte, der Schlüssel zum Aktenschrank, der Zündschlüssel des Kombiwagens.

Carew steckte den Schlüsselbund in die Hosentasche und löste das Lederband seiner Armbanduhr. Es war eine Seiko, eine Quartzuhr, die außer der Zeitanzeige die Funktion eines elektronischen Rechners erfüllte. Es gab 24 winzige Tasten. Mit diesem Rechner konnte man addieren, subtrahieren, multiplizieren und dividieren. Man konnte auch Quadratwurzeln ziehen. Präzisionsarbeit, in jeder Beziehung. Carew legte die Uhr auf den Labortisch Nr. 1 und schob sie mit der Spitze des Bleistiftes in die Aufnahmeöffnung.

Er rannte zum Tisch Nr. 2 und hob die Uhr von der Empfangsfläche. 11 Uhr, 31 Minuten, 49 Sekunden. Als er sie auf den Tisch Nr. 1 legte, hatte die Uhr 11 Uhr, 31 Minuten 7 Sekunden gezeigt. Sehr gut, dachte er. Wirklich gut. Schade, daß er keinen Assistenten hatte, mit dessen Hilfe er überprüfen konnte, ob es beim Travel einen Zeitgewinn gab oder nicht. Wie auch immer, wenn die Regierung von der Sache erfuhr, würden sie ihm soviel Assistenten geben, daß er in seinem Labor keinen Fuß mehr vor den anderen setzen konnte.

Er prüfte die Funktionen des Rechners. Zwei und zwei ergab immer noch vier. Acht durch vier gab zwei. Die Quadratwurzel aus elf war immer noch 3,3166247...

Die Mäuse, dachte er. Jetzt kommen die Mäuse dran.

»Was passierte mit den Mäusen, Vati?« fragte Ricky.

Mark zögerte. Er mußte vorsichtig sein. Er durfte den Kindern so kurz vor dem Travel keine Angst einjagen. Den Kindern nicht und Marilys auch nicht. Er mußte ihnen klarmachen, daß es bei diesem *Travel* keine Probleme geben würde. Wenn es je so etwas wie Probleme gegeben hatte, dann waren sie zwischenzeitlich ausgemerzt worden.

»Nun, wie ich zu Anfang schon sagte, bei den Mäusen gab es ein kleines Problem...«

Entsetzen, Wahnsinn, Tod. Konnte man das mit der Umschreibung ›kleines Problem‹ abtun?

Carew schob die Schachtel mit der Aufschrift ICH KOMME AUS DEM TIERGESCHÄFT STACKPOLE ins Regal und sah auf seine Uhr. Er fluchte. Er hatte die Uhr falsch herum festgebunden. Er löste das Armband und betrachtete die Zeitanzeige. Viertel vor zwei. Der Computeranschluß würde in eineinviertel Stunden abgeschaltet werden. Wenn man Spaß hat, vergeht die Zeit wie im Flug, dachte er und mußte kichern.

Er öffnete die Schachtel und zog eine Maus heraus. Er hielt sie beim Schwanz gepackt und betrachtete sie. Das Tier quietschte. Er setzte die Maus vor die Mündungsöffnung. »Los!« sagte er. »Los!« Aber die Maus sprang vom Tisch. Er sah ihr nach, wie sie über den Boden der Scheune huschte.

Er verfolgte sie durch den düsteren Raum und hatte sie fast erwischt, als sie in einer Fußbodenritze verschwand.

»Verdammt!« sagte Carew. Er lief zu dem offenen Karton zurück und kam eben noch zurecht, um die Flucht zweier Insassen zu verhindern. Er packte eines der beiden Tiere, diesmal nicht beim Schwanz, sondern indem er Daumen und Zeigefinger wie einen kleinen Schraubstock um den Körper legte. Er war von Haus aus Physiker, die Lebensbedingungen weißer Mäuse waren ihm fremd.

Er verschloß die Schachtel.

Er hatte das Tier kaum auf den Labortisch Nr. 1 gesetzt, als er es auch schon am anderen Ende der Scheune auf dem Labortisch Nr. 2 aufquietschen hörte.

Er lief, so schnell er konnte, zu Tisch Nr. 2. Die Maus durfte ihm nicht entwischen, und wie schnell weiße Mäuse sein konnten, hatte er soeben festgestellt. Er hatte sich umsonst Sorgen gemacht. Das Tier lag apathisch auf der Platte. Der Blick aus den Augen war stumpf. Das Atmen der kleinen Lungen war kaum noch zu erkennen. Vorsichtig trat Carew näher. Er hatte nicht viel Erfahrung mit weißen Mäusen, aber man brauchte kein Mäuseexperte zu sein, um zu diagnostizieren, daß mit dieser Maus etwas schiefgelaufen war.

(»Die Maus fühlte sich nicht sehr wohl, nachdem sie teletransportiert worden war«, erzählte Mark Oates seinen Kindern, und nur seine Frau merkte, wie gezwungen sein Lächeln war.)

Er berührte den kleinen Körper. Es war, als hätte er etwas Lebloses berührt. Einen Beutel Sägemehl zum Beispiel. Allerdings atmete der Beutel noch. Die Maus sah Carew nicht einmal an. Sie hockte da und starrte geradeaus. Er hatte ein lebhaftes, gesundes Tier in die Mündungsöffnung gesteckt. Herausgekommen war eine lebende Wachsmaus.

Er schnippte mit den Fingern. Die Maus blinzelte. Dann fiel sie tot zur Seite.

»Und da beschloß Carew, eine zweite Maus auszuprobieren«, sagte Mark.

»Was wurde denn aus der ersten Maus?« fragte Ricky.

Mark zauberte ein breites Lächeln auf seine Mundwinkel. »Die erste Maus wurde in allen Ehren in Pension geschickt«, sagte Mark.

Carew nahm eine Tüte und steckte die tote Maus hinein. Er würde sie gegen Abend zu Moscono bringen, zum Tierarzt. Moscono würde den kleinen Kadaver untersuchen, um festzustellen, ob mit den inneren Organen etwas nicht stimmte. Die Regierung würde das natürlich nicht so gut finden, daß er einen privaten Tierarzt da hineinzog. Für die würde die ganze Versuchsreihe künftig ohnehin unter ›Streng geheim!‹ laufen. Aber erst, wenn er ihnen von den neuen Ergebnissen erzählte. Er war entschlossen, die Wahrheit so lange wie irgend möglich geheimzuhalten.

Dann fiel ihm ein, daß Moscono fürchterlich weit draußen wohnte. Er hatte nicht einmal mehr genug Benzin im Tank, um New Paltz zu durchqueren, geschweige denn für die Rückkehr.

Es war 14 Uhr und 3 Minuten geworden. Die Verbindung mit dem Computer würde schon in einer Stunde gekappt werden. Carew beschloß, das Problem mit Moscono aufzuschieben.

Carew konstruierte eine behelfsmäßige Rutsche, die zur Mündungsöffnung auf Labortisch Nr. 1 führte. (Dies, so erklärte Mark den Kindern, war der Vorläufer der heute gebräuchlichen Travel-Startrutschen. Patty fand die Vorstellung, wie die weißen Mäuse die schiefe Ebene entlangpurzelten, ungeheuer erheiternd.) Er setzte die nächste Maus auf die Rutsche und blockierte das obere Ende mit einem Buch. Nachdem sie eine Weile lang auf der Schräge herumgeirrt war, glitt sie in die Öffnung am unteren Ende der Rutsche.

Carew lief zum anderen Tisch.

Die Maus war tot.

Blut war keines zu sehen, auch keine Schwellungen. Vielleicht war das Tier während des Teletransports erstickt?

Carew war unruhig geworden. Erstickungstod war kaum denkbar. Der Travel dauerte nur Bruchteile von Sekunden. Seine Uhr hatte ihm bestätigt, daß die Zeit eine Konstante blieb.

Er steckte die tote Maus zu der ersten in die Tüte. Dann zog er eine dritte aus der Schachtel — die vierte, wenn man die Maus mitrechnete, die zu Beginn in der Fußbodenritze verschwunden war. Die Frage war, ob die Computerzeit reichen würde, um das Experiment zu Ende zu führen. Möglicherweise würde der Vorrat an weißen Mäusen auch schon erschöpft sein, bevor der Zentralcomputer abschaltete.

Er hielt die Maus mit festem Griff gepackt und schob sie mit dem Hinterteil zuerst in die Mündungsöffnung. Er sah, wie drüben, auf dem anderen Tisch, das Hinterteil materialisierte. Die Füße waren noch auf Tisch Nr. 1, schürften wie wild über das Holz.

Carew zog die Maus zurück. Nein, Katatonie war bei diesem Exemplar nicht zu verzeichnen. Im Gegenteil. Die Maus biß ihn in die Gewebefalte zwischen Daumen und Zeigefinger. Blut tröpfelte aus der kleinen Wunde. Carew ließ das Tier in die Schachtel mit der Aufschrift ICH KOMME AUS DEM TIERGESCHÄFT STACKPOLE fallen. Er benutzte einen Wattebausch, den er mit einem Desinfektionsmittel tränkte, um die Bißwunde zu reinigen.

Er klebte ein Pflaster über den Biß. Dann kramte er im Regal, bis er ein Paar dicke Arbeitshandschuhe fand. Er spürte förmlich, wie die Zeit verrann. Es war 2 Uhr und 11 Minuten geworden.

Er holte eine Maus aus dem Karton hervor und schob sie in die Öffnung, wieder mit dem Hinterteil zuerst, dann lief er zum anderen Ende der Scheune. Die Maus, die dort materialisiert war, lebte noch zwei Minuten. Sie machte sogar ein paar Schritte. Sie fiel auf die Seite, raffte sich wieder auf, blieb liegen. Carew schnippte mit den Fingern. Das Tier brachte noch vier Schritte zustande, dann fiel es wieder auf die Seite. Die Atmung wurde langsamer und setzte schließlich ganz aus. Das Tier war tot.

Carew spürte, wie ihm ein eisiger Hauch über den Rücken strich.

Er ging zum Labortisch Nr. 1 zurück, setzte eine weitere Maus auf die Experimentierplatte, schob sie mit dem

Kopf voran in die Öffnung. Er sah, wie der Kopf auf der Platte Nr. 2 erschien. Er löste den Griff. Das Tier blieb stehen, halb auf Nr. 1, halb auf Nr. 2.

Er lief zum anderen Ende. Die Maus lebte. Der Anblick war atemberaubend. Wie zuvor der Bleistift, so war nun das lebende Tier mittendurchgeschnitten. Die Schnittscheibe des Wirbelknochens war zu sehen, das Pulsen der winzigen Blutgefäße. Auch wenn das Experiment sonst nichts brachte, dachte Carew, für Forschung und Lehre konnte Travel unschätzbares Anschauungsmaterial liefern. Er vertiefte den Gedanken später in seinem Bericht für *Popular Mechanics*.

Er erschrak, als die Atmung sich jäh verlangsamte. Dann nichts mehr. Die Maus war tot.

Er packte sie bei der Schnauze und zog sie aus dem Metallrohr heraus. Es war ein unangenehmes Gefühl. Schluß mit den Mausexperimenten, dachte er. Die Mäuse sterben. Sie sterben, wenn man sie mit dem Hinterteil voran durchschiebt, und sie sterben, wenn man sie mit dem Kopf voran durchschiebt.

Was zum Teufel geschieht unterwegs?

Sinneswahrnehmungen, dachte er. Während des Teletransports sehen die Tiere etwas, sie hören etwas, sie fühlen etwas. Und dieses unbekannte Etwas tötet sie.

Was steckt dahinter?

Er hatte keine Ahnung, was es sein könnte. Aber er war entschlossen, das Rätsel zu lösen.

Carew hatte noch vierzig Minuten, dann würde man ihm die Verbindung mit dem Computer abschalten. Er lief zur Küche und schraubte das Thermometer von der Wand. Er steckte das Thermometer in die Mündungsöffnung von Labortisch Nr. 1. Die Skala zeigte 83° Fahrenheit, als er das Thermometer hineinsteckte. Sie zeigte 83° Fahrenheit, als er es wieder herauszog. Er kramte in der Abstellkammer herum und suchte ein paar von den Spielzeugen hervor, die er für seine Enkelkinder dort aufbewahrte. Er fand ein Päckchen Luftballonhüllen. Er blies einen Luftballon auf und schickte ihn durch das Gerät. Der Luftballon überstand die Reise unverändert. An einem Druckabfall während des Teletransports lag es also nicht.

Es war jetzt fünf Minuten vor Beginn der Geisterstunde. Carew rannte ins Haus und holte das Goldfischglas. Percy und Patrick hießen die beiden Goldfische. Er betrachtete die beiden, wie sie nervös mit dem Schwanz peitschten. Er stellte das Glas auf den Labortisch Nr. 1.

Er rannte zum Labortisch Nr. 2. Patrick schwamm an der Oberfläche, mit dem Bauch nach oben. Percy schwamm auf dem Grund des Glases entlang, das Tier machte einen benommenen Eindruck. Wenig später trieb auch Percy an der Oberfläche. Carew wollte das Glas gerade wegtragen, als Percy mit dem Schwanz zu schlagen begann. Das Tier tauchte wieder unter. Was immer es während des Teletransports erlebt hatte, es schien die Eindrücke nach und nach zu vergessen. Als Carew an jenem Abend gegen neun vom Tierarzt zurückkam, wirkte Percy so gesund wie eh und je.

Carew freute sich. Er gab dem Goldfisch eine doppelte Portion Futter.

Nachdem der Computer abgeschaltet worden war, beschloß Carew, per Anhalter zu Moscono zu fahren. Um Viertel nach vier stand er am Rande der 26 und hob den Daumen. Er hatte seine Jeans angezogen. Die Papiertüte mit den toten Tieren hielt er in der linken Hand.

Ein Chevette hielt, klein wie eine Sardinenbüchse war das Ding. Carew stieg ein. Ein junger Mann saß am Steuer.

»Was haben Sie denn in der Tüte?«

»Mein Essen«, sagte Carew.

Moscono sezierte eine der Mäuse in Carews Beisein. Er versprach, die anderen Mäuse recht bald zu sezieren und Carew von dem Ergebnis telefonisch zu verständigen. Der Befund bei der ersten Obduktion war nicht sehr ermutigend. Die Maus war völlig gesund, wenn man davon absah, daß sie tot war.

Es war deprimierend.

»Victor Carew war ein Exzentriker«, sagte Mark, »aber er war kein Narr.« Die Travel-Einweiserinnen hatten sich recht nahe herangearbeitet. Ich muß mich beeilen, daß ich mit meiner Geschichte fertig werde, dachte Mark. Oder aber ich erzähle sie den Kindern im Aufwachsaal in Whitehead City zu Ende. »Carew fuhr an jenem Abend per Anhalter nach Hause. Während der Heimfahrt dachte er über die Folgen seiner Erfindung nach. Die Energieprobleme der Menschheit waren zu einem Drittel gelöst. Was bisher per Güterzug, Lastwagen, Schiff oder Flugzeug befördert werden mußte, konnte getravelt werden. Jemand konnte seinem Freund in London, Rom oder im Senegal einen Brief schreiben, der Brief konnte dem Empfänger noch am gleichen Tag vorliegen, ohne daß ein Gramm Erdöl verbraucht worden war. Für uns ist das alles selbstverständlich, aber für Carew war es neu, und für die anderen Menschen zu seiner Zeit ebenfalls.«

»Warum hatte es denn Probleme mit der Maus gegeben?« fragte Rick.

»Diese Frage ging Carew genauso im Kopf herum wie dir«, sagte Mark. »Ihm war klargeworden, welche Bedeutung Travel für die Menschheit haben konnte, wenn es gelang, Lebewesen zu teletransportieren. Damit wäre die ganze Energiekrise nur noch eine Erinnerung gewesen. In seinem Bericht für *Popular Mechanics* gab Carew seiner Hoffnung Ausdruck, daß die Menschen mit Hilfe von Travel das

Universum erschließen würden. Er gebrauchte einen merkwürdigen Vergleich. Er sagte, es wird sein, als wenn man einen seichten Strom durchwatet, ohne sich nasse Füße zu holen. Er deutete damit das Stufensystem an, mit dem das Weltall sich uns erschließen würde. Man nimmt einen dicken Stein und wirft ihn in den Strom. Dann nimmt man einen zweiten Stein, tritt auf den ersten, wirft ihn ebenfalls in den Strom, und so kann man von Stein zu Stein hüpfen, bis der Strom überquert ist.«

»Das verstehe ich nicht«, sagte Patty.

»Weil du eine taube Nuß bist«, sagte Ricky.

»Das bin ich nicht! Daddy, Ricky hat mich eine taube Nuß genannt.«

»Nicht doch, Kinder«, sagte Marilys.

»Carew hat unsere Gegenwart vorausgesehen«, sagte Mark. »Er sah voraus, daß Drohnenraketen auf dem Mond, auf dem Mars, auf der Venus und auf den Jupitermonden landen würden, Raketen, die nur einen Zweck zu erfüllen hatten, nämlich...«

»Travel-Stationen für die Astronauten aufzubauen«, vollendete Ricky.

Mark nickte. »Inzwischen gibt es technische Außenposten im ganzen Sonnensystem. Irgendwann einmal werden wir in der Lage sein, zu den Sternen der anderen Systeme vorzudringen. Derzeit sind vier Travel-Raketen zu anderen Solarsystemen unterwegs, um dort die nötigen Transferstationen zu errichten. Es wird allerdings noch sehr, sehr lange dauern, bis diese Raketen ihr Ziel erreichen.«

»Ich möchte wissen, wieso es mit der Maus Probleme gab«, sagte Patty ungeduldig.

»Die Regierung hat sich dann in die Sache eingeschaltet«, sagte Mark. »Carew hatte die Regierung hingehalten, solange es irgend ging, aber schließlich haben sie

Wind von der Erfindung bekommen. Sie haben dann dafür gesorgt, daß er mit den Beinen wieder auf die Erde kam. Er wurde offiziell zum Leiter des Travel-Forschungsprojektes eingesetzt, und er behielt diese Stellung, bis er zehn Jahre später starb. Ich sagte, er war der offizielle Leiter. Zu sagen gehabt hat er nämlich nichts mehr.«

»Der arme Kerl«, sagte Rick.

»Ich finde, er ist ein Held«, sagte Patricia. »Er steht ja auch in allen Lesebüchern, wie Präsident Lincoln und Präsident Baskin.«

Das wird ihm ein großer Trost sein, dachte Mark, bevor er seine Erzählung fortsetzte.

Die Energiekrise hatte sich zur Unerträglichkeit zugespitzt, als die Regierung in das Projekt einstieg. Man war auf höchster Ebene daran interessiert, daß Travel sobald wie irgend möglich Gewinne abwarf. Am liebsten schon gestern. Die Wirtschaft Ende der achtziger Jahre war ein reines Chaos. Alles steuerte auf die Anarchie zu. Die ersten großen Hungersnöte in den westlichen Ländern waren für das Jahr 1990 errechnet worden. Man war schon drauf und dran, Travel der Öffentlichkeit vorzustellen, als sich die Skeptiker durchsetzten. Sie bestanden darauf, daß zuvor Spektralanalysen der Gegenstände durchgeführt wurden, die mit Travel teletransportiert worden waren. Als die Analysen vorlagen, wurde Travel mit viel internationalem Trara vorgestellt. Die amerikanische Regierung bewies endlich einmal so etwas wie Intelligenz und betraute die Agentur Young & Rubicam mit der werblichen Vorbereitung.

Damals entstanden die ersten Mythen um Victor Carew, und die Agenturen, die den Etat später übernahmen, woben fleißig an diesem Mythos mit. Sie verwandelten Victor Carew nach und nach in eine Mischung von Thomas Edison, Eli Whitney, Pecos Bill und Flash Gordon. Niemand in der breiten Öffentlichkeit war sich damals ganz sicher, ob Carew überhaupt noch lebte. Mark Oates verschwieg diesen Aspekt seinen Kindern, aber es war denkbar, daß Carew die letzten Jahre seines Lebens in geistiger Umnachtung zugebracht hat. Oder aber sie hatten ein Double für ihn geschaffen, das nach außen hin als der wahre Carew agierte.

Victor Carew erwies sich in den ersten Jahren nach der Erfindung als wahrer Problemfall. Er redete daher, wie ihm der Schnabel gewachsen war, wie ein Ökologe der sechziger Jahre. Damals hatte man die Ökologen reden lassen, sie konnten ja keinen Schaden anrichten. Es gab Öl noch und noch. Inzwischen aber waren die äußerst schwierigen neunziger Jahre angebrochen. Die Kohlewolken der Kraftwerke verdunkelten den Himmel. Ein größerer Teil der kalifornischen Küste war für die nächsten sechzig Jahre für unbewohnbar erklärt worden, Folge eines kleinen Unfalls in einem Kernkraftwerk.

Bis 1991 gab sich Victor Carew sperrig und unbequem, dann war plötzlich alles in Butter. Wenn man Carew sah, lächelte er milde wie der Großvater in den Anzeigen der Telefongesellschaften. Gelegentlich sah man ihn, wenn er auf irgendeiner Zuschauertribüne stand und leutselig in die Menge winkte. Im Jahre 1993, drei Jahre vor seinem offiziellen Tod, nahm er an der berühmten Rosenparade teil. Es war schon alles sehr merkwürdig.

Als die Nachricht von der Erfindung des Travel am 19. Oktober 1988 um die ganze Welt ging, hatte das den Effekt eines Paukenschlags. Der Dollar, zerfleddert und im Keller, schoß in die Höhe. Investoren, die Gold für 806 Dollar die Unze gekauft hatten, mußten plötzlich feststellen, daß sie für das Gold nur noch knappe 2700 Dollar das Kilo erlösten. Erdöl fiel zunächst nur um 70 Cents das Barrel, aber 1994, als in 70 amerikanischen Großstädten Travel-Terminals eingerichtet worden waren, brachen die Dämme. Die Solidarität des OPEC-Kartells zerbrach, die Preise sanken in den Keller. 1998, als Travel zwischen Städten wie Tokio, Paris, London, New York und Berlin zur Routine geworden war, war das Öl bereits bei 14 Dollar das Barrel angelangt. Der Barrelpreis von 6 Dollar wurde 2006 erreicht, als Travel zur normalen Reiseform geworden war. Öl war wieder, was es 1906 gewesen war, eine Angelegenheit, mit der man herrlich herumspielen konnte.

»Was war mit der Maus, Daddy?« fragte Patty. Sie war sichtlich ungeduldig. »Sag mir, was für Probleme es mit der Maus gab.«

Mark fand, es war jetzt an der Zeit, die Kinder mit den Travel-Einweiserinnen bekannt zu machen. Die Mädchen waren nur noch drei Reihen entfernt. Rick nickte zu den Erklärungen, die Mark gab, aber Patty blieb skeptisch. Sie starrte zu einer Frau hinüber, die gerade die Maske aufs Gesicht gedrückt bekommen hatte und zu stöhnen begann. Sekunden später fiel der Kopf zur Seite, die Frau hatte das Bewußtsein verloren.

»Wenn man wach ist, kann man nicht getravelt werden, stimmt's, Papi?« fragte Ricky.

Mark nickte. Er schenkte Patricia ein strahlendes Lächeln. »Das hat Carew übrigens schon gewußt, noch bevor die Regierung ihre Nase reinsteckte.«

»Wie ist ihm die Regierung überhaupt auf die Schliche gekommen?«

Mark grinste. »Über den Computer natürlich«, sagte er. »Die Computerleistungen waren das einzige, was Carew weder borgen noch stehlen konnte, er mußte sie von der Regierung abfordern. Er brauchte den Computer für die Transmission der Partikel. Es sind Billionen von Informationen, die übermittelt werden müssen. Auch heute noch ist es der Computer, der dafür sorgt, daß man nicht mit dem Kopf auf dem Bauch wieder rauskommt.«

Marilys erschauderte.

»Hab keine Angst, Mare«, sagte er. »Es hat niemals einen Fehler gegeben. *Niemals!*«

»Es gibt immer ein erstes Mal«, flüsterte sie.

Mark sah Ricky an. Er beschloß, seinem Sohn eine Testfrage zu stellen.

»Wie fand Carew heraus, daß ein Lebewesen schlafen muß, wenn es getravelt wird, Rick?«

»Er wußte Bescheid, als er die Mäuse mit dem Hinterteil voran in die Anlage geschoben hatte«, sagte Rick bedächtig. »Die Tiere waren noch in Ordnung, wenn sie erst halb durch waren, ich meine, das durchgeschobene Hinterteil lebte. Die Tiere starben erst, nachdem der Kopf die Transmitter passiert hatte. Richtig?«

»Richtig«, sagte Mark. Die Einweiserinnen kamen den Gang entlang, sie schoben den Wagen des Vergessens vor sich her. Mark sah ein, daß ihm keine Zeit mehr blieb, die Geschichte zu Ende zu erzählen. Aber das war ja auch nicht schlimm. »Die Regierung brauchte nicht viel Experimente anzustellen, um die Notwendigkeit für das Einschläfern abzusichern«, sagte er. »Travel war dann das Ende des Güterverkehrs auf der Straße.«

»Und wann haben sie mit Menschen zu experimentieren begonnen, Papi?« fragte Rick. Er stellte die Frage, obwohl er die Antwort aus dem Schulbuch wußte.

»Ich will wissen, was mit der Maus passiert ist!« sagte Patty.

Die Travel-Einweiserinnen hatten den Bettenblock erreicht, zu dem Mark Oates und seine Familie gehörten.

Mark dachte nach. Seine Tochter hatte instinktiv die richtige Frage gestellt. Er beschloß, ihre Frage unbeantwortet zu lassen und statt dessen auf das Problem der Menschenexperimente einzugehen.

Die ersten Traveller waren keine Astronauten und auch keine Testpiloten. Man wählte Freiwillige aus. Man machte sich nicht einmal die Mühe, die Versuchspersonen auf ihre psychische Stabilität zu untersuchen, wie es mit den Raumfahrern geschah. Die Wissenschaftler, die das Projekt leiteten, vertraten den Standpunkt, je verrückter, je ausgefallener die Testperson war, um so besser. Wenn ein Verrückter mit all seinen seelischen Ungradheiten genauso wieder herauskam, wie man ihn hineinsteckte, dann bewies das doch nur die Zuverlässigkeit der Methode. Dann war Travel so sicher, daß man auch die Vorstände großer Aktiengesellschaften, Politiker und Starmannequins teletransportieren konnte.

Ein halbes Dutzend Freiwillige wurden nach Province im Staat Vermont gebracht. Der Ort ist inzwischen so berühmt wie Kitty Hawk, North Carolina, einst gewesen war. Man schläferte die Versuchspersonen ein, dann steckte man sie in die Anlage. Sender und Empfänger standen drei Kilometer voneinander entfernt. Mark erwähnte das Experiment gegenüber seinen Kindern, weil die sechs Versuchspersonen quietschfidel in der Empfangsstation auftauchten. Von der siebenten Versuchsperson, die es gegeben hatte, sagte er ihnen nichts. Der siebente Freiwillige war einigen Berichten zufolge nur ein Mythos gewesen. Andere Quellen bestanden darauf, daß es den Mann wirklich gegeben hatte. Mythos oder nicht, der Mensch hatte sogar einen Namen: Randall Foggia. Foggia war in Florida zum Tode verurteilt worden. Er hatte vier alte Leutchen ermordet, die er in Sarasota in ihrem Garten, beim Bridgespiel, überrascht hatte. Den Quellen zufolge kamen CIA und das FBI gemeinsam auf Foggia zu, um ihm einen jener Vorschläge zu machen, die man nicht ablehnen kann. Du bist hellwach, wenn du getravelt wirst, mein Junge, und du bleibst hellwach. Wenn du heil wieder rauskommst, bist du begnadigt. Mit der Unterschrift von Gouverneur Thurgood, ohne Tricks. Du spazierst davon und tust, was du willst. Du schließt dich der Heilsarmee an, oder du bringst noch ein paar alte Leutchen in gelben Shorts und Tennisschuhen um die Ecke, liegt ganz bei dir. Wenn du rauskommst und du bist tot, dein Problem. Du kommst geistesgestört raus, auch dein Problem. Na, was sagst du?

Foggia hatte irgendwie kapiert, daß Florida einer jener Staaten war, die mit der Todesstrafe ernst machten. Sein Anwalt hatte ihm gesagt, daß er in wenigen Wochen auf dem elektrischen Stuhl landen würde. Okay, sagte Foggia. Ist okay.

Es war natürlich alles voll Wissenschaftler und Techniker, als die Sache startete. Es war im Sommer 2007. Mark Oates war ziemlich sicher, daß die Story im großen und ganzen auf Tatsachen beruhte. Es waren wohl nicht die Wissenschaftler, die nachher geredet hatten, sondern einer der Gefängnisbeamten, die mit Foggia eingeflogen worden waren.

»Wenn ich lebend wieder rauskomme«, soll Foggia gesagt haben, »dann will ich ein gebackenes Hähnchen zum Essen serviert bekommen, noch bevor ich den Joint zu Ende geraucht habe.« Er betrat Zone Nr. 1 und erschien unmittelbar darauf in Zone Nr. 2.

Er lebte noch, aber er hatte keinen Appetit mehr auf Hähnchen. Der Computer hatte errechnet, daß die Reise über die Distanz von 3 km nur 0,000000000067 Sekunden gedauert hatte. In dieser kurzen Zeitspanne war Foggias Haar weiß geworden. Er hatte keine Falten im Gesicht, und trotzdem sah er unheimlich alt aus. Er kam aus Zone Nr. 2 hervorgeschlurft wie ein Geist, die Arme vor sich gestreckt. Seine Mundwinkel zuckten, der Speichel rann ihm aufs Kinn. Die Wissenschaftler, die im Halbkreis standen, wichen entsetzt vor ihm zurück. Es war unwahrscheinlich, daß sie etwas gesagt hatten angesichts des Monstrums, das ihnen da entgegenwankte. Nein, dachte Mark, denen war bestimmt nichts mehr eingefallen. Diese Männer verstanden sich auf Mäuse, auf Hamster und Meerschweinchen, auf alles, was irgendwie größer war als ein Spulwurm. Aber eben nicht auf Menschen, die getravelt worden waren.

»Was ist passiert?« schrie einer der Wissenschaftler. Es heißt jedenfalls, er soll die Frage hinausgeschrien haben. Die Antwort, die Foggia gab, war zugleich das letzte, was er sagte.

»Da drin ist die Ewigkeit«, stammelte er, dann brach er tot zusammen. Die Autopsie ergab einen Herzinfarkt.

Den Wissenschaftlern blieb nichts übrig, als um die Leiche herumzuspazieren, und nachdem sie lange genug ihre Runden gezogen hatten, nahmen sich CIA und FBI in brüderlicher Eintracht der sterblichen Überreste von Randall Foggia an. Da drin ist die Ewigkeit. Es ist ein bißchen *ungewöhnlich*, wenn ein Mensch so etwas sagt und gleich darauf tot umfällt.

»Daddy, ich will jetzt wissen, was mit der Maus passiert ist«, quengelte Patty. Sie hatte Zeit herumzuquengeln, weil die Travel-Einweiserinnen mit einem anderen Passagier Schwierigkeiten hatten. Es war der Mann, der den teuren Anzug und die auf Hochglanz polierten Schuhe trug. Er wollte sich die Maske nicht aufs Gesicht drücken lassen. Er lag da und gab forsche Sprüche von sich, wie ein ungezogener Junge. Die Einweiserinnen taten, was man ihnen für derartige Fälle beigebracht hatte. Sie lächelten, sagten einen launigen Satz nach dem anderen, versuchten sich bei dem Passagier einzuschmeicheln. Das ganze Ritual war ins Stocken geraten.

Mark seufzte. Er hatte die Geschichte zu erzählen begonnen, um die Kinder abzulenken, und jetzt mußte er die Story zu Ende bringen, ohne zu faustdicken Lügen Zuflucht zu nehmen und ohne die Kinder zu beunruhigen.

Er war entschlossen, ihnen einen Teil seines Wissens zu verheimlichen. Zum Beispiel würde er ihnen nicht erzählen, daß es über die Travel-Problematik ein Buch mit dem Titel ›Travel und Politik‹ gab. Eines der Kapitel war mit ›Travel unter der Rose‹ überschrieben. In diesem Kapitel war der verläßlichere Teil der Gerüchte ausgebreitet, die es über Travel gab. Die Geschichte von Randall Foggia stammte aus diesem Kapitel. Es gab dann noch über 30 Fallgeschichten von Freiwilligen, von Verrückten, die sich in hellwachem Zustand der Travel-Prozedur unterzogen hatten. Die meisten waren tot am anderen Ende angekommen, der Rest geistesgestört. In einigen Fällen war der Tod durch den Schock des Aufwachens eingetreten.

In dem erwähnten Kapitel des Buches, als dessen Autor ein gewisser C. K. Summers zeichnete, war auch von Morden die Rede, die mit Hilfe von Travel begangen wurden. So war vor 30 Jahren die Frau eines Travel-Forschers umgebracht worden. Der Mann hieß Lester Michaelson. Er hatte seine Frau mit den Plexiplast-Spielzeugschnüren der gemeinsamen Tochter gefesselt und sie dann in Silver City, Nevada, in seine private Travel-Anlage gestoßen. Bevor er das tat, hatte er auf den Nil-

Knopf der Anlage gedrückt, und das bewirkte, daß die hunderttausend Empfangsschwellen, wo Mrs. Michaelson wieder hätte materialisieren können, gesperrt wurden, Reno war gesperrt, New York und alle anderen Schwellen, sogar die kleine Anlage auf dem Jupitermond Io. Und so kam es, daß Mrs. Michaelson irgendwo durch das All schwebte, unsichtbar und unsterblich. Der Mann war untersucht worden, man hatte ihn für schuldfähig befunden, obwohl er hundertprozentig verrückt war. Der Verteidiger hatte auf Freispruch plädiert, ganz wie die Verteidiger im Roman. Er hatte argumentiert, niemand könne nachweisen, daß Mrs. Michaelson tot sei.

Es hatte einen ziemlichen Wirbel gegeben. In der Öffentlichkeit war die Vorstellung diskutiert worden, daß Mrs. Michaelson schreiend im Limbo schwamm. Eine unangenehme Vorstellung. Der Mann wurde des Mordes für schuldig befunden und hingerichtet.

Autor Summers berichtete auch von einigen Diktatoren, die Travel benutzt hatten, um sich politischer Widersacher und Dissidenten zu entledigen. Es hieß, daß die Mafia illegale Travel-Stationen unterhielt, Sende- und Empfangsschwellen, die mit dem Zentralen Travel-Computer über die Mafia-Freunde bei der CIA verbunden waren. Wie Summers ausführte, benutzte die Mafia Travel vor allem zur Beseitigung von Leichen. Travel war sicherer als ein Grab, sicherer auch als die Pflastersteine, die man den Opfern früher um die Gelenke gebunden hatte, bevor man sie im Meer versenkte.

Aus alledem hatte Summers gewisse Schlußfolgerungen gezogen, die den Kern seines Buches darstellten. Mark dachte über das Buch nach, als Patty sich erneut zu Wort meldete. Sie wollte wissen, was mit der Maus passiert war.

»Nun«, sagte Mark und nickte seiner Frau zu, die sehr rasch die Augen auf und zu machte, »das weiß niemand so genau. Die zahlreichen Experimente, die man durchgeführt hat, deuten darauf hin, daß Travel physikalisch sehr schnell geht. Psychisch allerdings dauert der Vorgang sehr, sehr lange.«

»Das verstehe ich nicht«, sagte Patty beleidigt.

Ricky sah seinem Vater in die Augen. »Die Maus hat einfach weitergedacht«, sagte er. »Wir würden ja auch weiterdenken, wenn wir nicht eingeschläfert würden.«

»So ist es«, sagte Mark. »Was du da sagst, ist in etwa die Meinung, die man in der Wissenschaft heute zu diesem Problem einnimmt.«

In Rickys Augen war ein merkwürdiges Funkeln zu erkennen. Angst? Erregung? »Man wird nicht nur teleportiert, Daddy«, sagte er. »Es findet auch eine Zeitverschiebung statt, nicht?«

Mark sah zu dem dunklen Schacht hinüber, in dem die Travel-Rutsche endete. Da drin ist die Ewigkeit, dachte er.

»So ähnlich«, sagte er. »Nur daß der Ausdruck Zeitverschiebung aus den Comic-Heften stammt. Es hört sich flott an, aber es bedeutet nichts, Rick. Worum es bei Travel geht, ist die Frage: Was ist menschliches Bewußtsein? Das Bewußtsein läßt sich nicht in kleine Partikel zerlegen, es bleibt eine Einheit. Das Bewußtsein birgt zugleich eine Art Zeitsinn in sich. Aber niemand weiß genau, wie das Bewußtsein die Zeit mißt. Wir wissen nicht einmal, ob der Begriff Zeit für das Bewußtsein überhaupt noch relevant ist, wenn es sich erst einmal im Zustand des Travel befindet. Die Wissenschaftler sprechen vom reinen Bewußtsein, ohne daß irgendein Mensch sich vorstellen könnte, was das ist.«

Mark saß da, in Schweigen versunken, den Blick auf seinen Sohn gerichtet. Rick sah so wißbegierig aus, so kühn. Er versteht, und er versteht nicht, dachte Mark. Der Verstand des Menschen kann sich benehmen wie ein guter Freund. Wenn nichts im Fernsehen ist, wenn man kein Buch zur Hand nimmt und nichts zu tun hat, kann man sich vom eigenen Verstand unterhalten lassen wie von einem anderen Menschen, dem man gegenübersitzt. Was aber passiert, wenn man den Verstand sich selbst überläßt, wie es beim Travel des nichteingeschläferten Menschen geschieht? Würde der Geist sich dann nicht selbst verzehren, in einem entsetzlichen, unaussprechlichen Akt des Wahnsinns? Für den Körper dauerte Travel 0,000000000067 Sekunden. Wie lange dauerte Travel für den Geist? Hundert Jahre? Tausend? Eine Milliarde Jahre? Wie lange schwammen die Gedanken in einem Meer von Weiß? Dann, nach einer Milliarde Ewigkeiten, die Rückkehr zum Licht, das Wiedereintreten in den Körper. War es so erstaunlich, daß die Versuchspersonen verrückt angekommen waren?

»Ricky«, begann Mark, aber dann war die Travel-Einweiserin mit ihrem Wagen da.

»Sind Sie bereit?« fragte sie.

Mark nickte.

»Papi, ich habe Angst«, sagte Patty. Sie war dem Weinen nahe. »Tut das weh?«

»Das tut ganz sicher *nicht* weh«, sagte Mark mit ruhiger Stimme. Er ärgerte sich, weil sein Herz etwas schnell schlug. Er hatte immer etwas Herzklopfen in den Minuten vorher. 25 Travel oder mehr hatte er hinter sich, und trotzdem blieb die merkwürdige Unruhe. »Ich gehe als erster«, sagte er. »Dann seht ihr, wie leicht das ist.«

Die Travel-Einweiserin sah ihn fragend an. Er nickte

und lächelte. Die Maske senkte sich auf sein Gesicht. Mark drückte sie auf Nase und Mund, dann sog er das Dunkel in sich hinein.

Das erste, was er sah, war der schwarze Marshimmel, der sich durch die Kuppel von Whitehead City abzeichnete. Es war Nacht, und die Sterne leuchteten mit einer Klarheit, wie sich das auf der Erde wohl niemand vorstellen konnte.

Dann hörte er die Schreie. Er lag im Erweckungsraum. Marilys, dachte er. Mein Gott, das ist Marilys, die da schreit. Er erhob sich von seinem Liegebett, blieb benommen sitzen.

Wieder ein Schrei. Die Stewardessen kamen angelaufen, er sah das helle Rot ihrer Uniformen. Und dann war Marilys da, sie kam durch den Gang gewankt. Vor ihm angekommen, brach sie zusammen. Ihre Hand deutete nach hinten, dann klammerten sich die Finger an die Kante einer leeren Liege.

Mark folgte der Richtung, die sie ihm gewiesen hatte. Es war nicht Angst gewesen, was Ricky beseelt hatte, sondern Wissensdurst, jungenhafte Neugier. Ich hätte es wissen müssen, dachte Mark. Ich kenne meinen Ricky. Ich kenne ihn, seit er in Schenectady als Siebenjähriger auf einen dreißig Meter hohen Baum kletterte. Das Abenteuer hatte in einem Armbruch gegipfelt, und dabei hatte der Junge noch Glück gehabt. Ricky tat alles schneller als die anderen Kinder. Beim Seifenkistenrennen der Nachbarjungen war er der flinkste. Wenn es irgendeine Mutprobe zu bestehen gab, Ricky war der erste, der sich meldete.

Auch diesmal.

Seine Schwester schlief noch. Sie sah das Wesen nicht, das sich auf der Liege wand wie eine Schlange, sah den Zwölfjährigen nicht, dem das schneeweiße Haar ins Gesicht hing, der aus gelben Augen ins Nichts starrte. Die Kreatur neben dem kleinen Mädchen war älter als die Zeit selbst, sie hatte sich als Kind verkleidet, bleckte frech die Zähne, kicherte und spuckte. Die Travel-Stewardessen taumelten zurück, obwohl sie in vielen Kursen auf den undenkbaren Fall vorbereitet worden waren.

Die alten, jungen Beine zitterten wie Stöcke, die aufeinandergeschlagen werden. Krallenartige Hände peitschten die Luft. Mark sah, wie das Wesen, das sein Sohn gewesen war, sich das Gesicht zu zerkratzen begann.

»Es dauert länger als du denkst, Daddy«, kreischte er. »Länger als du denkst! Ich habe den Atem angehalten, als die Maske kam. Ich wollte sehen, was los ist. Ich hab's gesehen. Es dauert länger, als du denkst.«

Das Kreischen ging in ein irrsinniges Lachen über, und dann gruben sich die dolchartigen Nägel des Wesens in die Augenhöhlen. Ein Blutstrahl spritzte hervor, die Augäpfel rollten über den Boden. Die Entsetzensschreie der Stewardessen waren jetzt so laut, daß sie das Lachen der Kreatur übertönten.

»Länger als du denkst, Daddy. Ich hab's gesehen. Travel dauert lange...«

Das Wesen sprach weiter, auch als einige beherzte Einweiserinnen die fahrbare Liege, auf der es lag, den Gang entlangschoben. Mark sah, wie es sich wieder und wieder mit den Krallen in die blutüberströmten Augenhöhlen fuhr, in die Augen, die das Unsichtbare und die Ewigkeit gesehen hatten. Er konnte nicht mehr hören, wie das Wesen zu weinen begann, so laut war sein eigenes Schluchzen.

Kains Aufbegehren

Garrish trat aus dem hellen Maisonnenschein ins kühle Studentenheim. Seine Augen mußten sich erst umstellen, und im ersten Moment war Harry der Biber nur eine körperlose Stimme aus dem Halbdunkel.

»Das war ganz schön gemein, was?« fragte der Biber. »War das nicht 'ne verflucht gemeine Arbeit?«

»Ja«, sagte Garrish. »Sie war schwierig.«

Jetzt konnte er den Biber auch sehen. Harry fuhr sich mit der Hand über die pickelige Stirn; er schwitzte unter den Augen. Er hatte Sandalen an den Füßen und trug ein T-Shirt mit einer Ansteckplakete, auf der stand, daß Howdy Doody pervers sei. Die riesigen Raffzähne des Bibers schimmerten im Halbdunkel.

»Ich wollt den Kurs eigentlich schon im Januar aufgeben«, meinte der Biber. »Ich hab mir selbst ständig gesagt, es wäre viel vernünftiger, das rechtzeitig zu tun. Und auf einmal war der letztmögliche Termin zur Abmeldung dann verstrichen, und mir blieb nichts anderes übrig als weiterzumachen, um mir ein ›Abgebrochen‹ zu ersparen. Aber ich glaub, ich hab die Arbeit total verhauen. Ich bin bestimmt durchgerasselt, Curt. Ehrlich.«

Die Hausmutter stand in der Nähe der Briefkästen. Sie war eine ungewöhnlich große Frau, die eine gewisse Ähnlichkeit mit Rudolpho Valentino hatte. Sie versuchte, mit einer Hand ihren Unterrockträger unter die durchgeschwitzte Achsel ihres Kleides zurückzuschieben, während sie mit der anderen eine Abmeldeliste am schwarzen Brett befestigte.

»Ja, sie war wirklich schwierig«, wiederholte Garrish.

»Ich wollt ein bißchen von dir abschreiben, hab mich dann aber doch nicht getraut — ehrlich. Der Kerl hat ja richtige Adleraugen! Glaubst du, daß du dein ›A‹ geschafft hast, Curt?«

»Durchaus möglich, daß ich durchgefallen bin«, sagte Garrish.

Der Biber starrte ihn mit offenem Mund an. »Du glaubst, du bist *durchgefallen*? *Du* glaubst, du...«

»Ich geh mich jetzt duschen, okay?«

»Na klar, Curt. War das deine letzte Prüfungsarbeit?«

»Ja«, sagte Garrish. »Es war die letzte.«

Garrish durchquerte die Eingangshalle, stieß die Tür auf und begann, die Treppen hinaufzusteigen. Sein Zimmer war im vierten Stock.

Quinn und der andere Idiot aus Zimmer 3, der Kerl mit den stark behaarten Beinen, rannten mit einem Baseball, den sie einander zuwarfen, an ihm vorbei. Zwischen dem dritten und vierten Stock begegnete ihm ein schmächtiges Bürschchen mit Hornbrille und dünnem Spitzbärtchen, das ein Mathematikbuch an seine Brust preßte wie eine Bibel und Logarithmen herunterbetete wie den Rosenkranz. Der Junge starrte ausdruckslos ins Leere. Garrish blieb stehen, blickte ihm nach und überlegte, ob es für dieses Bürschchen nicht besser wäre, tot zu sein, aber gleich darauf war der schmächtige Junge nur noch ein Schatten an der Wand, und einen Augenblick später war er ganz verschwunden. Garrish stieg die Treppe weiter hinauf und ging dann den Gang entlang zu seinem Zimmer. Schweinchen Schlau war schon vor zwei Tagen nach Hause gefahren. Vier Examensarbeiten in drei Tagen, so ganz ruck-zuck, und dann auf Wiedersehen. Schweinchen Schlau verstand es, alles bestens zu arrangieren. Er hatte nur seine Pin-up-girls, zwei verschiedene schmutzige Schweißsocken und eine Keramik-parodie von Rodins ›Denker‹ — der Denker saß auf dem Klo — zurückgelassen.

Garrish steckte seinen Schlüssel ins Schloß und drehte ihn um.

»Curt! He, Curt!«

Rollins, dieser Esel von Etagenaufseher, der Jimmy Brody wegen eines Verstoßes gegen das Alkoholverbot gleich beim Dekan verpetzt hatte, kam hinkend auf ihn zu. Er war groß, hatte eine gute Figur, einen Bürsten-haarschnitt und sah immer wie aus dem Ei gepellt aus.

»Na, hast du alles hinter dir?« fragte Rollins.

»Ja.«

»Vergiß nicht, das Zimmer zu fegen und die Aufstel-lung über die Schäden auszufüllen, okay?«

»Ja.«

»Ich hab dir letzten Donnerstag ein Formular für die Aufstellung der Schäden unter die Tür geschoben. Hast du's gefunden?«

»Ja.«

»Wenn ich nachher nicht in meinem Zimmer sein soll-te, schieb mir den Schlüssel und das Formular einfach unter die Tür.«

»Okay.«

Rollins packte seine Hand und schüttelte sie heftig, wie einen Pumpenschwengel. Rollins' Handfläche war trocken, die Haut rauh. Man hatte das Gefühl, einer Salz-statue die Hand zu geben.

»Ich wünsch dir einen schönen Sommer, Mann.«

»Danke.«

»Überarbeite dich nicht.«

»Nein.«

»Nütz die Zeit, aber strapazier sie nicht allzusehr.«

»Ja und nein.«

Einen Moment lang war Rollins verwirrt, dann lachte er. »Also, mach's gut. « Er klopfte Garrish auf die Schulter und machte sich wieder auf den Weg zu seinem Zimmer. Unterwegs klopfte er bei Ron Frane an und ermahnte ihn, seine Stereoanlage leiser zu stellen. Garrish malte sich aus, wie Rollins tot in der Grube lag und Maden in seinen Augen herumkrochen. Es würde Rollins nichts ausmachen. Und den Maden ebensowenig. Fressen oder gefressen werden, das war nun mal der Lauf der Welt, und dagegen war auch gar nichts einzuwenden.

Garrish stand in Gedanken versunken da und blickte Rollins nach, bis er außer Sichtweite war, dann betrat er sein Zimmer.

Ohne Schweinchen Schlaus katastrophales Chaos sah es direkt öde und steril aus. Schweinchen Schlaus ewig ungemachtes, zerwühltes Bett war bis auf die nackte — etwas fleckige — Matratze abgezogen. Zwei Pin-up-girls aus dem ›Playboy‹ in aufreizenden Posen schauten ihn von der Wand herab mit gefrorenem Lächeln an.

Garrishs Zimmerhälfte war dagegen fast unverändert — sie war immer ordentlich wie in einer Kaserne. Seine Bettdecke war so glattgezogen, daß eine Münze darauf abgeprallt wäre. Diese pedantische Ordnung war Schweinchen Schlau furchtbar auf die Nerven gegangen. Er studierte Englisch als Hauptfach und hatte stets treffende Bezeichnungen auf Lager. Garrish war seiner Meinung nach ein Korinthenkacker. Der einzige Wandschmuck über Garrishs Bett war ein riesiges Poster von Humphrey Bogart, das er in der College-Buchhandlung gekauft hatte. Bogie hielt in jeder Hand eine Maschinenpistole, und er trug Hosenträger. Schweinchen Schlau behauptete, Pistolen und Hosenträger wären Impotenzsymbole. Garrish bezweifelte, daß Bogie impotent gewesen war, obwohl er nie etwas über ihn gelesen hatte.

Er ging zur Schranktür, schloß sie auf und holte das große 352er Magnum-Gewehr aus Walnußholz heraus, das sein Vater – ein methodistischer Geistlicher – ihm zu Weihnachten geschenkt hatte. Das Zielfernrohr hatte er sich im März selbst gekauft.

Es war verboten, Gewehre im Zimmer aufzubewahren; nicht einmal Jagdflinten waren erlaubt. Aber das Hereinschmuggeln war ein Kinderspiel gewesen. Er hatte es am Vortag aus dem Gewehraufbewahrungsraum der Universität abgeholt, indem er ein gefälschtes Abmeldeformular vorzeigte. Dann hatte er es in der wasserdichten Lederhülle im Wäldchen hinter dem Footballfeld versteckt, und gegen drei Uhr nachts – als alle schliefen – war er einfach rausgeschlichen, hatte es geholt und in sein Zimmer gebracht.

Er setzte sich auf sein Bett, das Gewehr auf den Knien, und weinte ein bißchen. Der auf dem Klo sitzende Denker sah ihn an. Garrish legte das Gewehr aufs Bett, ging durchs Zimmer und stieß die Statue von Schweinchen Schlau zu Boden, wo sie zerbrach. Kurz darauf klopfte es an der Tür.

Garrish schob das Gewehr rasch unter sein Bett. »Herein.«

Es war Bailey. Er trug nur seine Unterwäsche, und das Unterhemd bildete in Höhe des Bauchnabels einen Wulst. Bailey hatte keine Zukunft vor sich. Er würde irgendein dummes Mädchen heiraten, und sie würden dumme Kinder haben. Später würde er dann an Krebs oder vielleicht auch an Nierenversagen sterben.

»Wie war die Chemiearbeit, Curt?«

»Okay.«

»Ich wollte fragen, ob du mir vielleicht deine Aufzeichnungen borgen könntest. Ich bin morgen dran.«

»Ich hab sie heute vormittag zusammen mit meinem sonstigen Abfall verbrannt.«

»Oh! He, was seh ich denn da? Hat Schweinchen das vor seiner Abreise gemacht?« Er deutete auf die Scherben des Denkers.

»Ich nehm's an.«

»Warum hat er das nur getan? Mir gefiel dieses Ding. Ich hätt's ihm abgekauft.« Bailey hatte scharfe, rattenartige Gesichtszüge. Seine Unterwäsche war abgetragen und am Hintern ausgebeult. Garrish konnte richtig sehen, wie er an einem Emphysem oder sonstwas tödlich erkranken, wie er unter einem Sauerstoffzelt sein Leben aushauchen würde. Wie gelb er dann aussehen würde. Ich könnte dir helfen, dachte Garrish.

»Glaubst du, daß er was dagegen hätte, wenn ich seine Pin-ups mitnehme?«

»Vermutlich nicht.«

»Okay.« Bailey ging mit seinen nackten Füßen behutsam auf Zehenspitzen zwischen den Keramikscherben durchs Zimmer und löste sie von der Wand.

»Dein Poster von Bogart ist aber auch klasse. Keine Titten, aber — Mann o Mann! Du weißt schon.« Bailey warf Garrish einen Blick zu und erwartete von ihm ein Grinsen. Als Garrish nicht einmal die Mundwinkel verzog, erkundigte er sich: »Du hattest wohl nicht zufällig die Absicht, es wegzuwerfen?«

»Nein. Ich wollte mich gerade duschen gehen.«

»Okay. Falls wir uns nicht mehr sehen sollten — ich wünsche dir 'nen schönen Sommer, Curt.«

»Danke.«

Bailey ging zur Tür, blieb dort aber noch einmal stehen. »Hast du in diesem Semester wieder vier Punkte gesammelt, Curt?«

»Mindestens.«

»Tolle Leistung! Also dann, bis nächstes Jahr.«

Er ging hinaus und schloß hinter sich die Tür. Garrish

saß eine Weile müßig auf dem Bett, dann holte er sein Gewehr wieder hervor, zerlegte es sorgfältig und reinigte es. Er hielt die Mündung dicht ans Auge und sah den winzigen Lichtkreis am anderen Ende. Der Lauf war sauber. Er setzte das Gewehr wieder zusammen.

In der dritten Schublade seines Schreibtisches lagen drei schwere Schachteln mit Winchester-Munition. Er legte sie auf den Fenstersims. Dann schloß er die Tür ab, ging wieder zum Fenster und zog die Jalousie hoch.

Die Rasenanlage war sonnig und grün, bunt gesprenkelt mit umherschlendernden Studenten. Quinn und sein idiotischer Freund kickten einander den Ball zu und rannten aufgeregt hin und her wie verkrüppelte Ameisen, die aus einem zerstörten Bau fliehen.

»Ich will dir mal was sagen«, wandte Garrish sich an Humphrey Bogart. »Gott wurde wütend auf Kain, weil Kain glaubte, Gott wäre Vegetarier. Sein Bruder wußte es besser. Gott schuf die Welt nach Seinem Bilde, und wenn man die Welt nicht frißt, wird man selbst von der Welt gefressen. Also sagt Kain zu seinem Bruder: ›Warum hast du mir das nicht gesagt?‹ Und sein Bruder sagt: ›Warum hast du nicht zugehört?‹ Und Kain sagt: ›Okay, jetzt höre ich zu.‹ Und dann bringt er seinen Bruder um und sagt: ›He, Gott! Willst Du Fleisch? Hier ist es! Willst Du Roastbeef oder Rippchen oder Abelburgers oder was sonst?‹ Und Gott sagt ihm, er solle seine Wanderschuhe anziehen. Was hältst du davon?«

Keine Antwort von Bogie.

Garrish öffnete das Fenster und stützte sich mit den Ellbogen auf den Sims. Er achtete sorgfältig darauf, daß der Gewehrlauf nicht im Sonnenlicht funkelte, und blickte durchs Zielfernrohr. Er richtete es auf das Carlton Memorial Studentinnenwohnheim jenseits der Rasenfläche, das allgemein unter dem Namen ›Hundehütte‹ bekannt war. Das Fadenkreuz zeigte genau auf einen großen Ford. Eine blonde Studentin in Jeans und blauem Sweat-shirt unterhielt sich mit ihrer Mutter, während ihr Vater — ein Mann mit rotem Gesicht und beginnender Glatze — Koffer im Auto verstaute.

Jemand klopfte an der Tür.

Garrish wartete.

Es klopfte wieder.

»Curt? Ich kauf dir das Bogart-Poster sogar ab.«

Bailey!

Garrish schwieg. Die Studentin und ihre Mutter lachten über irgend etwas, ohne zu bedenken, daß sich in ihren Eingeweiden Bakterien ernährten, teilten und vermehrten. Der Vater des Mädchens trat zu ihnen, und sie standen dicht nebeneinander im hellen Sonnenschein, ein idyllisches Familienporträt im Fadenkreuz des Zielfernrohrs.

»Verdammte Scheiße!« schimpfte Bailey. Seine Schritte entfernten sich auf dem Gang. Garrish drückte auf den Abzug.

Er spürte den Rückstoß an seiner Schulter, den angenehm gedämpften Stoß, den man bekommt, wenn man das Gewehr genau auf der richtigen Stelle angesetzt hat. Der blonde Kopf der lächelnden Studentin spaltete sich.

Die Mutter lächelte noch den Bruchteil einer Sekunde, dann fuhr ihre Hand zum Mund hoch, und sie schrie hinter der vorgehaltenen Hand. Garrish schoß auf diese Hand. Hand und Kopf verschwanden in einem roten Sprühregen. Der Mann, der die Koffer eingeladen hatte, rannte schwerfällig davon.

Garrish verfolgte ihn mit seinem Zielfernrohr und schoß ihm in den Rücken. Dann hob er für einen Moment den Kopf und schaute hinaus. Quinn hatte den Ball in der Hand und starrte auf das Gehirn des Mädchens, das auf dem Parkverbotschild hinter dem auf dem Boden liegenden Körper verspritzt war. Quinn war völlig regungslos. Überall auf der Rasenfläche standen Leute erstarrt da, wie lebendige Salzsäulen.

Jemand hämmerte gegen die Tür, rüttelte am Griff. Schon wieder Bailey. »Curt? Ist bei dir alles in Ordnung? Curt? Ich glaube, jemand...«

»Gute Drinks und gutes Fleisch, lieber Gott, fressen wir doch gleich!« rief Garrish und schoß auf Quinn. Er verfehlte ihn. Quinn rannte los. Kein Problem. Der zweite Schuß traf ihn im Nacken, und er flog etwa zwanzig Fuß weit.

»*Curt Garrish bringt sich um*!« schrie Bailey. »Rollins! Rollins! Komm schnell!«

Er stürzte auf dem Gang davon.

Jetzt kam draußen Bewegung in die Leute. Garrish konnte sie schreien hören, und er hörte auch das leise Knirschen ihrer Schuhe auf den Kieswegen, während sie in wilder Panik herumrannten.

Garrish blickte zu Bogie auf. Bogie hielt seine beiden Maschinenpistolen und schaute über ihn hinweg. Garrish betrachtete die Scherben von Schweinchen Schlaus Denker und überlegte sich, was Schweinchen wohl gerade machte, ob der Bursche schlief, Fernsehen schaute oder eine Riesenportion irgendeines herrlichen Gerichts vertilgte. Friß die Welt, Junge, dachte Garrish. Schluck diesen verdammten Blutsauger von Welt einfach runter.

»Garrish!« Jetzt war es Rollins, der gegen die Tür hämmerte. »Mach auf, Garrish!«

»Er hat abgesperrt!« jammerte Bailey. »Er hat vorhin saumies ausgesehen, er hat sich bestimmt umgebracht, ich weiß es.«

Garrish schob die Mündung wieder aus dem Fenster.

Ein Junge in rotem Hemd kauerte hinter einem Busch und starrte verzweifelt zu den Fenstern des Wohnheims hinüber. Garrish konnte ihm ansehen, daß er auf die Fenster zurennen wollte, aber vor Schreck erstarrt war.

»Lieber Gott, fressen wir doch gleich!« murmelte Garrish und drückte wieder auf den Abzug.

Das Floß

Es waren vierzig Meilen von der Horlicks University in Pittsburgh bis Cascade Lake, und obwohl die Dämmerung in jener Gegend verhältnismäßig früh hereinbricht, gab es noch einen Rest Tageslicht am Himmel, als sie am See ankamen. Sie waren in Dekes Camaro gefahren. Deke fuhr schon nüchtern recht schnell. Wenn er getrunken hatte, raste er, wie wenn ihm der Teufel im Nacken säße.

Er bugsierte den Wagen bis an den Holzzaun, der den Parkplatz vom Ufer trennte, und sprang hinaus, noch ehe das Gefährt völlig zum Stillstand gekommen war. Ungeduldig streifte er sich das Hemd über den Kopf und trat an den Zaun, um nach dem Floß Ausschau zu halten, das sich irgendwo auf dem See befinden mußte. Inzwischen war auch Randy etwas zögernd ausgestiegen. Die Fahrt hierher war Randys Idee gewesen, gewiß; allerdings hatte er nicht erwartet, daß Deke ihn beim Wort nehmen würde. Wie auch immer, jetzt waren sie hier. Die beiden Mädchen auf dem Rücksitz machten sich zum Aussteigen bereit.

Deke ließ seinen Blick über das Wasser schweifen, von links nach rechts, von rechts nach links. *Er hat die Augen eines Scharfschützen*, dachte Randy, und der Gedanke war ihm irgendwie unangenehm.

Schließlich hatte Deke gefunden, was er suchte. »Da ist es!« schrie er und ließ die Hand auf die Motorhaube des Camaro niedersausen. »Genau wie du gesagt hast, Randy! Wer als letzter im Wasser ist, ist ein Feigling!«

»Deke...« Randy wollte noch etwas sagen, aber Deke

hatte sich bereits über den Zaun geschwungen und lief am Ufer entlang, ohne sich nach Randy oder Rachel oder LaVerne umzusehen. Er hatte nur noch Augen für das Floß, das in einer Entfernung von etwa fünfzig Metern im See verankert war.

Randy warf einen Blick hinter sich, wo die Mädchen saßen; er hatte das Bedürfnis, sich bei den beiden zu entschuldigen, daß er sie in so etwas reingezogen hatte. Aber die Mädchen sahen Deke nach, sie kümmerten sich gar nicht um ihn. Daß Rachel seinem Freund hinterherblickte, war ganz in Ordnung, Rachel war schließlich Dekes Mädchen, aber auch LaVerne sah Deke nach, und Randy verspürte so etwas wie einen Stich. Eifersucht. Er schälte sich aus seinem T-Shirt, legte es neben Dekes Hemd und sprang über den Zaun.

»Randy!« rief LaVerne, aber Randy hob nur den Arm und machte eine Bewegung im Zwielicht des Oktoberabends; komm schon, sollte das heißen, und Randy haßte sich ein bißchen für die ungelenke Art, in der er es tat. LaVerne war jetzt unschlüssig, ob sie das Ganze nicht abblasen sollte. Die Vorstellung, im Oktober in einem einsamen See herumzuschwimmen, paßte so gar nicht in ihren Plan. Eigentlich wollte sie mit Randy und Deke einen unterhaltsamen Abend in dem Apartment verbringen, das die beiden Jungen gemietet hatte. Randy mochte sie, das war ihr klar, aber Deke war stärker als Randy. Sie war scharf auf Deke. Es war ein verdammt irritierendes Gefühl.

Deke hatte im Laufen seine Jeans geöffnet, und irgendwie schaffte er es weiterzurennen, während er die Hose über die schlanken Hüften streifte; es war ein Gag, den Randy nie hinkriegen würde, und wenn er tausend Jahre übte. Deke rannte weiter, er trug jetzt nur noch seine knapp geschnittene Unterhose, das Spiel der Muskeln auf seinem Rücken und auf seinem Gesäß war zu sehen. Randy kam sich klein und häßlich vor, als er seine Levis gleiten ließ. Was Deke vorführte, war Ballett; was er machte, waren komische Verrenkungen.

Deke sprang ins Wasser. »Kalt!« prustete er. »Jungfrau Maria, ist das kalt!«

Randy zögerte, aber nur in Gedanken, und in Gedanken dauerte es bei ihm sowieso immer ziemlich lange. *Das Wasser hat vielleicht sechzehn Grad. Höchstens zwanzig.* Er war Medizinstudent im ersten Semester. Er kannte sich aus, man konnte bei so etwas wirklich einen *Herzschlag* bekommen. Aber wie gesagt, er zögerte nur in Gedanken, in der physischen Welt bewies er Mut, er sprang ins Wasser, und in der Tat blieb sein Herz stehen, zumindest schien es ihm so; er rang nach Luft und spürte, wie seine Haut im eiskalten See gefühllos wurde. *Eine verrückte Idee, jetzt zu schwimmen,* dachte er. Und dann: *Aber es war deine Idee, Pancho.* Er machte ein paar kräftige Schwimmstöße auf Deke zu.

Die beiden Mädchen saßen im Wagen und sahen sich an. LaVerne grinste. »Wenn die's können, können wir's auch«, sagte sie und schälte sich aus ihrem LaCoste-Shirt. Ein durchsichtiger BH kam zum Vorschein. »Wir Frauen haben doch eine extra Fettschicht, oder?«

Sie setzte über den Zaun und rannte auf das Wasser zu, im Laufen streifte sie ihre Kordhosen ab. Wenig später folgte ihr Rachel, so wie Randy Deke gefolgt war.

Die Mädchen waren am Nachmittag in der Wohnung der Jungen aufgetaucht. Es war Dienstag, die letzte Vorlesung war um ein Uhr. Dekes Monatsscheck war gekommen. Der edle Spender war ein Footballfan, einer aus der Gruppe ehemaliger Studenten, die die Footballspieler der Universität finanziell unterstützten. Die Jungen nannten die alten Herren *angels*; in Dekes Fall betrug der Scheck jeweils 200 Dollar, und so kam es, daß sie ein Sechserpack Bier im Kühlschrank hatten. Außerdem hatten sie ein Album mit Platten gekauft und ließen sie auf Randys klapprigem Stereogerät laufen. Sie waren zu viert. Sie hatten etwas getrunken, bis sie in Stimmung kamen, und dann war das Gespräch auf den Altweibersommer gekommen, der gerade zu Ende ging. Im Radio war für Mittwoch Schneefall angesagt worden. (LaVerne hatte den Vorschlag gemacht, daß Wetterheinis, die für Oktober Schneefall voraussagten, erschossen gehörten, und niemand hatte ihr widersprochen.)

Rachel sagte, als sie noch ein Kind war, hätten die Sommer ewig lange gedauert; aber seit sie erwachsen war (›eine zittrige, senile Neunzehnjährige‹, hatte Deke gespottet, und Rachel hatte ihm dafür unter dem Tisch einen Tritt versetzt), waren die Sommer von Jahr zu Jahr kürzer geworden. »Mir ist es damals so vorgekommen, als wäre ich Tag und Nacht am Cascade Lake«, sagte sie. Sie ging zum Kühlschrank, inspizierte sein Inneres und fand eine Packung Iron City Light, die hinter einer Reihe blauer Tupperware-Dosen versteckt gewesen war (die mittlere Tupperware-Dose enthielt prähistorische Chilischoten, die mit einer dicken Kruste verziert waren; Randy war als Student ganz gut, und Deke war ein guter Footballspieler, aber weder der eine noch der andere hatte eine Ahnung, wie man einen Haushalt führte). Während sie die Packung öffnete, sagte sie: »Ich kann mich noch genau erinnern, wie ich das erste Mal bis zum Badefloß geschwommen bin. Ich habe dann zwei Stunden auf dem Floß gesessen und hatte Angst zurückzuschwimmen.«

Sie hatte sich neben Deke gesetzt, und Deke hatte den Arm um sie gelegt. Sie lächelte in der Erinnerung an das

Abenteuer, und Randy kam auf einmal der Gedanke, daß Rachel aussah wie jemand furchtbar Berühmter, jedenfalls wie jemand, der einigermaßen berühmt war. Allerdings fiel ihm nicht ein, wer das war. Erst später, unter wenig angenehmen Begleitumständen, sollte er darauf stoßen.

»Mein Bruder mußte dann zum Floß schwimmen und mich mit einem Autoschlauch an Land holen. Mann, war der wütend! Und ich hatte auf dem Floß einen Sonnenbrand bekommen, das glaubst du nicht.«

»Das Floß ist noch da«, sagte Randy, um etwas zu sagen. Ihm war aufgefallen, daß LaVerne schon wieder zu Deke hinübersah; Randy fand, in der letzten Zeit sah sie Deke etwas zu oft an.

Doch jetzt schaute sie ihn an. »Es ist schon fast Allerheiligen, Randy. Cascade Beach ist seit Labour Day geschlossen.«

»Aber das Badefloß ist noch draußen«, sagte Randy. »Wir sind vor drei Wochen am See gewesen, der Geologiekurs, und da hab ich's gesehen. Es sah aus wie...« Er zuckte die Schultern. »... wie ein Stück Sommer, das sie beim Aufräumen vergessen haben.«

Er hatte gehofft, daß jemand über die Bemerkung lachen würde, aber den Gefallen taten sie ihm nicht, nicht einmal Deke.

»Daß sie's letztes Jahr draußengelassen haben, bedeutet noch nicht, daß sie's dieses Jahr auch draußen lassen«, sagte LaVerne.

»Ich hab mit Billy DeLois darüber gesprochen«, sagte Randy. Er leerte sein Bier. »Du weißt doch, wer Billy De-Lois ist, Deke?«

Deke nickte. »Ersatzspieler. Ist dann ausgeschieden wegen Verletzung.«

»Genau. Jedenfalls kommt er aus der Gegend, und er

sagt, die Besitzer des Sees holen das Badefloß immer erst rein, wenn der See schon fast zugefroren ist. Sind einfach zu faul. DeLois meint, ihn würd's gar nicht wundern, wenn das Floß mal festfriert.«

Er verfiel in Schweigen und dachte darüber nach, wie das Floß ausgesehen hatte. Ein Rechteck aus weißem Holz im herbstblauen Wasser des Sees. Und dann erinnerte er sich an das Geräusch der Tonnen, die unter dem Floß festgezurrt waren, an das lebhafte *clunk-clunk*, wenn das Wasser an die Fässer schlug. Es war ein leises Geräusch, aber auf dem See war jeder Ton weithin zu hören. Randy hatte die Tonnen gehört und das Krächzen der Raben auf dem gemähten Feld irgendeines Farmers.

»Morgen schneit's«, sagte Rachel. Sie spürte, wie Dekes Hand über ihre Brüste glitt, und stand auf. Sie trat ans Fenster der Wohnung und sah hinaus. »Also der Typ hat wirklich 'ne Meise.«

»Ich sag euch was«, meldete sich Randy zu Wort. »Wir fahren jetzt zum Cascade Lake, na? Wir schwimmen zum Floß raus, sagen dem Sommer auf Wiedersehen, und dann schwimmen wir ans Ufer zurück.«

Er sagte das nur, weil er schon ziemlich betrunken war. Er war sicher, daß niemand der Idee Beachtung schenken würde. Aber Deke fuhr drauf ab.

»Einverstanden!« Er sprach so laut, daß LaVerne zusammenzuckte und ihr Bier verschüttete. Aber sie lächelte, und das verunsicherte Randy nicht wenig. »Das machen wir!«

»Deke, du bist verrückt«, sagte Rachel. Und auch sie lächelte, doch es war ein bißchen Angst in ihrem Lächeln.

»Nein, wirklich, das machen wir«, sagte Deke. Er stand auf und holte seine Jacke; mit einer Mischung von Ärger und Erwartungsfreude betrachtete Randy die Miene seines Freundes. Das Grinsen in Dekes Mundwinkeln schien ihm verwegen, ja verrückt. Die beiden kannten sich jetzt seit drei Jahren. Sie waren the Jock und the Brain, Cisco und Pancho, Batman und Robin. Randy kannte das Grinsen. Wenn Deke so ein Gesicht machte, dann meinte er es ernst.

Vergiß es, Cisco, da mach' ich nicht mit. Die Worte lagen ihm auf der Zunge, aber bevor er sie aussprechen konnte, war LaVerne aufgestanden. Auf ihren Lippen spielte das gleiche verwegene Lächeln, das ihm an seinem Freund so mißfiel. »Ich bin dafür!« schrie sie.

»Dann nichts wie hin!« Deke sah Randy an. »Was sagst du, Pancho?«

Randy sah Rachel an und erschrak, in ihren Augen war auf einmal ein Schimmer von Wahnsinn. Was ihn betraf, er hatte nichts dagegen, wenn Deke und La-Verne zum Cascade Lake rausfuhren. Es war zwar keine angenehme Vorstellung, daß die beiden die ganze Nacht lang vögeln würden, aber wenn schon, für ihn war das keine Überraschung. Allerdings war da dieser verschwundene Ausdruck in ihren Augen, die Angst...

»Oh, Cisco«, schrie er. Und dann klatschten er und Deke in die Hände.

Randy hatte die halbe Entfernung zwischen Ufer und Floß zurückgelegt, als er den schwarzen Fleck auf dem Wasser bemerkte. Der Fleck befand sich seitlich vom Floß, etwas zur Linken, fast in der Mitte des Sees. Fünf Minuten später, und das Licht wäre so schlecht gewesen, daß er ihn für einen Schatten gehalten hätte... falls er ihn überhaupt noch bemerkt hätte. *Abgelassenes Öl?* Er stieß sich vorwärts, irgendwo hinter ihm war das Spritzen der Mädchen zu hören. *Aber was hatte ein Ölfleck im*

Oktober auf einem verlassenen See zu suchen? Der Fleck war merkwürdig rund. Und klein. Wahrscheinlich nicht mehr als 1.50 Meter im Durchmesser...

»Huh!« hörte er Deke schreien. Randy sah auf. Deke kletterte gerade die Leiter hoch. Er schüttelte sich wie ein Hund, der aus dem Wasser kommt. »Wie findest du's, Pancho?«

»Okay«, schrie er zurück. Er beschleunigte sein Tempo. Die Kälte war wirklich nicht so schlimm, wie er zunächst gedacht hatte. Wenn man erst einmal drin war und sich kräftig bewegte, ließ es sich aushalten. Randy spürte, wie seine Haut prickelte. Die Pumpe seines Herzens arbeitete jetzt mit voller Leistung, Hitze durchströmte seine Adern. Seine Eltern besaßen ein Haus in Cape Cod, dort war das Meer schon im Juli kälter als dieser See im Oktober.

»Wenn du jetzt schon frierst, Pancho, warte nur, bis du aus dem Wasser kommst!« schrie Deke fröhlich. Er begann zu hüpfen, bis das Floß schwankte, dann trocknete er sich ab.

Randy dachte nicht mehr über den Ölschlick nach, erst als seine Hände an die weißgestrichenen Sprossen der Leiter stießen, fiel sein Blick wieder auf die merkwürdige Erscheinung. Der Fleck war näher gekommen. Er sah aus wie ein großer Maulwurf, der sich im Spiegel der Wellen bewegte. Als Randy den Fleck entdeckte, hatte die Entfernung zum Floß etwa 20 Meter betragen, jetzt war sie nur noch halb so groß.

Wie war das möglich? Wie...

Dann war er aus dem Wasser, und der kalte Wind biß in seine Haut, der Schock war noch schlimmer als in dem Moment, in dem er ins Wasser gesprungen war. »Scheiße!« brüllte Randy, er schrie und lachte und zitterte in seiner nassen Unterhose.

»Pancho, du Arschloch«, sagte Deke gutgelaunt. Er half ihm aufs Floß. »Kalt genug für deinen Geschmack? Ich wette, jetzt wirst du nüchtern.«

»Ich bin nüchtern! Ich bin nüchtern!« Er hüpfte auf dem Floß herum, wie er es bei Deke gesehen hatte. Er schlug sich mit den Armen. Und dann sahen sich die beiden nach den Mädchen um.

Rachel hatte LaVerne überholt. LaVerne paddelte wie ein Hund. Wie ein Hund, der von der Natur mit schlechten Instinkten ausgestattet worden war.

»Brauchen die Damen Hilfe?« rief Deke.

»Geh zur Hölle, du Macho!« schrie LaVerne zurück, und Deke brach in Lachen aus.

Randy sah zur Linken. Der merkwürdige Fleck war auf etwa zehn Meter herangekommen, er schwamm auf dem Wasser. Man hätte ihn für den Deckel einer großen Stahltrommel halten können, aber da sich die Oberfläche in den Wellen brach, konnte er kein Gebilde aus festem Material sein. Eine namenlose Furcht befiel Randy.

»Ihr müßt schwimmen!« rief er den Mädchen zu. Er kniete sich auf das Floß, als Rachel die Leiter erreichte. Er half ihr hinauf. Die Bewegung war so heftig, daß sie sich das Knie anstieß.

»Aua! He, was...«

LaVerne war noch zehn Meter vom Floß entfernt. Das schwarze Gebilde hatte inzwischen die Rückseite des Floßes erreicht. Die Oberfläche war wie Öl, aber Randy war sicher, es war kein Öl, dazu war der Fleck zu schwarz, zu dick, zu *glatt*.

»Randy, du hast mir weh getan! Was soll das denn? Findest du das lus...«

»LaVerne! *Schwimm!*« Aus seiner Angst war Grauen geworden.

LaVerne sah ihn verwundert an. Sie hatte vielleicht

nicht mitbekommen, daß er Todesängste ausstand, aber daß es ihm ernst war, daß Eile geboten war, das hatte sie verstanden. Sie paddelte näher.

»Randy, was hast du?« fragte Deke.

Randy beobachtete, wie sich das schwarze Gebilde um die Ecke des Floßes legte. Ein paar Sekunden lang sah es aus wie ein Fabelwesen im Fernsehen, das elektronische Bonbons verschlingen will. Dann kroch es am Floß entlang; aus dem Kreis war ein Halbkreis geworden.

»Hilf mir sie raufzuziehen!« grunzte Randy, zu Deke gewandt. Er ging in die Knie und streckte die Hand nach LaVerne aus. »Schnell!«

Deke reagierte mit einem gutmütigen Schulterzucken. Er ergriff LaVernes freie Hand. Sie zogen das Mädchen aufs Floß, bevor der schwarze Fleck die Leiter erreichte.

»Randy, bist du verrückt geworden?« LaVerne war außer Atem. Sie hatte Angst. Unter dem nassen BH zeichneten sich ihre harten Brustspitzen ab.

»Das da«, sagte Randy und deutete ins Wasser. »Was ist das, Deke?«

Deke hatte den Fleck bemerkt. Das Gebilde war an der linken Seite des Floßes angekommen. Es wich zurück und nahm wieder seine runde Form an. Dort war es und schwamm, die vier Menschen auf dem Floß betrachteten es.

»Ein Ölfleck vermutlich«, sagte Deke.

»Du hast mir das Knie verrenkt«, fauchte Rachel böse. Sie starrte auf das schwarze Gebilde im Wasser, dann wanderte ihr Blick wieder zu Randy. »Du hast...«

»Das ist kein Ölfleck«, sagte Randy. »Habt ihr je einen runden Ölfleck gesehen? Das Ding da sieht eher aus wie ein großer Damestein.«

»Ich hab noch nie einen Ölfleck gesehen«, erklärte Deke. Er sagte es zu Randy, aber sein Blick war auf LaVerne gerichtet. LaVernes Höschen war fast so durchsichtig wie ihr BH. Das Delta ihrer Scham zeichnete sich ab, flankiert von den Halbmonden ihres Hinterns. »Ich bin nicht mal sicher, ob es so was wie einen Ölfleck überhaupt geben kann. Ich bin aus Missouri.«

»Ich werde eine blaue Stelle kriegen«, sagte Rachel, aber man konnte hören, daß ihr Zorn verraucht war. Sie hatte bemerkt, wie Deke LaVerne ansah.

»*Gott*, ist mir kalt«, sagte LaVerne. Sie erschauderte und achtete darauf, daß es hübsch aussah.

»Es wollte sich die Mädchen schnappen«, sagte Randy.

»Jetzt mach aber einen Punkt, Pancho. Du hast doch gesagt, du bist nüchtern.«

»Es wollte sich die Mädchen schnappen«, wiederholte er stur. »Niemand weiß, daß wir hier sind. *Niemand*.«

»Hast du denn schon mal einen Ölfleck gesehen, Pancho?« Er legte LaVerne den Arm um die nackte Schulter; es war dieselbe zerstreute Geste, mit der er in der Wohnung Rachels Brüste berührt hatte. LaVernes Brüste berührte er nicht, aber er hielt die Hand ganz in der Nähe. Randy sagte sich, es war egal. Nicht egal war ihm der runde schwarze Fleck auf dem Wasser.

»Ich hab vor vier Jahren einen Ölfleck gesehen«, erklärte er. »Das war in Cape Cod. Wir haben damals die Seevögel aus der Brandung geholt und versucht, sie vom Öl zu befreien...«

»Ökologisch, Pancho«, lobte Deke. »*Mucho* ökologisch.«

»Aber das hat ganz anders ausgesehen«, fuhr Randy fort. »Es war eine klebrige Masse, die über das ganze Wasser verbreitet war, mit Streifen und Flecken. Es war nicht kompakt wie das da.«

Die Ölpest vor Cape Cod war ein Zufall, wollte er sagen. *Aber dieser Fleck ist kein Zufall. Er ist absichtlich da.*

»Ich möchte jetzt heim«, sagte Rachel. Immer noch sah sie Deke und LaVerne an. Sie war beleidigt. Randy fragte sich, ob sie wohl wußte, wie beleidigt sie aussah. Und ob sie überhaupt wußte, daß sie so aussah.

»Dann verschwinde«, sagte LaVerne, und Randy sah den Triumph in ihren Augen. Es war ein Gefühl, das sich nicht unbedingt gegen Rachel richtete, aber LaVerne machte auch keine Anstalten, vor Rachel zu verbergen, was sie empfand.

Sie machte einen Schritt auf Deke zu, die beiden waren jetzt nur noch eine Handbreit voneinander entfernt. Und dann berührten sich ihre Hüften. Randy löste den Blick von dem schwarzen Fleck, um LaVerne anzusehen. Er empfand jetzt Haß auf dieses Mädchen. Noch nie hatte er eine Frau geschlagen, aber in diesem Augenblick hätte er nur zu gern auf LaVerne eingeschlagen. Nicht etwa weil er sie liebte (er hatte sich nur ein bißchen verliebt in sie, nicht mehr, und geil war er auf sie, gar nicht so knapp, jawohl, und er war auch eifersüchtig gewesen, als sie Deke im Apartment schöne Augen gemacht hatte, o ja, aber wenn er sie wirklich liebte, dann hätte er sie mindestens fünfzehn Meilen von Deke entfernt gehalten), sondern nur, weil er wußte, wie sich der Ausdruck auf Rachels Gesicht innen anfühlte.

»Ich habe Angst«, sagte Rachel.

»Vor einem Ölfleck?« fragte LaVerne ungläubig. Sie lachte. Und wieder überkam Randy der schier unbezähmbare Drang, auf sie einzuschlagen, ihr eine saftige Ohrfeige zu geben, so daß der hochmütige Ausdruck aus ihrem Gesicht einem blauen Mal von der Größe seiner Hand Platz machen würde.

»Dann wollen wir mal sehen, wie du zurückschwimmst«, sagte Randy zu ihr.

Sie maß ihn mit einem nachsichtigen Lächeln. »Ich

möchte noch auf dem Floß bleiben.« Sie sprach, als müßte sie einem Kind etwas erklären. Sie sah zum Himmel auf, dann blieb ihr Blick auf Deke haften. »Ich möchte die Sterne herauskommen sehen.«

Rachel war ein hübsches Mädchen, aber sie hatte auch etwas, das Randy an einen Gassenjungen erinnerte. Sie wirkte unsicher, und Randy mußte an die New Yorker Mädchen denken, wie sie morgens zur Arbeit hasteten, in ihren geschlitzten Röcken, der Schlitz konnte vorne oder auf der Seite sein, und allen stand diese neurotische Schönheit ins Gesicht geschrieben. Rachels Augen sprühten, wann immer man sie ansah, aber es war schwer zu sagen, ob das gute Laune oder Angst war.

Rachel war klein, und Deke mochte nur großgewachsene Mädchen, Mädchen mit dunklem Haar und Schlafzimmeraugen. Randy wußte, wenn die beiden etwas miteinander gehabt hatten, dann war es vorbei. Wenn da überhaupt etwas gewesen war, dann hatte sich Deke sehr langweilig angestellt; von Rachels Seite war es sicher sehr ernsthaft, tiefempfunden und kompliziert gewesen, vor allem sehr schmerzhaft. Aber es war vorbei, da hatte Randy keinen Zweifel, die Sache war eben in diesem Augenblick zu Ende gegangen; fast war es Randy, als hätte er einen Stab zerbrechen gehört.

Er war von der scheuen Art, aber jetzt trat er zu Rachel und legte den Arm um sie. Sie sah ihn kurz an. Sie wirkte unglücklich, aber doch irgendwie dankbar für die Geste, und Randy war erleichtert, daß es ihm gelungen war, ihr eine kleine Freude zu machen. Und dann kehrte der Gedanke zurück, daß sie jemandem ähnlich war. Ihr Gesicht, ihre Augen...

Zuerst dachte er an die Schauspielerinnen, die er bei Fernsehshows gesehen hatte, an die Mädchen, die in Werbespots Kekse oder Waffeln anboten oder anderes

Zeug. Schließlich fiel es ihm ein: sie sah aus wie Sandy Duncan, das Mädchen, das am Broadway in Peter Pan mitspielte.

»Was ist das für ein Gebilde?« fragte sie. »Randy, was ist das?«

»Ich weiß es nicht.«

Er spürte Dekes Blick auf sich ruhen, Vertrautheit lag darin, aber auch Verachtung. Wahrscheinlich·war sich Deke gar nicht bewußt, daß er Randy verachtete. Der Blick bedeutete: *Randy, unser Angsthase vom Dienst, pißt sich wieder mal in die Windeln. Randy fühlte sich versucht, seiner Antwort auf Rachels Frage eine beruhigende Floskel hinzuzufügen. Wahrscheinlich ist es gar nichts. Mach dir keine Sorgen, gleich ist es verschwunden.* Etwas in der Art. Aber er sagte nichts dergleichen. Sollte Deke ruhig grinsen. Der schwarze Fleck auf dem Wasser machte ihm angst, das war die Wahrheit.

Rachel ließ Randy stehen und kniete sich anmutig an den Rand des Floßes, um das Gebilde aus der Nähe zu betrachten. Der Anblick löste in Randy die Erinnerung an das Mädchen auf den Flaschenetiketten für White Rock-Sodawasser aus. *Sandy Duncan auf den Flaschenetiketten für White Rock* war dann die Assoziation, die sein Hirn zusammenbraute. Ihr kurzes blondes Haar ließ den wohlgeformten Schädel klar erkennen. Er sah die Gänsehaut zwischen ihren Schulterblättern, oberhalb der weißen Bänder, mit denen ihr BH zugeschnürt war.

»Fall nicht rein«, sagte LaVerne mit unverhohlenem Spott.

»Laß sie in Ruhe«, erwiderte Deke, immer noch grinsend.

Randy betrachtete die beiden, die in der Mitte des Floßes standen, er sah, wie sich ihre Hüften berührten. Sein Blick wanderte zurück zu Rachel. Ein Schreck durchzuckte ihn, als er den schwarzen Fleck gewahrte, der sich auf das Floß zubewegte. Vor Sekunden noch war das Gebilde einen oder zwei Meter weiter weg gewesen. Und er sah den leeren Ausdruck in ihren Augen, der auf seltsame Weise der Ausstrahlung des schwarzen Flecks ähnelte.

Sie ist Sandy Duncan auf dem White Rock-Etikett, und jetzt tut sie so, als wäre sie von Nabisco Honey Grahams fasziniert. Es war ein idiotischer Gedanke, das wußte er selbst. Sein Puls ging schneller, ganz ähnlich wie vor einigen Minuten, als er in das kalte Wasser gesprungen war. Er schrie: »Geh da weg, Rachel!«

Was dann geschah, geschah sehr schnell, und doch nahm Randy jede Einzelheit mit einer Klarheit wahr, die ihn diabolisch anmutete.

LaVerne lachte. Auf dem Campus, an einem schönen sonnigen Tag, hätte sich das wahrscheinlich angehört wie das Lachen irgendeiner Studentin, aber hier, in der Düsternis, die von Minute zu Minute zunahm, war es wie das Kichern einer Hexe, die einen Zaubertrank zubereitete.

»Rachel, es ist vielleicht besser, wenn du jetzt...« Es war Deke, der das sagte, aber sie unterbrach ihn, zum ersten und zum letzten Mal in ihrem Leben.

»Es hat Farben!« schrie sie. Sie starrte fassungslos in die Schwärze hinab, und für den Bruchteil einer Sekunde schien es Randy, als könnte auch er dort Farben entdecken, bunte, einwärts drehende Spiralen. Dann zerfloß das Bild, der Fleck wurde wieder schwarz. »So wunderschöne Farben!«

»Rachel!«

Sie streckte ihre weiße Hand nach dem Fleck aus, marmorweiß war ihre Haut; Randy sah, daß sie an den Nägeln gekaut hatte.

»Ra ...«

Das Floß geriet ins Schwanken, als Deke an den Rand
trat, um Rachel zurückzuhalten. Auch Randy streckte die
Hand nach ihr aus, er wollte nicht, daß Deke ihm zuvor-
kam.

Dann berührte Rachel den Wasserspiegel mit dem Finger; ein Ring entstand, der sich alsbald ausbreitete. Randy sah, wie der schwarze Fleck an ihrer Hand hoch-
kroch. Er hörte ihr Stöhnen. Die Leere wich aus ihrem
Blick. Das Entsetzen trat in ihre Augen. Todesangst.

Die klebrige schwarze Substanz kroch an ihrem Arm
hoch und in das Fleisch der Muskeln hinein, Randy sah,
wie die Haut sich auflöste. Rachel stieß einen Schrei aus.
Er bemerkte, wie sie die Balance verlor. Sie streckte ihre
Hand nach ihm aus, ihre Finger berührten sich. Ihre Blik-
ke trafen sich, Rachel sah Sandy Duncan in diesem Moment verteufelt ähnlich. Taumelnd, mit den Armen ru-
dernd, fiel sie ins aufspritzende Wasser.

Die schwarze Substanz floß über der Stelle zusammen,
wo sie hineingefallen war.

»Was ist los?« Das war LaVerne. »Was ist los? Ist sie ins
Wasser gefallen? Wie konnte das denn passieren?«

Randy machte Anstalten, ins Wasser zu springen und
nach Rachel zu tauchen. Deke hielt ihn zurück. »Nicht«,
sagte er. In seiner Stimme klang die Angst durch. Das
war nicht mehr der Deke, den Randy kannte.

Zu dritt sahen sie, wie Rachel wieder an die Oberfläche
kam. Sie schwenkte ihre Arme ... nein, nur einen Arm.
Der andere war mit einer gespenstischen Membrane bedeckt, die an manchen Stellen den Blick auf blutige Seh-
nen freigab, auf Fleisch, das Randy an frisches Roastbeef
erinnerte.

»Hilfe!« schrie Rachel. Ihre Augen waren wie Later-
nen, die in der Dunkelheit geschwenkt wurden. Unter

den Schlägen ihrer Hand schäumte das Wasser. »*Hilfe, es tut so weh, Hilfe, es tut weh, es tut weh, es tut weeee...*«

Randy war hingefallen, als Deke ihm einen Stoß versetzte. Jetzt stand er auf und wankte an den Rand des Floßes. Die Stimme... ihre Stimme... Er wollte ins Wasser springen, aber Deke umfing ihn mit beiden Armen.

»*Sie ist tot*«, *flüsterte er.* »*Verdammt noch mal, Pancho, siehst du denn nicht, daß sie tot ist?*«

Jäh überzog sich Rachels Gesicht mit Schwärze, ihre Schreie wurden gedämpft, und dann brachen sie ganz ab, von einer Sekunde auf die andere. Die schwarze Substanz begann das Mädchen einzuweben wie eine Spinne, die ihre Beute mit Fäden überzieht. Randy sah, wie die Schlieren, ätzender Säure gleich, in ihre Haut eindrangen, er sah, wie ihre Halsschlagader aufbrach; eine Fontäne dunklen Blutes schoß hervor, aber die schwarze Masse war schneller, sie ummantelte den Blutstrahl mit einer Hülle und holte ihn in den Körper zurück. Randy traute seinen Augen nicht, er verstand nicht, was da vorging, aber eines wußte er, es war Wirklichkeit, es war kein Traum, es war keine Halluzination.

LaVerne stand da und schrie. Sie schlug sich mit der flachen Hand auf die Augen, wieder und wieder, und die Geste erinnerte Randy an eine Stummfilmheldin. Er wollte ihr das gerade sagen, als er feststellte, daß er keinen Laut hervorbringen konnte.

Er wandte sich wieder Rachel zu. Immer noch kämpfte das Mädchen um sein Leben, aber ihre Bewegungen waren sehr langsam geworden. Rachel war jetzt eingehüllt von einer dicken schwarzen Schicht. *Das Wesen ist größer geworden*, dachte Randy. *Mein Gott, es ist größer geworden. Und es hat Muskeln.* Er sah, wie sie mit der Hand nach dem Wesen schlug, doch ihre Finger blieben kleben wie die Flügel einer Fliege, die ans Fliegenpapier geraten ist;

er sah, wie ihre Hand zerschmolz. Ihre Gestalt war noch zu erkennen, umgeben von einem klebrigen schwarzen Mantel, die Gestalt bewegte sich nicht mehr, sie wurde bewegt; etwas Glänzendes, etwas Weißes erschien, *Knochen*, dachte er, und dann kniete er am Rande des Floßes und spie ins Wasser.

LaVernes Schreie waren zu hören. Plötzlich ein Schlag. Die gellenden Schreie des Mädchens gingen in unterdrücktes Wimmern über. Er hat sie geschlagen, dachte Randy. Das wollte *ich* doch tun!

Er richtete sich auf und wischte sich den Mund ab. Er fühlte sich sterbenselend. Und da war die Angst. Sie war so groß, daß er nur noch mit einem winzigen Rest seines Gehirns denken konnte. Bald würde er selbst in Tränen ausbrechen, wenn er nicht aufpaßte. Und dann würde Deke ihm eine runterhauen. Deke würde nicht durchdrehen. Nicht er. Deke war aus dem Stoff, aus dem man Helden schnitzt. Und dann hörte er wie von fern, daß Deke mit ihm sprach. Randy sah zum Himmel und versuchte die Erinnerung an den Augenblick zu verdrängen, als Rachel zu einem Gebilde zerfloß, das nichts Menschliches mehr hatte; es war wichtig, daß er diese Erinnerung verbannte, er wollte nicht, daß Deke ihn schlug, so wie er LaVerne geschlagen hatte.

Die ersten Sterne waren zu sehen. Randy erkannte den Großen Wagen. Im Westen schimmerte der Widerschein des versunkenen Tages. Es war fast halb acht.

»Oh, Cisco«, brachte er hervor. »Diesmal haben wir uns ganz schön reingeritten.«

»Was war das?« Deke hielt seine Schultern umfaßt. »Das Mädchen ist aufgefressen worden, hast du das gesehen? *Das Ding hat sie aufgefressen!* Was war das?«

»Ich weiß es nicht, das habe ich doch vorhin schon gesagt, hast du's nicht gehört?«

»Du mußt doch wissen, was das war, du Intelligenz-
bolzen. Wozu gehst du in all diese wissenschaftlichen
Vorlesungen, wenn du nicht weißt, was das war?« Deke
war den Tränen nahe.

»In den Büchern, die ich gelesen habe, steht nichts von
solch einem Ding«, sagte Randy.

Das Ding hatte inzwischen wieder die Form einer
schwimmenden Scheibe angenommen. Es befand sich
drei Meter vom Floß.

»Es ist größer geworden«, bemerkte La Verne.

Das Ding war etwa eineinhalb Meter im Durchmesser
gewesen, als Randy es entdeckte. Jetzt maß es mindestens zweieinhalb Meter.

»*Es ist größer, weil es Rachel gefressen hat*«, schluchzte La-
Verne.

»Hör zu heulen auf, oder ich zerschmettere dir die
Kinnlade«, sagte Deke. Sie gehorchte. Sie hörte zu weinen auf wie ein Plattenspieler, der verstummt, wenn
man ihm die Stromzufuhr abschneidet. Ihre Augen waren riesengroß.

Deke sah Randy prüfend an. »Bist du okay, Pancho?«

»Ich weiß nicht recht. Ich schätze, ja, ich bin okay.«

»Du bist mein Mann.« Deke versuchte zu lächeln, und
Randy erschrak, als ihm das gelang. Macht Deke etwa
Spaß, was sich hier abspielte? »Du hast also keine Ah-
nung, was das sein könnte?«

Randy schüttelte den Kopf. Vielleicht war es wirklich
nur ein Ölfleck. Oder war es ein Ölfleck gewesen. Kos-
mische Strahlen konnten die Substanz verändert haben.
Oder Arthur Godfrey hatte atomares Zeug über das Gebilde gepißt. Wer vermochte das zu sagen?

»Meinst du, wir können daran vorbeischwimmen?«
fragte Deke.

»*Nein!*« schrie LaVerne.

»Du hältst den Mund!«

»Du hast selbst gesehen, wie schnell es Rachel verschlungen hat«, sagte Randy.

»Vielleicht, weil's Hunger gehabt hat«, antwortete Deke. »Vielleicht ist es jetzt satt.«

Vor Randy erstand Rachels Bild, wie sie am Rande des Floßes kniete, so sanft, so hübsch in ihrem BH und ihrem Höschen. Er begann zu würgen.

»Versuch an Land zu schwimmen, Deke.«

»Oh, Pancho.«

»Oh, Cisco.«

»Ich will nach Hause«, flüsterte LaVerne. »Okay?«

Keiner antwortete ihr.

»Wir warten, bis es weggeht«, sagte Deke. »Es ist gekommen, also geht es auch wieder weg.«

»Vielleicht«, sagte Randy.

Deke sah ihn wütend an. »Vielleicht? Was ist das für eine Scheiße: *vielleicht?*«

»Es ist gekommen, als wir kamen, das hab' ich gesehen. Ich glaube, es hat uns gerochen. Wenn es satt ist, wie du sagst, wird es weggehen. Wenn es noch Hunger hat...«

Deke stand da und dachte nach. Immer noch fielen Wassertropfen aus seinem kurzen Haar auf die Planken.

»Wir warten«, sagte er. »Hoffentlich frißt es Fische.«

Fünfzehn Minuten vergingen. Die drei sprachen nicht miteinander. Es wurde kälter. Sie trugen nur Unterwäsche. Zehn Minuten waren vergangen, als Randy mit den Zähnen zu klappern begann. LaVerne hatte sich an Deke schmiegen wollen. Er stieß sie zur Seite.

»Laß mich in Ruhe.«

Sie setzte sich aufs Floß und verschränkte die Arme

über ihren Brüsten. Sie zitterte vor Kälte. Sie sah Randy an. Er verstand. Wenn er jetzt zu ihr ging und ihr den Arm um die Schultern legte, war das okay.

Doch er blieb, wo er war. Er hielt den Blick auf das schwarze Ding gerichtet. Es kam nicht näher, aber es entfernte sich auch nicht. Er sah zum Ufer. Ein Streifen aus geisterhaftem Weiß. Er vermeinte die Umrisse des Camaros zu erkennen.

»Wir sind einfach so losgefahren«, sagte Deke.

»Ganz recht«, erwiderte Randy.

»Wir haben niemandem gesagt, wo wir hinfahren.«

»Nein.«

»Also weiß niemand, daß wir auf dem Floß sind.«

»Nein.«

»Hört auf!« schrie LaVerne. »Hört auf damit, ihr macht mir angst!«

»Halt den Rand«, sagte Deke beiläufig, und Randy mußte lachen. Immer mußte er lachen, wenn Deke diesen Ausdruck gebrauchte. »Wenn wir die Nacht auf dem Floß verbringen müssen, dann bleiben wir eben auf dem Floß. Morgen früh werden wir um Hilfe schreien, bis uns jemand hört. Wir sind hier ja nicht im Inneren Australiens, oder, Randy?«

Randy schwieg.

»Ob wir im Inneren Australiens sind?«

»Du weißt genau, wo wir sind«, sagte Randy. »Wir sind von der einundvierzigsten Straße abgebogen. Acht Meilen Landstraße...«

»Und alle fünfzig Meter ein Häuschen...«

»Sommerhäuschen. Wir haben Oktober, mein Freund. Die Häuschen sind unbewohnt.«

»Aber es gibt doch sicher jemanden, der nach dem Rechten sieht«, sagte Deke.

»Es gibt nichts zu klauen in den Häusern. Wenn's

überhaupt so etwas wie einen Wächter gibt, dann taucht er vielleicht in Abständen von zwei Monaten auf.«

»Jäger?«

»In einem Monat, ja«, sagte Randy. Und dann hielt er sich die Hand vor den Mund. Ihm war der Schreck in die Glieder gefahren.

»Vielleicht geht es weg«, hörte er LaVerne sagen. Um ihre Lippen spielte ein trauriges Lächeln. »Vielleicht... ich meine... vielleicht läßt es uns in Frieden.«

»Vielleicht verirrt sich ein Bulle in die Gegend«, sagte Deke.

»Es bewegt sich«, rief Randy.

LaVerne sprang auf. Das Floß begann zu schwanken, und LaVerne stieß einen Schrei aus. Deke ging zur anderen Seite und wartete, bis sich das Floß stabilisiert hatte.

Das Ding kam mit beängstigender Geschwindigkeit näher. Randy erblickte die Farben, die Rachel gesehen hatte, ein fantastisches Rot und gelbe und blaue Spiralen, die sich in den Wellen brachen; die Farben flossen durcheinander, Randy stand am Rande des Floßes, und er ahnte, daß er das Gleichgewicht verlieren würde, sein Oberkörper begann zu schwanken, er...

Mit letzter Kraft versetzte er sich einen Faustschlag auf die Nase; es war die Geste eines Menschen, der mit einem Hustenanfall kämpft, nur viel kräftiger ausgeführt und etwas zu hoch angesetzt. Durch sein Nasenbein zuckte ein stechender Schmerz, und er spürte das warme Blut, das ihm über das Gesicht rann. Es gelang ihm, sich einen Schritt zum Inneren des Floßes zu bewegen. »Schau das Ding nicht an, Deke!« schrie er. »Schau's nicht an, die Farben machen einen schwindlig.«

»Es will unter das Floß kriechen«, sagte Deke grimmig. »Kannst du mir erklären, was die Scheiße soll, Cisco?«

Randy inspizierte das Ding mit aller Sorgfalt. Es nagte

an der Längskante des Floßes. Es hatte die Form einer durchschnittenen Pizza angenommen und schien dicker zu werden.

Und dann schob es sich unter die Bretter. Randy war es, als wäre da ein neues Geräusch, es hörte sich an wie das Kratzen einer zusammengerollten Leinwand, wie eine Rolle, die durch ein enges Fenster gezogen wurde, aber vielleicht bildete er sich das auch nur ein.

»Ist das Ding jetzt unter dem Floß?« fragte LaVerne. Sie sagte es im lockeren Gesprächston, zugleich aber weinte sie. »Ist es unter dem Floß? Ist es unter uns?«

»Ja«, entgegnete Deke. Er sah Randy an. »Ich werde jetzt an Land schwimmen. Solange das Ding unter dem Floß ist, habe ich eine gute Chance.«

»Nein!« schrie LaVerne. »Du kannst uns nicht einfach so zurücklassen, du...«

»Ich bin ein guter Schwimmer«, sagte Deke. Für ihn gab es nur Randy. »Aber ich muß es tun, solange das Ding unter dem Floß ist.«

»Ja«, sagte Randy. »Aber ich glaube nicht, daß du's schaffst.«

»Ich schaffe es«, sagte Deke. Er trat einen Schritt auf den Rand des Floßes zu.

Er war stehengeblieben. Er keuchte vor Aufregung. Er würde jetzt um sein Leben schwimmen. Er... mitten in einem Atemzug hielt er inne. Er wandte den Kopf. Randy sah, wie sich die Muskeln in seinem Nacken strafften.

»Cisco?« sagte er. Es klang erstaunt, erstickt, und dann begann Deke zu schreien.

Er schrie unglaublich laut. Bariton, hin und wieder Sopran. Es war so laut, daß die Schreie als Echo vom Ufer zurückgeworfen wurden. Erst nach einer ganzen Weile wurde Randy klar, daß sein Freund zwei Worte schrie. *»Mein Fuß! Mein Fuß! Mein Fuß!«* Randy heftete seinen

Blick auf Dekes Füße. Der Spann sah seltsam eingefallen aus. Und dann verstand Randy, warum Deke schrie, der Grund war offensichtlich. Sein Fuß wurde unter Wasser gezogen, durch die Ritze zwischen zwei Bohlen hindurch.

Randy sah die schwarze Schicht, die sich um Ferse und Zehen gelegt hatte; Dekes rechter Fuß war verformt, und in das Schwarz mischte sich ein Wirbel von bösartigen bunten Farben.

Das Ding hielt Dekes Fuß gepackt (»*Mein Fuß!*« schrie Deke, ihm schien daran gelegen, die elementare Tatsache festzustellen, daß es sich um *seinen* Fuß handelte. »*Mein Fuß, o mein Fuß, mein Fuuuuuuuss!*«). Er war auf eine der Spalten zwischen den Bohlen getreten (*tritt auf den Spalt, und deine Mutter wird nicht alt*, er wußte nicht, warum ihm ausgerechnet in diesem Augenblick der idiotische Reim einfiel), und das Ding hatte sich durch die Lücke geschoben und sein Fuß...

»*Zieh den Fuß da raus!*« schrie Randy. »*Zieh ihn raus, Deke, verdammt noch mal!*«

»Was ist los?« brüllte LaVerne, und Randy zuckte zusammen, als sie ihm ihre messerscharfen Fingernägel ins Fleisch grub. Das Mädchen war wirklich keine Hilfe. Er stieß ihr den Ellenbogen in den Magen. Sie gab ein bellendes, hustendes Geräusch von sich und landete auf ihrem Hintern. Randy ergriff Deke beim Arm.

Der Arm war hart wie Carraramarmor, die Muskeln standen heraus wie die Knochen eines Dinosaurierskeletts. Dekes Fuß aus dem Spalt zu ziehen, das war, als wollte man einen Baum ausreißen. Dekes Blick war auf den düsteren Purpur des Himmels gerichtet; er schien nicht zu verstehen, was mit ihm geschah, und er schrie aus Leibeskräften.

Randy sah, das Dekes Fuß bis zum Knöchel im Spalt

verschwunden war. Der Spalt war vielleicht so breit wie ein kleiner Finger, sicher nicht breiter als ein Zeigefinger, und trotzdem war der Fuß durch die Lücke gezogen worden. Blutspuren bedeckten das weiße Holz. Durch die Ritze quoll eine schwarze Masse nach oben und begann zu schlagen wie ein Herz.

»Ich muß meinen Fuß da rauskriegen. Ich muß ihn sofort wieder rauskriegen, sonst schaffe ich's nie mehr... Halt mich fest, Cisco, bitte halt mich fest...«

LaVerne hatte sich wieder aufgerappelt. Sie wich von dem schreienden Deke zurück, schüttelte den Kopf wie ein Kaufhauselefant und hielt sich den Bauch, in den Randys Schlag sie getroffen hatte.

Deke hatte sich an ihn gelehnt, Randy sah das Blut aus dem Schienbein schießen.

Die schwarze Masse schob sich höher, saugte und fraß.

Deke weinte.

Mit diesem Bein wirst du nie wieder mehr Football spielen, von was für einem Bein rede ich überhaupt, haha. Randy zog mit aller Kraft, und immer noch war Deke wie ein festverwurzelter Baum.

Und dann waren die Schreie so schrill, daß Randy sich die Ohren zuhalten mußte. Er taumelte zurück, das Blut strömte durch die Poren auf Dekes Schenkel, die Kniescheibe war ein purpurfarbener Ball, der dem unheimlichen Sog des schwarzen Ungeheuers zu widerstehen suchte; Zentimeter um Zentimeter wurde das Bein durch den Spalt in die Tiefe gezogen.

Ich kann ihm nicht helfen! Wie stark das Ding ist! Ich kann ihm nicht mehr helfen! Tut mir leid, Deke, wirklich...

»Halt mich fest, Randy«, schrie LaVerne. Sie umschlang ihn und barg ihren Kopf an seiner Brust. »Halt mich fest, bitte...«

Er tat, was sie verlangte.

Erst als es zu spät war, kam ihm die Erkenntnis, daß er und LaVerne sich hätten retten können, während das schwarze Ding mit Deke beschäftigt war, sie hätten die Gelegenheit nutzen und an Land schwimmen können, und wenn LaVerne den Mut dazu nicht aufgebracht hätte, nun, er hätte es ja auch allein versuchen können. Die Schlüssel zum Camaro steckten in Dekes Jeans, und die Jeans lagen im Wagen. Er hätte... Aber er hatte die Gelegenheit verpaßt.

Deke starb, als sein Oberschenkel durch die Spalte zwischen den Bohlen gezogen wurde. Schon Minuten vorher hatte er zu schreien aufgehört. Er hatte das Bewußtsein verloren und war vornübergefallen, und dann war der Oberschenkelknochen mit einem gut hörbaren Knickbruch geborsten.

Wenig später hatte Deke noch einmal den Kopf gehoben. Es sah aus, als wollte er etwas sagen, dann aber war nur ein Schwall Blut zwischen seinen Lippen hervorgeströmt, dickflüssiges Blut. Randy und LaVerne wurden über und über bespritzt, und LaVerne hatte wieder zu heulen begonnen, sie hörte sich jetzt schon ziemlich heiser an.

»Igitt!« schrie sie. In ihren Zügen zeichnete sich der Ekel ab. »Igitt! Blut! Blut! *Blut!*« Sie wollte das Blut abwischen, statt dessen verschmierte sie es über das ganze Gesicht.

Das Blut schoß jetzt aus Dekes Augenhöhlen, es spritzte mit solcher Kraft hervor, daß Randy dachte: *Vital ist er ja, das muß man ihm lassen. Spritzt Blut wie ein Feuerlöscher! Gottogottogott!*

Das Blut quoll aus Dekes Ohren, sein Kopf sah aus wie eine Zwiebel, die sich unter gewaltigem Druck entfaltete.

Dann, ganz plötzlich, war es mit Deke zu Ende gegangen.

Er brach zusammen, und sein Haar sog sich mit dem Blut voll, das in Pfützen auf den Brettern des Floßes stand. Mit einer Mischung aus Widerwillen und Erstaunen sah Randy, daß Deke auch durch die Kopfhaut blutete.

Geräusche unter dem Floß. Schmatzende, saugende Geräusche.

Randy dachte plötzlich, daß er immer noch eine Chance hatte. Er konnte fliehen, während das Ding Dekes Überreste verspeiste. Aber da war LaVerne, sie lag in seinen Armen, merkwürdig schwer; er schob ihr ein Augenlid hoch, nur das Weiße des Augapfels war zu sehen, und da wußte Randy, daß sie einen Schock erlitten hatte und im Koma lag.

Er ließ seinen Blick über das Floß gleiten. Er konnte LaVerne auf die Bretter legen, aber da waren die Spalten zwischen den Brettern. Es waren vierzehn Bohlen, sechs Meter lang, und jede Bohle war etwa dreißig Zentimeter breit. Er konnte LaVerne nicht hinlegen, ohne daß sie auf einer Spalte war.

Tritt auf den Spalt, und deine Mutter wird nicht alt. Idiot!

Und dann hörte Randy, wie sein Verstand ihm etwas zuflüsterte. Tu's! Leg sie hin, und schwimm um dein Leben!

Aber das tat er nicht, das brachte er nicht übers Herz. Das Schuldgefühl, das in ihm bei dem Gedanken aufkam, war groß und furchtbar. Er hielt das Mädchen in seinen Armen. Eine schwere Last. LaVerne war ein großgewachsenes Mädchen.

Deke wurde durch den Spalt gezogen.

Randy hielt LaVerne in den Armen, seine Muskeln schmerzten, er wollte nicht hinsehen. Einige Sekunden lang blickte er weg, vielleicht waren es auch Minuten, aber dann fanden seine Augen zu dem entsetzlichen Schauspiel zurück.

Jetzt, da Deke tot war, steigerte sich die Geschwindigkeit, mit der sein Körper in den Spalt gezogen wurde.

Vom rechten Bein war nichts mehr zu sehen. Das linke war abgespreizt wie bei einem Ballettänzer, der einen unmöglichen Spagat ausführte. Das Becken barst, es hörte sich an wie ein Hühnerknochen, der zerbrochen wurde, und dann schwoll Dekes Bauch zu einer unförmigen Blase an. Randy sah wieder zur Seite, er versuchte die schmatzenden, schlürfenden Geräusche zu überhören und sich auf die Schmerzen in seinen Armen zu konzentrieren. Vielleicht schaffte er es, das Mädchen mitzuziehen, während er ans Ufer schwamm, aber zunächst einmal war es wohl das beste, wenn er sich auf die Schmerzen in seinen Armen konzentrierte, solange der Schmerz da war, brauchte er an nichts anderes zu denken.

Hinter ihm war ein Knacken zu hören, wie von einem Kind, das englische Bonbons zerkaut. Randy drehte sich um und sah, wie Dekes Brustkorb zusammengequetscht und durch den Spalt gezogen wurde. Nur noch die Arme und der Kopf waren zu sehen, und die Hände erinnerten Randy an Richard Nixon, wie er den Demonstranten in den sechziger und siebziger Jahren das V-Zeichen vorführte.

Dekes Augen waren geöffnet. Die Zunge hing aus dem weitaufgerissenen Mund.

Randy sah auf den See hinaus. *Du mußt nach Lichtern Ausschau halten,* hämmerte er sich ein. Es gab keine Lichter in der Nacht, trotzdem wiederholte Randy den Satz unzählige Male. *Halte nach Lichtern Ausschau, irgend jemand ist sicher die Woche über in seinem Sommerhaus geblieben, Herbstlaub, das darf man sich doch nicht entgehen lassen, und Nikon macht das Foto davon, was glaubst du, wie deine Familie sich freut, wenn du denen die Dias vorführst.*

Als er wieder hinsah, war Deke kein Richard Nixon mehr, er war ein Schiedsrichter beim Footballspiel, der beide Arme hochreckte.

Auf dem Spalt thronte Dekes Kopf.

Immer noch die offenen Augen.

Die Zunge, die auf Randy wies.

»Oh, Cisco«, murmelte Randy. Er mußte wieder wegsehen. Der Schmerz in seinen Armen und Schultern war schier unerträglich, aber er traute sich nicht, das Mädchen auf den Boden sinken zu lassen. Drüben am Ufer war alles dunkel. Über den schwarzen Himmel waren Sterne ausgegossen worden, Spritzer verschütteter Milch, die durch irgendwelche Kräfte am Firmament festgehalten wurden.

Minuten verstrichen. *Er ist weg, ganz sicher. Du kannst wieder hinsehen. Na wenn schon. Ist ja nicht eilig. Sicherheitshalber noch ein bißchen abwarten. Warte noch, okay? Okay.*

Er sah trotzdem hin, in dem Augenblick, als Dekes Finger in den Spalt gezogen wurden. Die Finger bewegten sich, wahrscheinlich waren es die Wellen unter dem Floß, die über das schwarze Ding auf Dekes Finger übertragen wurden. Wahrscheinlich, wahrscheinlich. Randy hatte den Eindruck, als ob Deke ihm zuwinkte. Auf Wiedersehen. Ihm war auf einmal wieder speiübel, das Floß hatte zu schaukeln begonnen wie vorhin, als sie zu viert auf einer Seite gestanden hatten. Die Bewegung ebbte ab, aber Randy hatte begriffen, er war gar nicht mehr so weit vom Zustand des Wahnsinns entfernt, wie er bis dahin angenommen hatte.

Er sah, wie Dekes Football-Ring den Finger hochwanderte, All-Conference, 1981 stand darauf, und Deke trug ihn am Mittelfinger der rechten Hand. Der Ring paßte nicht durch den Schlitz.

Der Ring lag auf dem Spalt, und das war alles, was von

Deke übriggeblieben war. Deke war nicht mehr. Nie mehr würde es dunkelhaarige Mädchen mit Schlafzimmeraugen geben, die Deke den Hof machten. Nie mehr würde Deke seinem Freund Randy das nasse Handtuch auf den Hintern klatschen, wenn der aus der Dusche kam. Nie mehr würde das Publikum bei einem Footballspiel aufstehen, wenn Deke nach vorne preschte. Nie mehr würden die Anführer der Claque Purzelbäume schlagen. Nie mehr würden Deke und Randy Spritzfahrten im Camaro unternehmen. Es gab keinen Cisco Kid mehr.

Da war wieder das schabende Geräusch, wie von einer zusammengerollten Leinwand, die über ein Fenstersims gezogen wurde.

Randy sah, wie sich Schwärze in die Fugen neben seinen Füßen schob. Die Augen traten ihm aus den Höhlen. Die Erinnerungen an den Schwall Blut, der aus Dekes Mund kam, war wieder da. Dekes Augen waren aus den Höhlen katapultiert worden wie Korken, die dem Druck des Gehirns nicht mehr standhalten konnten.

Es riecht, daß ich da bin. Es weiß, daß ich auf dem Floß bin. Kann es auf das Floß kommen? Kann es durch die Fugen zwischen den Brettern aufs Floß kommen? Geht das? Geht das?

Er starrte auf seine Füße, LaVerne, die immer noch in seinen Armen hing, war vergessen. Nur noch ein Gedanke beseelte Randy: Was würde es für ein Gefühl sein, wenn das Ding über seine Füße kroch, wenn es sich in sein Fleisch grub.

Die schimmernde Schwärze hatte die Oberkante der Bretter erreicht. Unwillkürlich hob Randy die Zehen. Das Geräusch der über ein Fenstersims gezogenen Leinwand setzte wieder ein. Und dann sah Randy das schwarze Gebilde im Wasser, es hatte die Form eines Maulwurfs und war vielleicht fünf Meter vom Floß entfernt. Es hob und senkte sich mit den Wellen, auf und nieder, auf und nieder. Als die Farben aufleuchteten, änderte Randy die Blickrichtung.

Er legte LaVerne zu Boden und kniete sich neben sie. Ihr Haar war ein schwarzer Fächer auf dem Weiß der Bretter. Er kniete und betrachtete den unbeweglichen schwarzen Fleck im Wasser.

Er versetzte LaVerne einen leichten Schlag auf die Wange. Aber das Mädchen hatte keine Lust aufzuwachen. Sie hatte genug gesehen. Randy allerdings konnte nicht die ganze Nacht auf sie aufpassen wie ein Kind. Er konnte sie nicht mehr aufheben, wenn sich das Ding bewegte (und dann konnte er das Ding auch nicht lange ansehen, das kam hinzu).

Aber da gab es einen Trick. Es war ein Trick, den Randy im College gelernt hatte, von einem Freund seines älteren Bruders. Der Freund hatte in Vietnam als Sanitäter gedient, er kannte eine ganze Reihe Tricks. So wußte er zum Beispiel, wie man Kokain mit Abführmitteln für Kleinkinder strecken konnte, wie man tiefe Fleischwunden mit einer ganz normalen Nähnadel nähen konnte, und eines Tages hatte er Randy auch den Trick verraten, wie man einen Betrunkenen daran hindern konnte, nach dem Vorbild von Bon Scott, dem Bandleader der AC/DC, am eigenen Erbrochenen zu ersticken.

»Wenn du jemanden aus der Bewußtlosigkeit holen willst, dann versuche das mal.«

Randy beschloß den Trick bei LaVerne auszuprobieren. Er beugte sich über sie und biß sie, so fest er konnte, ins Ohrläppchen.

Heißes, bitteres Blut spritzte an seinen Gaumen. LaVernes Augen flogen auf wie zwei Rolladen, sie stieß einen heiseren Schrei aus und versuchte ihm einen Schlag zu versetzen. Randy sah über ihre Schulter hinweg; von dem Ding war nur noch ein Teil zu erkennen, der Rest war schon unter dem Floß. Das Ding hatte die Fähigkeit, sich sehr leise und mit einer unheimlichen Geschwindigkeit zu bewegen.

Er schüttelte und schüttelte das Mädchen. Sie schlug ihm ins Gesicht und traf sein Nasenbein, Randy sah rote Sterne.

»Hör auf damit!« schrie er sie an. »Das Ding ist unter uns, und wenn du nicht sofort aufhörst, laß ich dich ins Wasser fallen, ich schwör's dir.«

Ihre Hände schlossen sich um seinen Hals. Er sah das Weiß ihrer Augäpfel im Sternenlicht schimmern.

»Laß mich los!« Sie dachte nicht daran, ihn loszulassen. »Laß mich los, LaVerne, du erwürgst mich ja!«

Ihr Griff wurde fester. Panik überkam Randy. Das dumpfe Schlagen der Tonnen unter dem Floß klang jetzt merkwürdig gedämpft, vermutlich lag das an der schwarzen Masse, die sich um das Metall gelegt hatte.

»Ich kriege keine Luft mehr!«

Er spürte, wie sie den Griff lockerte.

»Jetzt hör mal zu. Ich lege dich jetzt auf das Floß. Es kann gar nichts passieren, wenn du...«

Sie hatte nur gehört *ich lege dich jetzt auf das Floß*. Ihre Finger wurden zu Krallen. Er hielt sie mit dem rechten Arm umschlungen. Er stieß ihr seine Nägel in den Rükken. Sie begann zu treten. Er hörte ihr Stöhnen, ganz nahe an seinem Ohr. Fast hätte er das Gleichgewicht verloren. Sie spürte, wie er schwankte. Nur die Angst, mit ihm hinzufallen, veranlaßte sie, ihren Kampf gegen ihn zu unterbrechen.

»Du brauchst dich doch nur hinzustellen, LaVerne.«

»Nein!« keuchte sie, er spürte ihren heißen Atem auf seinen Wangen.

»Es kann dir nichts tun, wenn du genau auf den Brettern stehst.«

»Nein, bitte nicht. Halt mich fest, sonst schnappt es nach mir, ich weiß, daß es mich...«

Wieder schlug er ihr seine Nägel in den Rücken. Sie schrie auf vor Schmerz und vor Zorn. »Du läßt mich jetzt los, LaVerne, oder ich laß dich fallen.«

Behutsam ließ er sie auf die Bretter sinken, ihr Keuchen vermischte sich mit seinem Stöhnen, Flöte und Oboe. Als ihre Fußspitzen das Holz berührten, begann sie zu tanzen, als seien die Bretter mit heißen Kohlen belegt.

»Stell dich richtig hin!« zischte er. »Ich bin nicht Deke, ich bin nicht so stark, daß ich dich die ganze Nacht halten kann!«

»Deke...«

»Tot.«

Er spürte, wie sie auf den Brettern Halt gewann. Er gab sie frei. Sie standen einander gegenüber wie zwei Ballettänzer. Er sah ihr in die Augen. LaVerne war nur noch Angst. *Wann wird es mich berühren?* Sie öffnete und schloß den Mund wie ein Goldfisch.

»Randy«, flüsterte sie, »wo ist es?«

»Unter uns. Sieh's dir an.«

Sie sah es sich an. Er stand neben ihr. Sie sahen, wie die Schwärze alle Fugen füllte.

»Randy, bitte...«

»Pssst!«

Sie standen da und warteten.

Randy hatte vergessen, seine Uhr abzunehmen, als er ins Wasser lief. Sie ging noch. Er betrachtete den Minutenzeiger. Eine Viertelstunde verstrich. Es war Viertel nach acht, als das schwarze Wesen sich wieder neben dem Floß blicken ließ. Es glitt in den See hinaus, um in einer Entfernung von etwa fünf Metern zu verharren.

»Ich werde mich jetzt hinsetzen«, sagte er.

»Nein!«

»Ich bin müde«, erwiderte er. »Ich setze mich hin, und du paßt auf das Ding auf. Du darfst es nur nicht direkt ansehen. Wir wechseln uns ab, wenn ich aufstehe, kannst du dich hinsetzen. Hier.« Er gab ihr seine Armbanduhr. »Fünfzehn Minuten.«

»Es hat Deke gefressen«, flüsterte sie.

»Ja.«

»Was ist das für ein Wesen, Randy?«

»Ich weiß es nicht.«

»Mir ist kalt.«

»Mir auch.«

»Dann nimm mich in die Arme.«

»Ich habe dich lange genug in den Armen gehalten.« Sie gab es auf.

Er setzte sich. Es war ein himmlisches Gefühl, sich auf die Bretter niederzulassen, und es war reine Glückseligkeit, nicht mehr das Ding anstarren zu müssen. Statt dessen beobachtete er LaVerne. Es war wichtig, daß sie an dem Wesen vorbeisah. Die Farben...

»Was sollen wir tun, Randy?«

Er dachte nach.

»Warten«, sagte er.

Als fünfzehn Minuten vorüber waren, stand er auf. Er gab LaVerne eine halbe Stunde, eine Viertelstunde stand sie, und eine weitere Viertelstunde lag sie. Dann half er ihr aufstehen. Sie stand eine Viertelstunde neben ihm, er ruhte sich aus. So wechselten sie sich ab. Es war Viertel nach zehn, als eine kalte Mondsichel am Himmel erschien. Um halb elf hallte ein schriller Schrei über den See, LaVerne fuhr zusammen.

»Reg dich nicht auf«, sagte er. »Das ist nur ein Seetaucher.«

»Mir ist eiskalt, Randy. Meine Glieder werden gefühllos.«

»Ich kann nichts daran ändern.«

»Nimm mich in den Arm«, sagte sie. »Du mußt mich in den Arm nehmen. Wir können doch nebeneinander sitzen und auf das Ding aufpassen, oder?«

Er widersprach ihr, aber dann war ihm selbst so kalt, daß er seinen Widerstand aufgab. »Okay.«

Sie saßen nebeneinander und hielten sich umschlungen, und dann passierte etwas, natürlich oder pervers, es passierte. Randy spürte, wie sein Glied steif wurde, seine Hand fand zu LaVernes Brüsten. Er hörte, wie das Mädchen vor Wonne zu stöhnen begann, ihre Hand stahl sich in seine Unterhose.

Er streichelte die Wärme ihres Schoßes und legte sie auf den Rücken.

»Nein«, sagte sie, aber zugleich beschleunigte sie die Bewegung ihrer Finger, die sich um sein Glied geschlossen hatten.

»Ich passe auf das Ding auf«, sagte er. Sein Herz war eine mächtige Pumpe, die das Blut durch den Körper trieb. Er spürte, wie die Hitze aus seinen Poren strömte. »Ich kann's gut sehen.«

Sie murmelte etwas, er verstand nicht, was sie sagen wollte. Er spürte, wie sie ihm die Hose über die Hüften streifte. Er hielt den Blick auf das schwarze Ding gerichtet. Dann war er in ihr. Wärme. Gott, war sie warm. Ein gurgelndes Geräusch entrang sich ihrer Kehle. Ihre Finger schlossen sich um sein Gesäß.

Er starrte das Ding an. Es bewegte sich nicht. Er beobachtete es. Er beobachtete es sehr aufmerksam. Die Empfindung, die LaVerne ihm verschaffte, war unglaublich süß. Randy war kein Junge, der viel Erfahrung mit Frauen hatte, aber er war auch kein blutiger Anfänger auf sexuellem Gebiet; er hatte mit drei Mädchen geschlafen, und noch nie war es so schön gewesen. LaVerne stöhnte, sie schob ihm ihre Hüften entgegen. Das Badefloß begann zu schaukeln. Das härteste Wasserbett der Welt. Das Murmeln der leeren Fässer unter den Brettern war zu hören.

Er sah, wie die Farben im Schwarz erstanden, sinnliche Farben, diesmal gab sich das Ding gar nicht bedrohlich; er beobachtete es, und er beobachtete die Farben. Er lag da mit weit aufgerissenen Augen. Er fror nicht mehr. Ihm war warm, so warm wie im Juni, als er am Strand gelegen und die Sonne auf der winterweißen Haut gespürt hatte, die Sonne hatte seine Haut gerötet, hatte ihr

(Farbe)

verliehen, Farbe und Bräune. Der erste Tag am Strand, der erste richtige Sommertag, die Oldies von den Beach Boys spielen, eine Kassette von den Ramones, die Ramones hatten eine Botschaft, die Botschaft bedeutete, man konnte per Anhalter an den Rockaway Beach fahren, Sand, Strand, Farben

(es bewegt sich, es beginnt sich zu bewegen)

das Gefühl von Sommer, das Muster war etwa so, Gary U.S. Bonds, keine Vorlesungen mehr, Ferien, ich sitze irgendwo auf den Zuschauerbänken, auf der nichtüberdachten Tribüne, und sehe mir die Yankees an, auf dem Strand Mädchen im Bikini, der Strand, feste Brüste, auf denen das Coppertone-Hautöl schimmert, duftendes Coppertone, und wenn das Bikiniunterteil knapp genug geschnitten ist, kann ich ihr

(Haar sehen, ihr Haar, Haar, Haar, IHR HAAR HÄNGT INS WASSER, O MEIN GOTT, INS WASSER, IHR HAAR!)

Er fuhr hoch, er versuchte LaVerne hochzureißen, aber das Ding war schneller, es schlängelte sich mit öliger Gewandtheit auf LaVernes Haaren entlang, bis alles mit einer dicken schwarzen Schicht bedeckt war, und als es Randy gelang, das Mädchen an sich zu ziehen, schrie sie,

sie war schwer von der Schwärze; das Ding wuchs als farbige Spirale aus dem Wasser und formte sich zu einer unerbittlichen Membrane, Scharlachrot gemischt mit Zinnober, flammendes Smaragdgrün, düsteres Ocker.

Wie eine Welle überschwemmte das Ding LaVernes Gesicht.

Die Füße des Mädchens führten einen Trommelwirbel auf. Das Ding war, wo LaVernes Gesicht gewesen war. Das Blut rann ihr in Strömen über den Hals. Sie schrie und weinte, ohne daß sie sich schreien und weinen hören konnte. Randy stand über ihr, er setzte den Fuß an ihre Hüfte und trat zu. Er sah, wie sich ihr Körper um die eigene Achse drehte, ein Mädchen im schwarzen Schnee, ihre Beine waren wie Alabaster, das im Mondenschein leuchtete. Endlos lang schäumte und spritzte das Wasser an der Stelle, wo sie hineingefallen war, es war, als hinge der größte Fisch der Welt am Haken.

Randy weinte. Er weinte, und dann weinte er zur Abwechslung noch etwas mehr.

Eine halbe Stunde später — die Oberfläche des Wassers war inzwischen wieder ganz ruhig — begannen die Seetaucher zu schreien.

Die Nacht dauerte ewig.

Viertel nach fünf wurde es im Osten hell. Randy spürte so etwas wie gute Laune und frischen Mut, aber das war eine Täuschung, so wie das Morgengrauen eine Täuschung war. Er stand auf dem Badefloß, mit halbgeschlossenen Augen, sein Kinn war auf die Brust gesunken. Er hatte auf den Brettern gekauert. Dann war er plötzlich aufgewacht — er hatte gar nicht bemerkt, wie er eingeschlafen war, und er fand das im nachhinein sehr beängstigend. Das unaussprechliche Geräusch der zusammengerollten Leinwand war wieder da. Er sprang hoch, Sekunden bevor die schmatzende, saugende Schwärze seine Zehen erreichen konnte. Er keuchte und biß sich auf die Lippen, bis sie bluteten.

Eingeschlafen. Du bist eingeschlafen, du Idiot!

Nach dem Aufwachen war eine halbe Stunde vergangen, als das Ding unter dem Floß hervorglitt. Die Fugen waren wieder frei, aber Randy wagte es nicht mehr, sich hinzusetzen. Er hatte Angst, er würde wieder einschlafen und nicht rechtzeitig aufwachen.

Er stand breitbeinig auf den Brettern, als Licht, richtiges Licht, am Himmel erschien. Die ersten Vögel begannen zu singen. Die Sonne ging auf. Um sechs Uhr war es so hell, daß er den Uferstreifen erkennen konnte. Dekes gelber Camaro stand noch immer dort, wo er ihn geparkt hatte, die Schnauze berührte den Zaun. Vor dem Wagen lagen T-Shirts und Pullover und vier Paar Jeans im Sand. Die Jeans anzusehen, erfüllte Randy mit Grauen. Und das, obwohl er ganz sicher gewesen war, daß es nicht mehr schlimmer kommen konnte. Er erkannte sein eigenes Paar Jeans, ein Hosenbein war ausgestülpt, das Futter der Hosentasche war zu erkennen. Die Jeans waren ein Bild von Sicherheit, sie schienen nur darauf zu warten, daß er sie aufhob und das ausgestülpte Bein wieder hineinschob. Randy hatte die Angewohnheit, die Hosentasche festzuhalten, wenn er das Hosenbein seiner Jeans wieder hineinschob, damit das Kleingeld nicht herausfiel, und jetzt war es ihm, als könnte er das Rauschen der Baumwolle auf seinen Schenkeln hören, er meinte den Messingknopf des Hosenbundes an seinen Fingern zu spüren...

Er sah nach links, wo das Ding im See schwamm, schwarz, rund wie ein Damestein, von der sanften Dünung geschaukelt. Farben erschienen im Schwarz, und

der bunte Wirbel machte Randy so schwindlig, daß er sofort in eine andere Richtung blickte.

»Geh nach Hause«, krächzte er. »Geh nach Hause,
oder geh nach Kalifornien und bewirb dich als Monster
für einen Roger-Corman-Film.«

Irgendwo am Himmel dröhnte ein Flugzeug, und Randy dachte: *Wir sind als vermißt gemeldet worden, alle vier.
Die Suchtrupps schwärmen aus, Horlicks ist der Ausgangs-
punkt. Ein Farmer sagt aus, daß er von einem gelben Camaro
überholt worden ist, der Wagen sei ihm vorgekommen ›wie eine
Fledermaus, die aus dem Höllenfeuer entflieht‹. Die Suche kon-
zentriert sich auf die Gegend um Cascade Lake. Es gibt ein paar
Flieger, die sich mit ihren Privatflugzeugen an der Suche betei-
ligen, und einer dieser Männer, ein Typ, der eine Beechcraft
Twin Bonanza fliegt, meldet über Funk, daß er einen Jungen
auf einem Floß sehen kann, einen Jungen, einen Überlebenden,
einen . . .*

Er fing sich, taumelte vom Rande des Floßes zurück,
versetzte sich einen Fausthieb auf die Nase und schrie
auf vor Schmerz.

Das schwarze Ding kam pfeilschnell zum Floß ge-
schossen. Er sah, wie es sich unter die Tonnen quetschte.
Wahrscheinlich konnte das Ding hören, oder es konnte
fühlen, *oder . . .*

Randy wartete.

Diesmal dauerte es fünfundvierzig Minuten, bis es
wieder unter dem Floß hervorkam.

Nachmittag.

Randy weinte.

Er weinte, weil das Ding jedesmal, wenn er sich setzen
wollte, unter das Floß schlüpfte. Es war also mit so etwas
wie Verstand begabt, es konnte fühlen oder sich ausrech-
nen, daß er ihm ausgeliefert war, sobald er sich hinsetzte.

»Geh weg«, heulte Randy. Das große schwarze Ding hatte die Form eines Maulwurfs angenommen. Drüben am Uferstreifen, nur fünfzig Meter vom Badefloß entfernt, turnte ein Eichhörnchen auf der Motorhaube des Camaro herum. »Bitte, geh weg, Ding, bitte, laß mich in Ruhe...«

Das Ding verharrte regungslos. Auf der Oberfläche erschien der Farbenwirbel. Randy ließ seinen Blick zum Ufer wandern, auf der Suche nach Hilfe, aber das Ufer war menschenleer, es gab keine Hilfe. Nur seine Jeans lagen dort, das Hosenbein verkehrt herum, das weiße Futter der Hosentasche leuchtete. Inzwischen sahen die Jeans nicht mehr so aus, als erwarteten sie, je wieder aufgehoben und angezogen zu werden. Sie sahen aus wie eine Reliquie.

Randy dachte: *Wenn ich eine Waffe hätte, würde ich mich jetzt erschießen.*

Er verharrte stehend.

Die Sonne ging unter.

Drei Stunden später tauchte der Mond auf.

Und kurz darauf begannen die Seetaucher zu schreien.

Wenig später drehte Randy sich um. Er betrachtete das schwarze Wesen, das auf dem Wasser schwamm. Er hatte keine Waffe, also konnte er seinem Leben kein Ende setzen. Aber vielleicht konnte das Ding es so einrichten, daß es nicht weh tat, vielleicht war das der Sinn der Farben im Schwarz.

»Zeig mir was Schönes«, sagte Randy.

Die Farben formten sich zu einem Wirbel. Diesmal blickte Randy nicht weg. Der Schrei eines Seetauchers hallte über das Wasser.

Der Gesang der Toten

(Die Meeresstraße)

»Die Meeresstraße war damals breiter«, erzählte Stella Flanders ihren Urenkeln im letzten Sommer ihres Lebens, dem Sommer, bevor sie Gespenster zu sehen begann. Die Kinder schauten sie mit großen fragenden Augen an, und ihr Sohn Alden drehte sich nach ihr um. Er saß auf der Veranda und schnitzte. Es war Sonntag, und sonntags fuhr Alden nie mit dem Boot hinaus, ganz egal, wie hoch der Hummerpreis auch sein mochte.

»Was meinst du damit, Oma?« fragte Tommy, aber die alte Frau gab keine Antwort. Sie saß schweigend in ihrem Schaukelstuhl neben dem kalten Ofen, und mit ihren Pantoffeln streifte sie leise über den Fußboden.

»Was meint sie damit?« fragte Tommy seine Mutter.

Lois schüttelte nur lächelnd den Kopf und schickte die Kinder mit Milchkannen zum Beerenpflücken.

Stella dachte: Sie hat es vergessen. Oder hat sie es nie gewußt?

Die Meeresstraße war früher breiter gewesen. Wenn jemand das wissen konnte, so war es Stella Flanders. Sie war 1884 geboren, sie war die älteste Bewohnerin von Goat Island, und sie war in ihrem ganzen Leben nie auf dem Festland gewesen.

Liebst du? Diese Frage quälte sie jetzt oft, und dabei wußte sie nicht einmal, was sie eigentlich zu bedeuten hatte.

Der Herbst kam, ein kalter Herbst ohne den notwendigen Regen, der den Bäumen erst ihre herrlichen Farben schenkte. Es regnete weder auf Goat Island noch auf Raccoon Head jenseits der Meeresstraße auf dem Festland. Der Wind blies in jenem Herbst lange, kalte Töne, und Stella spürte, wie jeder dieser Töne in ihrem Herzen widerhallte.

Am 19. November, als der erste Schnee von einem Himmel fiel, der die Farbe weißen Chroms hatte, feierte Stella ihren Geburtstag. Die meisten Dorfbewohner kamen zum Gratulieren. Hattie Stoddard kam, deren Mutter 1954 an einer Brustfellentzündung gestorben und deren Vater 1941 mit dem ›Dancer‹ untergegangen war. Es kamen Richard und Mary Dodge − Richard, der von schwerer Arthritis geplagt wurde, humpelte mühsam am Stock den Pfad zu ihrem Haus empor. Natürlich kam auch Sarah Havelock; Sarahs Mutter Annabelle war Stellas beste Freundin gewesen. Sie hatten gemeinsam die Inselschule besucht, von der ersten bis zur achten Klasse, und Annabelle hatte Tommy Frane geheiratet, der sie in der fünften Klasse an den Haaren gezogen und zum Weinen gebracht hatte, ebenso wie Stella Bill Flanders geheiratet hatte, der einmal alle ihre Schulbücher − sie hatte sie unter den Arm geklemmt gehabt − mit einem kräftigen Stoß in den Dreck befördert hatte (aber sie hatte sich die Tränen verbissen). Jetzt waren sowohl Annabelle als auch Tommy tot, und von ihren sieben Kindern lebte nur noch Sarah auf der Insel. Ihr Mann, George Havelock, den alle nur Big George genannt hatten, war 1967 − jenem Jahr, als man vom Fischfang nicht leben konnte − drüben auf dem Festland eines gräßlichen Todes gestorben. Ihm war versehentlich die Axt ausgerutscht, es hatte Blut gegeben − zuviel Blut! − und drei Tage später war er auf der Insel beerdigt worden. Und als Sarah zu Stellas Geburtstagsfeier kam und weinend »Herzlichen Glückwunsch, Oma!« rief, nahm Stella sie fest in ihre Arme und schloß die Augen.

(liebst du?)

aber sie weinte nicht.

Es gab einen riesigen Geburtstagskuchen. Hattie hatte ihn zusammen mit ihrer besten Freundin, Vera Spruce, gebacken. Die ganze Gesellschaft sang »Happy Birthday to you«, so laut, daß sie sogar den Wind übertönte... zumindest für kurze Zeit. Sogar Alden sang mit, obwohl er normalerweise nur ›*Onward Christian Soldiers*‹ und die Doxologie in der Kirche sang und ansonsten nur die Lippen bewegte, mit gesenktem Kopf und hochroten Henkelohren. Auf Stellas Kuchen brannten 95 Kerzen, und trotz des Singens hörte sie den Wind, obwohl ihr Gehör nicht mehr so gut wie früher war.

Sie hatte den Eindruck, als riefe der Wind ihren Namen.

»Ich war nicht die einzige«, hätte sie Lois' Kindern erzählt, wenn sie gekonnt hätte. »Zu meiner Zeit gab es viele, die auf der Insel lebten und starben. Damals gab es noch kein Postboot; Bull Symes brachte die Post mit. Es gab auch keine Fähre. Wenn man auf Raccoon Head etwas zu erledigen hatte, brachte der Ehemann einen mit dem Hummerfangboot hin. Wenn ich mich recht erinnere, so gab's bis 1946 auf der Insel kein Wasserklosett. Es war Bulls Sohn Harold, der das erste einbauen ließ, ein Jahr, nachdem Bull beim Netzeauslegen an einem Herzschlag gestorben war. Ich erinnere mich noch daran, wie sie Bull nach Hause trugen. Ich erinnere mich daran, daß sie ihn in eine Plane gehüllt rauftrugen, und daß einer seiner grünen Stiefel herausragte. Ich erinnere mich...«

Und die Kinder hätten gefragt: »Woran, Oma? Woran erinnerst du dich?«

Was hätte sie ihnen geantwortet? War da sonst noch etwas gewesen?

Am ersten Wintertag, etwa einen Monat nach der Geburtstagsfeier, öffnete Stella die Hintertür, um Brennholz zu holen, und entdeckte auf der Veranda einen toten Sperling. Sie bückte sich schwerfällig, hob ihn an einem Bein hoch und betrachtete ihn.

»Erfroren«, murmelte sie, und etwas in ihrem tiefsten Innern sagte ein anderes Wort. Es war 40 Jahre her, seit sie einen erfrorenen Vogel gesehen hatte – 1938. In jenem Jahr, als die Meeresstraße zugefroren war.

Sie schauderte, hüllte sich fester in ihren Mantel und warf den toten Sperling im Vorbeigehen in den alten rostigen Verbrennungsofen. Es war ein kalter Tag. Der Himmel war klar und tiefblau. Am Abend ihres Geburtstages waren Schnee gefallen, aber er war kurz darauf getaut, und seitdem hatte es nicht mehr geschneit. »Jetzt wär's aber langsam Zeit«, sagte Larry McKeen vom Kaufladen der Insel weise, als wollte er den Winter herausfordern, doch fernzubleiben.

Am Holzstapel angelangt, nahm Stella sich einen Armvoll Scheite und trug sie zum Haus. Ihr klar umrissener Schatten folgte ihr.

Als sie die Hintertür erreichte, wo der Vogel gelegen hatte, sprach plötzlich Bill zu ihr – aber der Krebs hatte Bill vor 12 Jahren dahingerafft. »Stella«, sagte Bill, und sein Schatten fiel neben sie; er war länger als ihr eigener, aber ebenso scharf umrissen. Der Schirm seiner Mütze war fröhlich seitwärts gedreht – sie sah es an seinem Schatten. So hatte er die Mütze immer aufgesetzt. Stella spürte, wie ihr ein Schrei in der Kehle steckenblieb. Er war zu gewaltig, um ihr über die Lippen zu kommen.

»Stella«, sagte er wieder. »Wann kommst du rüber zum Festland? Wir holen uns Norm Jolleys alten Ford und fahren nur so zum Spaß zu Bean's in Freeport. Was hältst du davon?«

Sie drehte sich abrupt um und hätte dabei fast ihr Holz fallen gelassen — niemand war da. Ihr Hinterhof erstreckte sich ein Stück hügelabwärts, unten war die wilde weiße Grasfläche und dahinter, ganz am Ende, lag klar umrissen die Meeresstraße, die ihr heute breiter als sonst erschien... und dahinter das Festland.

»Oma, was ist eigentlich eine Meeresstraße?« hätte Lona sie fragen können... obwohl sie es nie getan hatte. Und Stella hätte ihr die Antwort gegeben, die jeder Fischer auswendig hersagen konnte: Eine Meeresstraße ist ein Wasserstreifen zwischen Land auf zwei Seiten, ein Wasserstreifen, der an beiden Seiten offen ist. Es gab einen alten Witz der Hummerfänger, der so ging: Wißt ihr, was es bringt, Jungs, bei dichtem Nebel den Kompaß abzulesen? Man stellt dabei fest, daß zwischen Jonesport und London eine mächtig breite Meeresstraße verläuft.

»Meeresstraße — das ist das Wasser zwischen der Insel und dem Festland«, hätte sie näher ausführen können, während sie ihnen Sirupkuchen und heißen Tee mit Zucker gab. »Soviel weiß ich genau. Das weiß ich so gut wie den Namen meines Mannes... und wie er seine Mütze aufzusetzen pflegte.«

»Oma?« hätte Lona weiterfragen können. »Wie kommt es, daß du nie auf der anderen Seite der Meeresstraße gewesen bist?«

»Liebling«, hätte sie dann geantwortet, »ich habe nie einen Grund dafür gehabt.«

Im Januar, zwei Monate nach der Geburtstagsfeier, fror die Meeresstraße zum erstenmal seit 1938 zu. Über den Rundfunk wurden Insel- und Festlandbewohner gewarnt, dem Eis nicht zu trauen, aber Stewie McClelland und Russell Bowie holten nach einem langen Nachmittag, den sie mit Apfelweintrinken verbracht hatten, trotzdem Stewies großes Schneemobil raus, und natürlich brach es im Eis ein. Stewie gelang es, das Ufer zu erreichen (obwohl ihm dabei ein Fuß abfror). Doch Russel Bowie verschlang die Meeresstraße und trug ihn davon.

Am 25. Januar fand ein Gedächtnisgottesdienst für Russell statt. Stella ging am Arm ihres Sohnes Alden hin, und er formte lautlos die Worte der Hymnen und brummte kräftig mit seiner mißtönenden Stimme die Doxologie vor dem Segen. Danach saß Stella mit Sarah Havelock und Hattie Stoddard und Vera Spruce im Schein des Holzfeuers im Untergeschoß der Gemeindehalle, wo ein Leichenschmaus für Russell stattfand, bei dem es Punsch und hübsche kleine dreieckige Käsesandwiches gab. Die Männer gingen natürlich öfter mal hinaus, um etwas Stärkeres als Punsch zu kippen. Russell Bowies Witwe saß wie betäubt mit roten Augen neben Ewell McCracken, dem Geistlichen. Sie war im siebten Monat schwanger — es würde ihr fünftes Kind sein —, und Stella, die in der Wärme des Holzofens halb vor sich hindöste, dachte: *Sie wird die Meeresstraße schon bald überqueren, nehm ich an. Vermutlich wird sie nach Freeport oder Lewiston ziehen und dort als Kellnerin arbeiten.*

Sie wandte sich wieder Vera und Hattie zu, um zu hören, worüber gerade geredet wurde.

»Nein, ich hab's nicht gehört«, sagte Hattie. »Was hat Freddy denn gesagt?«

Sie sprachen von Freddy Dinsmore, dem ältesten Mann auf der Insel (*aber zwei Jahre jünger als ich*, dachte Stella befriedigt), der 1960 seinen Laden an Larry McKeen verkauft hatte und jetzt im Ruhestand war.

»Er hat gesagt, er hätte so 'nen Winter noch nie erlebt«, sagte Vera und holte ihr Strickzeug hervor. »Er sagt, dieser Winter würde die Leute krank machen.«

Sarah Havelock schaute Stella an und fragte, ob sie

schon einmal so einen Winter erlebt hätte. Immer noch war kein Schnee gefallen; die Erde war nackt und braun und gefroren. Am Vortag war Stella etwa 30 Schritt weit übers hintere Feld gegangen und hatte ihre rechte Hand in Oberschenkelhöhe waagrecht gehalten, und mit einem Geräusch wie von zerbrechendem Glas war das Gras klirrend abgeknickt.

»Nein«, sagte Stella. »Die Meeresstraße ist '38 schon einmal zugefroren, aber damals gab es Schnee. Erinnerst du dich noch an Bull Symes, Hattie?«

Hattie lachte. »Ich glaub, ich hab immer noch die blauen Flecken von der Neujahrsfeier '53, als er mir auf meinen Allerwertesten schlug. Er hat *so* fest zugeschlagen. Was war mit ihm?«

»Bull und mein Mann haben in jenem Jahr einen Ausflug aufs Festland gemacht«, sagte Stella. »Im Februar 1938 war das. Sie sind auf Schneeschuhen bis zu Dorrit's Tavern auf Raccoon Head gelaufen, haben dort jeder 'n Whisky getrunken und sind dann wieder zurückgekommen. Sie wollten, daß ich mitgehe. Sie waren wie zwei kleine Jungs, die sich aufs Schlittenfahren freuen.«

Sie schauten Stella an, tief bewegt von diesem Wunder. Sogar Vera schaute sie mit großen Augen an, und Vera hatte die Geschichte bestimmt früher schon mal gehört. Wenn man den Gerüchten Glauben schenken wollte, so hatten Bull und Vera einmal was miteinander gehabt, obwohl es, sowie sie jetzt aussah, schwerfiel zu glauben, daß sie jemals so jung gewesen war.

»Und du bist nicht mitgegangen?« fragte Sarah, die vielleicht die weite Fläche der Meeresstraße vor ihrem geistigen Auge sah, so weiß, daß sie in der kalten Wintersonne bläulich schimmerte, das Funkeln der Schneekristalle, das näher rückende Festland — hinüber*gehen*, ja, über das Meer zu wandeln wie Jesus über den See, die Insel einmal, ein einziges Mal im Leben *zu Fuß* verlassen...

»Nein«, sagte Stella. Sie wünschte mit einem Mal, sie hätte auch ihr Strickzeug mitgebracht. »Ich bin nicht mitgegangen.«

»Warum denn *nicht*?« fragte Hattie fast entrüstet.

»Es war Waschtag«, antwortete Stella ziemlich barsch, und dann brach Missy Bowie, Russells Witwe, in lautes Schluchzen aus. Stella blickte hinüber, und da saß Bill Flanders in seiner rot-schwarz-karierten Jacke, die Mütze schief auf dem Kopf, und rauchte eine Herbert Tareyton, während er sich eine zweite für später hinters Ohr gesteckt hatte. Einen Moment lang stand ihr fast das Herz still.

Sie stöhnte leise auf, aber genau in diesem Augenblick zerbarst ein Knorren im Ofen mit einem Geräusch wie ein Gewehrschuß, und keine ihrer Freundinnen hörte ihr Stöhnen.

»Armes Ding«, sagte Sarah fast zärtlich.

»Sie sollte froh sein, diesen Taugenichts los zu sein«, knurrte Hattie. Sie suchte nach den richtigen Worten, um den verstorbenen Russell Bowie zu charakterisieren und drückte die bittere Wahrheit schließlich folgendermaßen aus: »Der Mann war doch im Grunde genommen ein richtiger Luftikus und Liederjan. Keine Träne würde ich dem Kerl nachweinen.«

Stella hörte kaum hin. Da saß Bill, so dicht neben Reverend McCracken, daß er ihn ohne weiteres hätte in die Nase zwicken können, wenn ihm der Sinn danach gestanden hätte. Er sah nicht älter als vierzig aus; die Krähenfüße um seine Augen herum, die sich später so tief eingegraben hatten, waren kaum zu sehen, und er trug seine Flanellhose, seine Gummistiefel und darunter die grauen Wollsocken, die sorgfältig um die Stiefelschäfte umgeschlagen waren.

»Wir warten auf dich, Stel«, sagte er. »Du mußt rüberkommen und dir das Festland anschauen. Dieses Jahr wirst du nicht mal Schneeschuhe brauchen.«

Da saß er in der Gemeindehalle, so groß wie eh und je, und dann explodierte wieder ein Knorren im Ofen, und er war plötzlich verschwunden. Und Reverend McCrakken fuhr fort, Missy Bowie zu trösten, so als wäre nichts geschehen.

An jenem Abend rief Vera Annie Phillips an und erwähnte im Laufe des Gesprächs, daß Stella Flanders nicht gut aussehe, gar nicht gut aussehe.

»Alden hätte bestimmt 'nen ganz schönen Kampf auszufechten, um sie von der Insel wegzubringen, wenn sie krank würde«, sagte Annie. Annie mochte Alden, weil ihr eigener Sohn Toby ihr erzählt hatte, daß Alden nichts Stärkeres als Bier trinke. Annie selbst war strikte Antialkoholikerin.

»Er würde sie überhaupt nicht von hier wegkriegen, es sei denn, sie läge schon im Koma«, sagte Vera. »Wenn Stella ›Frosch‹ sagt, hüpft Alden. Weißt du, mit Aldens Verstand ist's ja nicht allzuweit her. Stella sagt ihm immer, was er zu tun hat.«

»Tatsächlich?«

In diesem Moment setzte ein metallisches Knacken in der Leitung ein. Sekundenlang konnte Vera Annie Phillips noch hören — nicht die Worte, nur die Stimme im Hintergrund des Knackens —, und dann war die Leitung tot. Ein besonders heftiger Windstoß hatte die Telefonkabel runtergefegt, vielleicht in den Godlin's Pond, vielleicht auch unten in die Bucht. Möglicherweise waren sie auch auf der anderen Seite der Meeresstraße, auf Raccoon Head, runtergekommen... und manche Leute sagten vielleicht sogar (und das nur halb im Scherz), daß Russell Bowie eine kalte Hand emporgereckt und das Kabel heruntergerissen hatte, um den Inselbewohnern einen Streich zu spielen.

Keine 700 Fuß entfernt lag Stella Flanders unter ihrer Steppdecke und lauschte Aldens Schnarchkonzert im Nebenzimmer. Sie tat es, um nicht dem Wind lauschen zu müssen... aber sie hörte den Wind trotzdem, o ja; er fegte über die gefrorene Fläche der Meeresstraße, anderthalb Meilen Wasser, das jetzt mit Eis überzogen war, Eis, unter dem sich Hummer und Barsche verbargen, und vielleicht auch die gespenstisch tanzende Leiche von Russell Bowie, der jedes Jahr im April ihren Garten umgegraben hatte.

Wer wird ihn diesen April umgraben? fragte sie sich, während sie zusammengerollt und fröstelnd unter der Steppdecke lag. Und wie im Traum, den man in einem Traum sieht, antwortete ihre Stimme ihrer Stimme: *Liebst du?* Der Wind heulte und rüttelte am Winterfenster. Es kam ihr so vor, als spräche das Winterfenster zu ihr, aber sie wandte ihr Gesicht ab. Und weinte nicht.

»Aber, Oma«, hätte Lona sie vielleicht weiter bedrängt (sie gab nie auf, Lona nicht; sie glich darin ihrer Mutter und ihrer Großmutter), »du hast uns immer noch nicht erklärt, warum du nie die Meeresstraße überquert hast.«

»Nun, mein Kind, ich hatte immer alles, was ich wollte, hier auf Goat Island.«

»Aber die Insel ist doch so klein. Wir wohnen in Portland. Dort gibt's Busse, Oma!«

»Ich sehe im Fernsehen zur Genüge, was in den großen Städten los ist. Nein, ich bleibe lieber, wo ich bin.«

Hal war jünger, aber einfühlsamer. Er hätte sie nicht so be-

drängt wie seine Schwester, aber seine Frage wäre näher an den Kern der Sache herangekommen. »Wolltest du nie das Festland sehen, Oma? Nie?«

Und dann hätte sie sich vorgebeugt und seine kleinen Hände in die ihrigen genommen und ihm erzählt, wie ihre Eltern kurz nach der Hochzeit auf die Insel gekommen waren, und wie Bull Symes' Großvater Stellas Vater als Lehrling auf sein Boot genommen hatte. Sie hätte ihm erzählt, daß ihre Mutter viermal schwanger gewesen war, aber einmal davon eine Fehlgeburt gehabt hatte; ein zweites Baby war eine Woche nach seiner Geburt gestorben — ihre Mutter hätte die Insel verlassen, wenn man das Kind im Krankenhaus auf dem Festland hätte retten können, aber bevor ihr dieser Gedanke überhaupt kam, war schon alles vorbei.

Sie hätte den Kindern erzählt, daß sich Bill bei ihrer Großmutter Jane als Geburtshelfer betätigt hatte, aber sie hätte ihnen verschwiegen, daß er hinterher ins Badezimmer gegangen war und sich zuerst übergeben und dann geweint hatte wie eine hysterische Frau, die besonders starke Menstruationsbeschwerden hat. Jane hatte dann natürlich schon mit vierzehn die Insel zum erstenmal verlassen, um auf dem Festland die High School zu besuchen; damals heirateten die Mädchen nicht mehr so früh, und als Jane mit dem Boot abgefahren war — in jenem Monat war Bradley Maxwell an der Reihe gewesen, die Kinder zum Festland und zurück auf die Insel zu bringen —, hatte Stella schon tief im Herzen gewußt, daß ihre Tochter zwar noch eine Zeitlang zurückkommen, dann aber die Insel für immer verlassen würde. Sie hätte den Kindern erzählt, daß Alden zehn Jahre nach Jane auf die Welt gekommen war, als Bill und sie die Hoffnung schon aufgegeben hatten, und als wollte er seine verspätete Ankunft wettmachen, lebte Alden immer noch; er war Junggeselle geblieben, und in mancher Hinsicht war Stella froh darüber, denn Alden war nicht der Hellste, und es gab schließlich genügend Frauen, die einen Mann mit schwerfälligem Ver-

stand und weichem Herzen nur ausnützen wollten (natürlich hätte sie das den Kindern auch nicht erzählt).

Aber sie hätte sagen können: »Louis und Margaret Godlin zeugten Stella Godlin, die Stella Flanders wurde; Bill und Stella Flanders zeugten Jane und Alden Flanders, und Jane Flanders wurde Jane Wakefield; Richard und Jane Wakefield zeugten Lois Wakefield, die Lois Perrault wurde; David und Lois Perrault zeugten Lona und Hal. Das sind eure Namen, Kinder: ihr seid Godlin-Flanders-Wakefield-Perraults. Auch ihr könnt diese steinige Insel nicht verleugnen, und ich — ich bleibe hier, weil das Festland unerreichbar weit entfernt ist. Ja, ich liebe; jedenfalls habe ich geliebt oder zumindest versucht zu lieben, aber die Erinnerungen sind so weit und so tief, und ich kann nicht auf die andere Seite gelangen. Godlin-Flanders-Wakefield-Perrault . . .

Es war der kälteste Februar, seit der Nationale Wetterdienst Aufzeichnungen über die Temperaturen machte, und Mitte des Monats war das Eis auf der Meeresstraße einbruchsicher. Schneemobile summten und heulten und kippten um, wenn sie die Eisberge nicht richtig anfuhren. Kinder versuchten, Schlittschuh zu laufen, stellten aber fest, daß das Eis dazu viel zu holperig war und kehrten zum Godlin's Pond auf der anderen Hügelseite zurück, doch erst nachdem der kleine Justin McCracken, der Sohn des Pfarrers, mit seinem Schlittschuh in eine Eisspalte geraten war und sich den Knöchel gebrochen hatte. Er wurde ins Krankenhaus auf dem Festland gebracht, wo ein Arzt ihm sagte, das Bein würde in Kürze wieder so gut wie neu sein.

Freddy Dinsmore starb ganz plötzlich drei Tage nach Justin McCrackens Beinbruch. Er hatte im Januar eine Grippe bekommen, wollte aber keinen Arzt zu sich lassen und erzählte allen, es wäre »nur eine Erkältung, weil ich ohne meinen Schal rausgegangen bin, um die Post zu holen«; und dann legte er sich ins Bett und starb, bevor man ihn aufs Festland bringen und an all jene Apparaturen anschließen konnte, die in den Krankenhäusern für Leute wie Freddy bereitstanden. Sein Sohn George — ein Säufer ersten Ranges im zumindest für Säufer fortgeschrittenen Alter von 68 Jahren — fand Freddy mit den ›Bangor Daily News‹ in einer Hand und seiner ungeladenen Remington neben der anderen. Offenbar hatte der Alte sie gerade reinigen wollen, als der Tod ihn ereilte. George Dinsmore begab sich auf eine dreiwöchige Sauftour, die von jemandem finanziert wurde, der wußte, daß George die Lebensversicherung seines Vaters bekommen würde. Hattie Stoddard ging überall herum und erzählte jedem, der es hören wollte, dieser alte George Dinsmore sei ein Luftikus und Liederjan, und sein Benehmen sei eine einzige Schande und Sünde.

Überall kursierte die Grippe. Die Schule schloß für zwei Wochen und nicht wie sonst üblich für nur eine, weil soviel Kinder krank waren. »Ohne Schnee gibt's jede Menge Bazillen«, sagte Sarah Havelock.

Gegen Ende des Monats, gerade als die Inselbewohner anfingen, trügerische Hoffnungen in den März zu setzen, bekam auch Alden Flanders die Grippe. Fast eine Woche lief er damit herum, dann legte er sich mit sehr hohem Fieber ins Bett. Wie Freddy, so wollte auch er keinen Arzt haben, und Stella pflegte ihn, gönnte sich keine Ruhe und machte sich große Sorgen. Alden war zwar nicht so alt wie Freddy, aber der Jüngste war er ja auch nicht mehr.

Schließlich fiel dann doch noch Schnee. Sechs Zoll am Valentinstag, weitere sechs am 20. Februar, und am 29. bei starkem Nordwind gleich zwölf Zoll. Ungewohnt war der Blick auf die verschneite Fläche zwischen Bucht und

Festland, wo um diese Jahreszeit seit Menschengedenken nur graues tosendes Wasser gewesen war. Viele Leute gingen zu Fuß zum Festland und zurück. Man brauchte nicht einmal Schneeschuhe, weil der Schnee zu einer festen, glitzernden Kruste gefroren war. Stella dachte, daß vielleicht auch sie auf dem Festland einen Schluck Whisky tranken, allerdings nicht in Dorrit's Tavern, denn die war 1958 abgebrannt.

Und sie sah Bill viermal. Einmal sagte er: »Du solltest bald kommen, Stella. Wir werden tanzen gehen. Was hältst du davon?«

Sie konnte nichts sagen. Sie hatte sich die Faust in den Mund gesteckt.

»Hier gab es alles, was ich jemals wollte oder brauchte«, hätte sie ihren Urenkeln sagen können. »Wir hatten das Radio, und jetzt haben wir auch das Fernsehen, und das ist alles, was ich von der Welt jenseits der Meeresstraße will. Ich hatte jahraus, jahrein meinen Garten. Und Hummer? Nun, wir hatten hinten auf dem Herd immer einen Hummereintopf stehen, und wenn der Pfarrer uns besuchen kam, stellten wir den Topf in die Speisekammer, damit er nicht sah, daß wir die ›Arme-Leute-Suppe‹ aßen.

Ich habe gutes und schlechtes Wetter erlebt, und wenn es je Zeiten gab, wo ich mich fragte, wie es wohl sein mochte, wirklich im Sears herumzuschlendern anstatt nur nach dem Katalog zu bestellen, oder wie es sein mochte, in einen jener Supermärkte zu gehen anstatt im hiesigen Laden einzukaufen oder Alden aufs Festland rüberzuschicken, wenn etwas Besonderes wie ein Weihnachtskapaun oder ein Osterschinken benötigt wurde... oder wenn ich mir je wünschte, einmal, nur einmal auf der Congress Street in Portland zu stehen und all die Leute in ihren Autos und auf den Gehwegen zu sehen, mehr Leute auf einen Blick als die Insel heute Bewohner zählt... wenn ich mir solche

Dinge je gewünscht habe, so habe ich dies hier doch stets vorgezogen. Ich bin nicht seltsam. Ich bin keine Ausnahme. Für eine Frau meines Alters bin ich nicht überspannt. Ich glaube eben mit ganzer Seele, daß es besser ist, tief zu pflügen als viel.

Dies ist meine Heimat, und ich liebe sie.«

Eines Tages im März, als der Himmel so weiß und so beängstigend war wie ein Gedächtnisverlust, saß Stella Flanders zum letzten Mal in ihrer Küche, schnürte zum letzten Mal ihre Stiefel über ihren mageren Waden und wickelte sich zum letzten Mal ihren leuchtendroten Wollschal (Hattie hatte ihn ihr vor drei Jahren zu Weihnachten geschenkt) um den Hals. Unter ihrem Kleid trug sie eine Garnitur von Aldens langer Unterwäsche. Das Taillenband der Unterhose ging ihr bis zu den schlaffen Brüsten, das Unterhemd fast bis zu den Knien.

Draußen kam wieder stärkerer Wind auf, und im Radio wurde für den Nachmittag Schneefall angesagt. Sie zog ihren Mantel und ihre Handschuhe an. Nach kurzer Überlegung zog sie darüber noch ein Paar von Aldens Handschuhen. Alden hatte sich von der Grippe erholt, und an diesem Vormittag waren er und Harley Blood drüben bei Missy Bowie, um eine Wintertür wieder einzuhängen. Missy hatte ein Mädchen zur Welt gebracht. Stella hatte es gesehen, und das arme kleine Würmchen hatte eine verblüffende Ähnlichkeit mit seinem toten Vater.

Stella stand einen Augenblick am Fenster und blickte auf die Meeresstraße hinab, und dort war Bill, wie sie schon vermutet hatte; er stand etwa auf halbem Weg zwischen Insel und Festland, stand auf dem Wasser wie Jesus und winkte ihr zu, und mit seinem Winken schien er ihr sagen zu wollen, daß es höchste Zeit war, wenn sie die Absicht hatte, noch in diesem Leben einen Fuß aufs Festland zu setzen.

»Wenn du's unbedingt willst, Bill«, murrte sie. »Weiß Gott, *ich* will's nicht.«

Aber der Wind sprach andere Worte. Sie *wollte*. Sie wollte dieses Abenteuer erleben. Es war ein schmerzhafter Winter für sie gewesen – die Arthritis, die sich von Zeit zu Zeit bemerkbar machte, hatte sie mit besonderer Heftigkeit überfallen und ihre Finger- und Kniegelenke mit rotem Feuer und blauem Eis gemartert. Ein Auge war trüb geworden, so daß sie damit nur noch verschwommen sehen konnte (und ausgerechnet am nächsten Tag hatte Sarah – mit einigem Unbehagen – festgestellt, daß Stellas Feuermal, das sie seit über 30 Jahren hatte, plötzlich sprungartig größer zu werden schien). Am schlimmsten war aber, daß die heftigen Magenschmerzen wieder eingesetzt hatten, und vor zwei Tagen war sie um fünf Uhr morgens aufgestanden, über den kalten Fußboden ins Bad gewankt und hatte einen großen Klumpen hellrotes Blut in die Toilette gespuckt. Und an diesem Morgen hatte sich der Vorfall wiederholt. Das Blut war ekelhaft und stank nach Fäule.

Die Magenschmerzen waren in den letzten fünf Jahren immer wieder gekommen und gegangen, manchmal schwächer, manchmal heftiger, und sie hatte fast von Anfang an gewußt, daß es nur Krebs sein konnte. Er hatte ihre Mutter und ihren Vater dahingerafft, und ebenso auch den Vater ihrer Mutter. Keiner von ihnen war älter als siebzig geworden, und so konnte sie eigentlich ganz zufrieden sein – sie hatte allen Wahrscheinlichkeits-Berechnungstabellen der Lebensversicherungen zum Trotz ein sehr hohes Alter erreicht.

»Du ißt wie ein Scheunendrescher«, hatte Alden grinsend gesagt, kurz nachdem die Schmerzen begonnen hatten und sie zum erstenmal Blut im Morgenstuhl bemerkt hatte. »Weißt du denn nicht, daß alte Leute wie du angeblich nur noch wenig Appetit haben?«

»Halt den Mund, oder es setzt was!« hatte Stella geantwortet und gegen ihren grauhaarigen Sohn die Hand erhoben, der sich zum Spaß geduckt und gerufen hatte: »Nicht, Ma! Ich nehm's ja zurück!«

Ja, sie hatte herzhaft gegessen, nicht weil sie soviel Appetit hatte, sondern weil sie glaubte (wie viele Menschen ihrer Generation), daß der Krebs sie in Ruhe lassen würde, wenn sie ihn gut fütterte. Und vielleicht funktionierte das tatsächlich, zumindest eine Weile; das Blut in ihrem Stuhl kam und ging, und manchmal war lange Zeit überhaupt keines zu sehen. Alden gewöhnte sich daran, daß sie meistens eine zweite Portion aß (und auch eine dritte, wenn die Schmerzen besonders schlimm waren), aber sie nahm nicht ein Gramm zu.

Jetzt schien der Krebs aber schließlich doch dahin vorgedrungen zu sein, was die Franzosen ›pièce de résistance‹ nennen.

Sie ging zur Tür und sah an einem der Holznägel im Flur Aldens Mütze hängen, die mit den pelzgefütterten Ohrklappen. Sie setzte sie auf — der Schirm rutschte ihr bis zu den buschigen, einstmals dunklen Augenbrauen, die nun aber schon größtenteils weiß waren — und blickte sich dann ein letztes Mal um. Sie wollte sich vergewissern, daß sie nichts vergessen hatte. Im Ofen brannte ein schwaches Feuer, und Alden hatte die Abzugsklappe wieder zu weit geöffnet — sie hatte es ihm unzählige Male erklärt, aber er vergaß es immer wieder.

»Alden, du wirst jeden Winter einen Viertelklafter Holz mehr verbrauchen, wenn ich nicht mehr da bin«, murmelte sie und öffnete die Ofentür. Sie warf einen Blick hinein und stieß einen leisen entsetzten Schrei aus. Sie warf die Ofentür zu und stellte mit zitternden Fingern die Abzugsklappe richtig ein. Einen Moment lang — den Bruchteil einer Sekunde — hatte sie in der Kohlenglut das Gesicht ihrer alten Freundin Annabelle France gesehen. Es war haargenau ihr Gesicht gewesen, bis hin zu dem Grübchen in ihrer Wange.

Hatte auch Annabelle ihr zugewinkt?

Sie überlegte, ob sie Alden einen Zettel schreiben und ihm erklären sollte, wohin sie gegangen war, aber dann dachte sie, daß Alden es vermutlich auch so verstehen würde. Auf seine eigene langsame Weise würde er schon den richtigen Schluß ziehen.

Während ihr Verstand immer noch Sätze für diesen Zettel formulierte — *Seit dem ersten Wintertag habe ich mehrmals deinen Vater gesehen, und er sagt, sterben sei nicht so schlimm; zumindest glaube ich, daß es das ist, was er mir sagen will...* — trat Stella in den weißen Tag hinaus.

Der Wind stürzte sich sofort auf sie, und sie mußte Aldens Mütze noch etwas tiefer ziehen, damit der Wind sie ihr nicht stehlen und nur so zum Spaß davontragen konnte. Die Kälte schien durch jede kleinste Ritze ihrer Kleidung tief in sie einzudringen; feuchte Märzkälte, die nassen Schnee ankündigte.

Sie ging den Hügel hinab, in Richtung Bucht. Behutsam setzte sie ihre Füße auf die Ziegel, mit denen George Dinsmore in Abständen den Pfad ausgelegt hatte. Einmal hatte George auf dem Festland Arbeit gefunden: er sollte für die Stadt Raccoon Head mit dem Motorpflug pflügen, aber während des großen Sturms im Jahre '77 hatte er sich mit Whisky so vollaufen lassen, daß er dann nicht nur einen, auch nicht zwei, sondern gleich drei Strommasten über den Haufen gefahren hatte. Fünf Tage lang hatten die Leute drüben in Raccoon Head kein Licht gehabt. Stella erinnerte sich jetzt wieder daran, wie sonderbar es gewesen war, über die Meeresstraße hinweg zu blicken und auf der anderen Seite nur Dunkelheit zu sehen. Man war so sehr daran gewöhnt, drüben die kleine tapfere Lichtergruppe zu sehen. Jetzt arbeitete George nur noch auf der Insel, und nachdem es hier keine Motorpflüge gab, konnte er nicht viel Unheil anrichten.

Als Stella an Russell Bowies Haus vorbeiging, sah sie die totenblasse Missy aus dem Fenster schauen. Stella winkte ihr zu. Missy winkte zurück.

Sie hätte ihren Urenkeln erzählen können: »Auf der Insel haben wir uns immer selbst um alles gekümmert. Als Gerd Henreid sich damals den Blutgefäßriß in der Brust zugezogen hatte, aßen wir alle einen ganzen Sommer lang zum Abendessen nur einfachen Eintopf, um seine Operation in Boston bezahlen zu können — und Gerd kehrte lebendig auf die Insel zurück, Gott sei Dank. Als George Dinsmore jene Strommasten über den Haufen fuhr und die Stromwerke sein Haus pfänden wollten, sorgten wir dafür, daß sie ihr Geld bekamen, und daß George genügend Arbeit hatte, um sich Zigaretten und Schnaps kaufen zu können ... warum auch nicht? Nach Feierabend taugte er sowieso für nichts anderes, aber wenn er erst einmal angekurbelt war, schuftete er wie ein Ackergaul. Daß er jenes eine Mal in Schwierigkeiten geraten war, hatte nur daran gelegen, daß er abends arbeiten mußte, und der Abend war für ihn eben die Zeit zum Trinken. Sein Vater hat ihn jedenfalls immer durchgefüttert. Und jetzt ist da die arme Missy Bowie, die mit fünf Kindern allein zurückgeblieben ist. Vielleicht wird sie doch hierbleiben und ihr Geld von der Fürsorge und von der Hilfsorganisation ADC bekommen; es wird höchstwahrscheinlich nicht ausreichen, aber sie wird hier jede Hilfe erhalten, die sie braucht. Vermutlich wird sie weggehen, aber wenn sie auf der Insel bleibt — verhungern wird sie hier auf gar keinen Fall ... und hört gut zu, Lona und Hal: Wenn sie hier auf der Insel bleibt, wird sie vielleicht imstande sein, etwas von dieser kleinen

Welt mit der schmalen Meeresstraße auf der einen Seite und der unendlich breiten Meeresstraße auf der anderen Seite zu bewahren, etwas, das sie nur allzu leicht verlieren könnte, wenn sie in Lewiston mit Essenstellern oder in Portland mit Kuchen oder im ›Nashville North‹ in Bangor mit Drinks herumhasten muß. Und ich bin alt genug, um nicht wie eine Katze um den heißen Brei herumzuschleichen, was dieses Etwas sein könnte: eine besondere Existenzform, eine ganz bestimmte Lebensweise — ein ungewöhnlich starkes Gefühl der Zusammengehörigkeit, der Solidarität.«

Sie hatten hier auf der Insel die Dinge immer selbst in die Hand genommen, auch in anderer Hinsicht, aber das hätte sie ihren Urenkeln nicht erzählt. Die Kinder hätten es nicht verstanden, auch Lois und David nicht — Jane hatte allerdings die Wahrheit noch gekannt. Da war Norman und Ettie Wilsons Baby gewesen; es kam mongoloid auf die Welt, die armen winzigen Füßchen nach innen abgewinkelt, das kahle Köpfchen plump und deformiert; zwischen den Fingerchen hatte es Schwimmhäute, so als hätte es zu lange und zu tief geträumt, während es in jener Meeresstraße im Mutterleibe herumgeschwommen war. Reverend McCracken kam damals, um das Baby zu taufen, und am nächsten Tag erschien Mary Dodge, die schon zu jener Zeit bei über hundert Geburten als Hebamme dabei gewesen war, und Norman ging mit Ettie den Hügel hinab, um Frank Childs neues Boot anzuschauen, und obwohl Ettie kaum laufen konne, ging sie ohne zu klagen mit ihm, auch wenn sie auf der Türschwelle noch einmal stehenblieb und zu Mary Dodge hinüberschaute, die ruhig neben der Wiege des Kindes saß und strickte. Mary blickte kurz auf, und als ihre Augen sich trafen, brach Eddie in Tränen aus. »Komm«, sagte Norman tieftraurig, »komm, Eddie, komm mit.« Und als sie eine Stunde später zurückkamen, war das Baby tot, und war es nicht eine Gnade Gottes, daß es so schnell gestorben war, ohne leiden zu müssen? Und viele Jahre vor diesem Ereignis, noch vor dem Krieg, zur Zeit der großen Depression, waren drei kleine Mädchen auf dem Heimweg von der Schule belästigt worden, nicht allzu schlimm belästigt — sichtbare Narben hatten sie zumindest nicht zurückbehalten. Alle drei erzählten von einem Mann, der gesagt hatte, er würde ihnen ein Kartenspiel zeigen, wo auf jeder Karte eine andere Hunderasse abgebildet wäre. Er würde ihnen diese herrlichen Karten zeigen, sagte der Mann, wenn die kleinen Mädchen mit ihm in die Büsche gingen, und in den Büschen erklärte der Mann dann: »Aber zuerst müßt ihr das da anfassen.« Eines der kleinen Mädchen war Gert Symes, die später — 1978 — für ihre Arbeit in Brunswick High zur ›Lehrerin des Jahres von Maine‹ gewählt worden war. Und die damals erst fünfjährige Gert erzählte ihrem Vater, daß dem Mann an einer Hand ein paar Finger gefehlt hätten. Eines der beiden anderen Mädchen bestätigte das. Das dritte konnte sich an nichts erinnern. Stella wußte noch genau, wie Alden an einem gewittrigen Tag in einem Sommer wegging, ohne ihr zu sagen wohin, obwohl sie ihn gefragt hatte. Sie blickte ihm aus dem Fenster nach und sah, daß am Ende des Pfades Bull Symes auf ihn wartete, und dann stieß Freddy Dinsmore zu ihnen, und unten an der Bucht sah sie ihren eigenen Mann, der morgens wie gewöhnlich mit seinem Eßgeschirr unter dem Arm zur Arbeit gegangen war. Andere Männer gesellten sich zu ihnen, und als sie sich schließlich auf den Weg machten, zählte Stella elf Männer, unter ihnen auch den Vorgänger von Reverend McCracken. Und an jenem Abend wurde ein Bursche namens Daniels am Fuße von Slyder's Point tot aufgefunden, wo die Felsen aus dem Meer ragen wie die Fangzähne eines Drachen, der mit offenem Maul ertrunken ist. Dieser Daniels war ein Mann, den Big George Havelock eingestellt hatte, damit er ihm helfen sollte, neue

Fußböden in seinem Haus zu verlegen und in seinen Last-
wagen einen neuen Motor einzubauen. Daniels stammte aus
New Hampshire, und er war ein wahrer Meister im Reden
und hatte genügend andere Aushilfsjobs gefunden, nachdem
die Arbeit bei den Havelocks beendet war ... und wie herr-
lich er immer in der Kirche gesungen hatte! Offensichtlich,
so hieß es, war Daniels oben auf Slyder's Point herumspa-
ziert, ausgerutscht und hinabgestürzt. Er hatte sich das Ge-
nick gebrochen, und sein Schädel war zertrümmert. Da er,
soviel bekannt war, keine Familie hatte, wurde er auf der
Insel beerdigt, und der Vorgänger von Reverend McCracken
hielt die Grabrede und sagte, dieser Daniels sei ein guter
Arbeiter gewesen, der richtig zupacken konnte, obwohl ihm
an der rechten Hand zwei Finger gefehlt hätten. Dann spen-
dete er den Segen, und die Leute gingen in die Gemeinde-
halle, wo sie Punsch tranken und Käsesandwiches aßen.
Stella hatte ihre Männer nie gefragt, wohin sie an jenem
Tag, als Daniels von Slyder's Point abstürzte, gegangen
waren.

»Kinder«, hätte sie sagen können, »wir haben immer alles
selbst in die Hand genommen. Wir mußten es tun, denn die
Meeresstraße war damals breiter, und wenn der Wind heul-
te, und die Brandung toste, und es früh dunkel wurde, ka-
men wir uns sehr klein vor, winzige Stäubchen in den Au-
gen unseres Schöpfers. Deshalb war es ganz natürlich, daß
wir einander die Hände reichten und eine enge Gemein-
schaft bildeten.

Wir reichten einander die Hände, Kinder, und wenn es
Zeiten gab, wo wir uns fragten, was für einen Sinn das al-
les hätte, oder ob es so etwas wie Liebe überhaupt gäbe, so
kam das nur daher, weil wir in langen Winternächten den
Wind und die Brandung gehört hatten und uns fürchte-
ten.

Nein, ich hatte nie das Bedürfnis, die Insel zu verlassen.

*Hier war mein Platz, hier war mein Leben. Damals war die
Meeresstraße breiter.«*

Stella erreichte die Bucht. Der Wind blähte ihre Kleidung
auf wie eine Fahne. Sie blickte nach rechts und links.
Wenn jemand zu sehen gewesen wäre, wäre sie noch ein
Stück am Ufer weitergegangen und hätte ihr Glück bei
den umgestürzten Felsen versucht, obwohl sie vereist
waren. Aber kein Mensch war in der Nähe, und so ging
sie den Pier entlang, vorbei am alten Bootshaus. Am Ende angelangt, blieb sie einen Moment lang mit erhobe-
nem Haupt stehen und lauschte dem Heulen des Windes, das durch die pelzgefütterten Ohrenklappen nur gedämpft zu hören war.

Dort draußen stand Bill und winkte. Hinter ihm, jenseits der Meeresstraße, konnte sie drüben auf Raccoon
Head die Congo Church sehen; nur die Kirchturmspitze
hob sich vom weißen Himmel kaum ab.

Stöhnend setzte sie sich auf die Kante des Piers und
ließ sich dann auf die Schneekruste hinabgleiten. Ihre
Stiefel sanken dabei ein wenig ein. Sie rückte Aldens
Mütze wieder zurecht — wie sehr der Wind sie ihr doch
vom Kopf reißen wollte! — und begann, auf Bill zuzuge-
hen. Einmal dachte sie daran, einen Blick zurückzuwer-
fen, aber dann ließ sie es lieber bleiben. Sie glaubte das
nicht ertragen zu können.

Sie bewegte sich stetig vorwärts. Ihre Stiefel knirschten
auf der Schneekruste, und die Eisfläche vibrierte leicht
unter ihren Füßen. Dort war Bill — er stand jetzt ein
Stück weiter hinten, aber er winkte immer noch. Sie hustete und spuckte Blut auf den weißen Schnee, der das
Eis bedeckte. Jetzt dehnte sich die Meeresstraße nach allen Seiten zu weit aus, und zum erstenmal in ihrem Leben konnte sie ohne Aldens Fernglas das Schild ›Stan-

ton's Bait and Boat‹ drüben am anderen Ufer lesen. Sie sah auf der Hauptstraße von Raccoon Head Autos hin- und herfahren und dachte mit Staunen: *Sie können fahren, so weit sie wollen... Portland... Boston... New York City. Stell sich das einer vor!* Und sie konnte es sich fast vorstel- len, konnte sich fast eine Straße vorstellen, die immer weiterführte, der die Welt weit offenstand.

Eine Schneeflocke wirbelte an ihren Augen vorbei. Noch eine. Eine dritte. Gleich darauf schneite es leicht, und sie ging durch eine herrlich weiße, sich ständig ver- ändernde Welt. Sie sah Raccoon Head wie durch einen dünnen Schleier, der manchmal fast verschwand. Wie- der rückte sie Aldens Mütze zurecht, und von deren Schirm fiel ihr Schnee in die Augen. Der Wind wirbelte den Neuschnee zu nebelhaften Figuren auf, und in einer davon sah sie Carl Abersham, der zusammen mit Hattie Stoddards Mann mit dem ›Dancer‹ untergegangen war.

Bald schneite es aber heftiger, und alle Konturen ver- schwammen. Die Hauptstraße von Raccoon Head wurde immer unwirklicher und verschwand schließlich ganz. Eine Weile konnte sie noch das Kreuz auf der Kirche se- hen, aber dann entschwand es ebenfalls ihren Blicken. Als letztes verschwand das leuchtend gelbe Schild mit der schwarzen Aufschrift ›Stanton's Bait und Boat‹, wo man auch Motorenöl, Fliegenfänger, Sandwiches und Budweiser bekommen konnte.

Dann ging Stella durch eine völlig farblose Welt, einen grauweißen Schneetraum. *Genau wie Jesus, der auf dem Wasser wandelte*, dachte sie, und nun warf sie doch einen Blick zu- rück, aber inzwischen war auch die Insel verschwunden. Sie sah ein Stück weit ihre eigenen Fußspuren, deren Umrisse immer undeutlicher wurden, bis zuletzt nur noch die Halb- kreise ihrer Absätze ganz schwach zu erkennen waren... und dann nichts mehr. Überhaupt nichts mehr.

Sie dachte: *Es ist eine richtige Waschküche. Du mußt auf-passen, Stella, sonst komst du nie ans Festland, sondern läufst immer im Kreis herum, bis du erschöpft bist, und dann erfrierst du hier draußen.*

Ihr fiel ein, wie Bill ihr einmal erzählt hatte, wenn man sich im Wald verirre, müsse man so tun, als wäre das rechte Bein — wenn man Rechtshänder war, sonst das andere — lahm. Andernfalls würde dieses kräftigere Bein selbständig die Führung übernehmen, und man würde im Kreis gehen und das nicht einmal bemerken, bis man wieder bei seinen eigenen Fußspuren anlangte. Stella glaubte nicht, daß sie sich so etwas leisten konnte. Schneefall heute, in der Nacht und morgen, hatte es im Wetterbericht geheißen, und in dieser konturenlosen weißen Welt würde sie nicht einmal wissen, ob sie wie-der bei ihren eigenen Fußspuren angelangt war, denn der Wind und der Neuschnee würden sie schon lange vorher einhüllen.

Trotz der zwei Paar Handschuhe spürte sie ihre Hände nicht mehr, und ihre Füße waren schon seit einiger Zeit taub vor Kälte. In gewisser Weise war das sogar eine Er-leichterung, denn dadurch nahm sie auch die Arthritis nicht mehr wahr.

Stella begann künstlich zu hinken und zwang ihr lin-kes Bein zu größerer Leistung. Die Arthritis in ihren Knien war nicht eingeschlafen, und die Schmerzen wur-den immer heftiger. Vor Anstrengung bleckte sie die Zähne (sie hatte immer noch ihre eigenen, und nur vier fehlten), blickte starr geradeaus und wartete darauf, daß das gelbschwarze Schild aus dem umherwirbelnden Weiß auftauchen würde.

Aber es tauchte nicht auf.

Etwas später bemerkte sie, daß das strahlende Weiß zu einem eintönigeren Grau zu verblassen begann. Es schneite immer dichter und heftiger. Sie spürte zwar noch die feste Schneekruste unter ihren Füßen, aber jetzt mußte sie durch fünf Zoll hohen Neuschnee stapfen. Sie schaute auf ihre Uhr, doch sie war stehengeblieben. Stella dachte, daß sie zum erstenmal seit zwanzig oder dreißig Jahren vergessen haben mußte, die Uhr aufzuziehen. Oder war sie einfach endgültig stehengeblieben? Die Uhr hatte früher ihrer Mutter gehört, und Stella hatte sie zweimal Alden aufs Festland mitgegeben, wo Mr. Dostie in Raccoon Head sie zuerst gebührend bewundert und dann gereinigt hatte. Zumindest ihre Uhr war auf dem Festland gewesen.

Etwa eine Viertelstunde, nachdem sie das Abnehmen des Tageslichtes bemerkt hatte, fiel sie zum erstenmal hin. Einen Augenblick blieb sie so, auf Händen und Knien, und dachte, wie leicht es doch wäre, einfach hierzubleiben, sich möglichst klein zu machen und dem Wind zu lauschen, aber dann gewann ihre Entschlossenheit, mit deren Hilfe sie soviel schwierige Lebenssituationen gemeistert hatte, wieder die Oberhand, und sie richtete sich mit schmerzverzerrtem Gesicht auf. Sie stand im Wind, blickte geradeaus und strengte ihre Augen an... aber sie konnten nichts sehen.

Bald wird es dunkel sein.

Nun, sie mußte vom richtigen Weg abgekommen sein, nach rechts oder links, andernfalls hätte sie inzwischen schon das Festland erreicht. Sie glaubte jedoch nicht, sich so total verirrt zu haben, daß sie sich jetzt parallel zum Festland oder gar wieder in Richtung Goat Island bewegte. Ein innerer Kompaß in ihrem Kopf sagte ihr, daß sie das Hinken übertrieben hatte und zu weit nach links geraten war. Bestimmt ging sie immer noch auf das Festland zu, aber jetzt in einer zeitraubenden Diagonale.

Jener innere Kompaß wollte, daß sie sich rechts hielt,

aber sie hörte nicht auf ihn. Statt dessen ging sie geradeaus weiter, stellte aber das künstliche Hinken ein. Ein Hustenanfall schüttelte sie, und wieder färbte sich der weiße Schnee rot mit ihrem Blut.

Zehn Minuten später (das Grau nahm eine immer dunklere Schattierung an, und sie war jetzt umgeben vom gespenstischen Zwielicht eines dichten Schneesturms) stürzte sie erneut, und diesmal gelang es ihr erst beim zweiten Versuch, wieder auf die Beine zu kommen. Sie stand schwankend im Schnee, konnte sich im Wind kaum noch aufrecht halten und spürte, wie Schwächewellen sie überkamen und ihr abwechselnd ein Gefühl von Schwere und Leichtigkeit verliehen.

Vielleicht rührte das dumpfe Brausen in ihren Ohren nicht nur vom Wind her, aber es war mit Sicherheit der Wind, dem es endlich gelang, ihr Aldens Mütze vom Kopf zu reißen. Stella versuchte vergeblich, sie zu erhaschen – der Wind wirbelte sie außer Reichweite, ließ den leuchtend orangefarbenen Tupfen durch das dunkle Grau tanzen; dann rollte er sie ein Stückchen durch den Schnee, hob sie wieder auf und blies sie so weit weg, daß Stella sie nicht mehr sehen konnte. Gleichzeitig fegte er durch ihr Haar und zerzauste es kräftig.

»Macht nichts, Stella«, sagte Bill. »Du kannst meine aufsetzen.«

Sie schnappte nach Luft und schaute sich nach allen Seiten um. Sie hatte sich mit den behandschuhten Händen unwillkürlich an die Brust gegriffen, und sie spürte, wie scharfe Fingernägel sich in ihr Herz krallten.

Zunächst sah sie nichts als das dichte Schneegestöber – und dann kam aus der grauen Kehle dieses Abends, durch die der Wind mit der Stimme eines Teufels in einem Schneetunnel heulte, ihr Mann auf sie zu. Zuerst sah sie nur tanzende Farben im Schnee: Rot, Dunkelgrün, Hellgrün; dann verdichteten sich diese Farben zu einer Flanelljacke mit hochgestelltem Kragen, Flanellhosen und grünen Stiefeln. Mit einer fast absurd ritterlichen Geste hielt er ihr seine Mütze hin, und sein Gesicht war Bills Gesicht, wie es ausgesehen hatte, bevor es vom Krebs gezeichnet wurde (war das alles, wovor sie Angst gehabt hatte? Daß ein ausgemergelter Schatten ihres Mannes sie erwarten würde, eine Gestalt wie aus dem Konzentrationslager, mit überstraffer, durchscheinender Haut über den Backenknochen und tief in die Höhlen eingefallenen Augen?), und eine Woge der Erleichterung erfaßte sie.

»Bill? Bist du es wirklich?«

»Klar.«

»Bill!« sagte sie noch einmal glücklich und machte einen Schritt auf ihn zu. Ihre Beine ließen sie im Stich, und sie dachte, daß sie stürzen würde, mitten durch ihn hindurch — schließlich war er ja ein Geist —, aber er fing sie auf mit Armen, die so stark und kraftvoll waren wie einst, als er sie über die Schwelle des Hauses getragen hatte, in dem sie zuletzt nur noch mit Alden gelebt hatte. Er stützte sie, und einen Augenblick später spürte sie, wie die Mütze ihr fest auf den Kopf gedrückt wurde.

»Bist du's wirklich?« fragte sie wieder und blickte in sein Gesicht empor, betrachtete die Krähenfüße um seine Augen, die sich noch nicht tief in seine Haut eingegraben hatten, betrachtete den Schnee auf den Schultern seiner Jacke, betrachtete sein dichtes braunes Haar.

»Ich bin's«, sagte er. »Wir alle sind hier.«

Er vollführte zusammen mit ihr eine halbe Drehung, und sie sah die anderen aus dem Schnee auftauchen, den der Wind in der sich verdichtenden Dunkelheit über die Meeresstraße fegte. Ein Schrei — halb vor Freude, halb vor Angst — kam aus ihrem Mund, als sie Madeline Stoddard, Hatties Mutter, in einem blauen Kleid erblickte, das der Wind glockenförmig bauschte, und ihre Hand hielt Hatties Vater, kein vermodertes Skelett irgendwo auf dem Meeresgrund, sondern jung und unversehrt. Und dort, hinter den beiden...

»Annabelle!« rief sie. »Annabelle Frane, bist du's?«

Es *war* Annabelle; sogar in diesem Schneegestöber erkannte Stella das gelbe Kleid, das Annabelle bei Stellas Hochzeit getragen hatte, und als sie an Bills Arm auf ihre tote Freundin zutaumelte, glaubte sie, Rosenduft wahrzunehmen.

»*Annabelle!*«

»Wir sind jetzt fast da, Liebes«, sagte Annabelle und nahm ihren anderen Arm. Das gelbe Kleid, das seinerzeit als ›gewagt‹ bezeichnet worden war (das aber zum Glück für Annabelle und zur allgemeinen Erleichterung doch kein ›Skandal‹ gewesen war), ließ ihre Schultern frei, aber Annabelle schien die Kälte nicht zu spüren. Ihr langes weiches kastanienbraunes Haar wehte im Wind. »Nur noch ein kleines Stückchen.«

Sie bewegten sich wieder vorwärts; Bill und Annabelle stützten Stella. Andere Gestalten tauchten aus schneeiger Nacht auf (denn es *war* inzwischen Nacht geworden). Stella erkannte viele von ihnen, aber nicht alle. Tommy Frane hatte sich zu Annabelle gesellt; Big George Havelock, der in den Wäldern eines so gräßlichen Todes gestorben war, ging hinter Bill; da kam der Mann, der fast zwanzig Jahre lang Leuchtturmwärter von Raccoon Head gewesen war und der zu den Scribbage-Turnieren, die Freddy Dinsmore jeden Februar veranstaltete, immer auf die Insel zu kommen pflegte – sein Name lag Stella auf der Zunge, fiel ihr aber nicht ein. Und da war auch Freddy selbst! Etwas seitlich von Freddy ging ganz für sich, mit verwirrtem Gesichtsausdruck, Russell Bowie.

»Sieh mal, Stella«, sagte Bill, und sie sah etwas

Schwarzes aus der Dunkelheit emporragen wie die zerschellten Buge vieler Schiffe. Es waren aber keine Schiffe, es waren zerklüftete Felsen. Sie hatten das Festland erreicht. Sie hatten die Meeresstraße überquert.

Sie hörte Stimmen, war aber nicht sicher, ob sie wirklich sprachen:

Gib mir deine Hand, Stella...

(liebst)

Gib mir deine Hand, Bill...

(oh, liebst)

Annabelle... Freddy... Russell... John... Ettie... Frank... gebt mir die Hand... gebt mir die Hand... die Hand...

(liebst du)

»Willst du mir deine Hand geben, Stella?« fragte eine neue Stimme.

Sie schaute sich um, und da war Bull Symes. Er lächelte ihr freundlich zu, und doch spürte sie, wie Angst sie überkam, als sie es ihm an den Augen ablas, und einen Moment lang wich sie etwas zurück und umklammerte Bills Hand noch fester.

»Ist es...«

»Zeit?« fragte Bill. »O ja, Stella, ich glaub schon. Aber es tut nicht weh. Zumindest habe ich nie etwas davon gehört. All die Schmerzen — die hat man *vorher*.«

Plötzlich brach sie in Tränen aus — in all die Tränen, die sie nie geweint hatte — und legte ihre Hand in Bulls Hand. »Ja«, sagte sie, »ja, ich werde lieben, ja, ich liebte, ja, ich liebe.«

Sie standen im Kreis, die Toten von Goat Island, und der Wind heulte um sie herum und trieb den Schnee vor sich her, und eine Art Lied entrang sich Stellas Brust. Es stieg in den Wind empor, und der Wind trug es fort. Und dann sangen sie alle, wie Kinder mit ihren hohen lieblichen Stimmen singen, wenn ein Sommerabend in eine Sommernacht übergeht. Sie sangen, und Stella spürte, wie sie zu ihnen und mit ihnen ging, endlich jenseits der Meeresstraße angelangt. Ein bißchen tat es weh, aber nicht allzusehr; ihre Entjungferung war schmerzhafter gewesen. Sie standen im Kreis in der Nacht. Der Schnee wirbelte um sie herum, und sie sangen. Sie sangen, und...

... und Alden konnte es David und Lois nicht erzählen, aber im Sommer nach Stellas Tod, als die Kinder wie jedes Jahr für zwei Wochen auf die Insel kamen, erzählte er es Lona und Hal. Er erzählte ihnen, daß während der großen Winterstürme der Wind mit fast menschlichen Stimmen zu singen scheint, und daß es ihm manchmal so vorgekommen war, als könnte er sogar die Worte verstehen: »Praise God from whom all blessings flow, Praise Him, ye creatures here below...« / »Preiset Gott, von dem alle Gnaden kommen, Lobpreises IHN alle Geschöpfe hienieden...« /

Aber er erzählte ihnen nicht (man stelle sich nur einmal den langsamen, fantasielosen Alden Flanders vor, der so etwas laut sagt, wenn auch nur zu Kindern!), daß er manchmal diese Töne hörte und ihn dann fröstelte, auch wenn er dicht am Ofen saß; daß er dann seine Schnitzarbeit oder das Netz, das er flicken wollte, beiseite legte und dachte, daß der Wind mit den Stimmen all jener sang, die verstorben waren... daß sie irgendwo draußen auf der Meeresstraße standen und sangen wie Kinder. Er glaubte ihre Stimmen zu hören, und in solchen Nächten träumte er manchmal, daß er — ungesehen und ungehört — bei seiner eigenen Beerdigung die Doxologie sang.

Es gibt Dinge, die sich einfach nicht anderen mitteilen lassen, und es gibt andere, die zwar nicht direkt geheimnisvoll sind, über die man aber doch nicht spricht. Einen Tag, nachdem der Sturm sich ausgetobt hatte, hatten sie Stella erfroren auf dem Festland gefunden. Sie saß auf einem natürlichen Felsstuhl, etwa 100 Yards südlich der Stadtgrenzen von Raccoon Head. Der Arzt äußerte sein Erstaunen. Stella hatte einen Weg von mehr als vier Meilen zurückgelegt, und die bei unerwarteten, außergewöhnlichen Todesfällen gesetzlich vorgeschriebene Autopsie hatte Krebs in fortgeschrittenem Stadium ergeben — die alte Frau war davon ganz zerfressen gewesen. Hätte Alden David und Lois sagen sollen, daß die Mütze auf Stellas Kopf nicht die seinige gewesen war? Larry McKeen hatte diese Mütze wiedererkannt. Ebenso John Bensohn. Er hatte es in ihren Augen gelesen, und vermutlich hatten sie es in seinen Augen gelesen. Er war noch nicht so alt, daß er die Mütze seines toten Vaters vergessen hätte, ihre Form oder die Stellen, wo der Schirm eingerissen gewesen war.

»Das sind Dinge, über die man langsam nachdenken muß«, hätte er den Kindern gesagt, wenn er dafür die richtigen Worte gefunden hätte. »Dinge, über die man lange nachdenken muß, während die Hände ihre Arbeit verrichten und der Kaffee in einer stabilen Porzellankanne neben einem steht. Vielleicht sind es Fragen der Meeresstraße: singen die Toten? Und lieben sie die Lebenden?«

In den Nächten, nachdem Lona und Hal mit ihren Eltern in Al Currys Boot aufs Festland zurückgefahren waren und die Kinder zum Abschied gewinkt hatten, dachte Alden über diese und andere Fragen und über die Sache mit der Mütze seines Vaters nach.

Singen die Toten? Lieben sie?

In jenen langen einsamen Nächten, als seine Mutter Stella Flanders zu guter Letzt in ihrem Grabe lag, kam es Alden oft so vor, als täten sie beides.

Der Sensenmann

»Wir haben ihn letztes Jahr nach oben geschafft, und das war eine ganz schöne Arbeit«, sagte Mr. Carlin, während sie die Treppe hinaufgingen. »Aber eine andere Möglichkeit gab es nicht. Wir haben also bei Lloyd eine Versicherung abgeschlossen – vorher hätten wir uns nicht einmal getraut, ihn aus seinem Rahmen im Salon zu nehmen. Lloyd war die einzige Agentur, die eine Versicherungssumme in dieser Höhe akzeptiert hat.«

Spangler schwieg. Der Mann war ein Dummkopf. Johnson Spangler hatte schon vor langer Zeit gelernt, daß man mit einem Dummkopf am besten zurechtkam, wenn man ihn völlig ignorierte.

»Für eine Viertelmillion Dollar haben wir ihn versichert«, fuhr Mr. Carlin fort, als sie im ersten Stock angelangt waren. Seine Lippen verzogen sich zu einem halb bitteren, halb humorvollen Lächeln. »Hat uns 'ne ganz schöne Stange Geld gekostet.« Er war ein kleiner, nicht gerade schlanker Mann mit randloser Brille und einem braungebrannten Kahlkopf, der wie ein blankpolierter Volleyball glänzte. Eine Rüstung, die den mahagonigetäfelten Korridor bewachte, starrte sie teilnahmslos an.

Es war ein langer Korridor, und Spangler musterte im Vorbeigehen die Exponate mit kühlem Kennerblick. Samuel Claggert hatte eine Unmenge aller möglichen Dinge gekauft, aber er hatte dabei keinen erlesenen Geschmack bewiesen. Wie so viele Industriemagnate des ausgehenden 19. Jahrhunderts, die sich aus eigenen Kräften hochgearbeitet hatten, hatte auch Claggert sich zwar für einen Kunstsammler gehalten, war aber kaum jemals über das Niveau eines Mannes hinausgekommen, der Trödelmärkte und Pfandleihhäuser abklappert. Eine besondere Vorliebe hatte er stets für gräßlich kitschige Gemälde, Schundromane und sentimentale Gedichtsammlungen in teuren Ledereinbänden sowie scheußliche Skulpturen gehabt. Er hatte das alles für wahre Kunst gehalten.

Hier oben waren die Wände dicht behängt mit unechten marokkanischen Draperien, mit unzähligen Madonnen, die ihrerseits wieder unzählige Kinder mit Heiligenscheinen auf den Armen trugen, während unzählige Engel im Hintergrund umherflatterten, sowie mit grotesk verzierten Kandelabern — ein besonders scheußliches Exemplar war mit einer wollüstig lächelnden Nymphe geschmückt.

Natürlich hatte der alte Gauner auch einige sehr interessante Stücke erworben — das war nach der Wahrscheinlichkeitstheorie ja auch gar nicht anders zu erwarten. Und wenn das Samuel Claggert Memorial Private Museum (Führungen jeweils zur vollen Stunde — Eintrittspreise: Erwachsene 1 Dollar, Kinder 50 Cent) auch zu 98 Prozent nur Ramsch zu bieten hatte, so blieben da immer noch jene restlichen 2 Prozent — Raritäten wie das Combs-Gewehr über dem Kamin in der Küche, die seltsame kleine camera obscura im Arbeitszimmer und selbstverständlich der . . .

»Der DeIver-Spiegel wurde nach einem ziemlich unerfreulichen Vorfall aus dem Salon entfernt«, sagte Mr. Carlin plötzlich, offensichtlich zum Reden animiert durch das entsetzlich glänzende Porträt eines Unbekannten am Fuße der nächsten Treppe. »Es gab auch früher schon höchst bedauerliche Auftritte — harte Worte, wilde Behauptungen — aber dieser letzte Vorfall . . . das war wirklich ein Versuch, den Spiegel zu *zerstören*. Die Frau, eine Miß Sandra Bates, hatte einen Stein in ihrer Manteltasche. Glücklicherweise zielte sie schlecht und beschädigte nur eine Ecke des Rahmens. Der Spiegel blieb unversehrt. Diese Bates hatte einen Bruder...«

»Sie können sich Ihre üblichen Erklärungen sparen«, sagte Spangler ruhig. »Ich bin mit der Geschichte des DeIver-Spiegels bestens vertraut.«

»Sie ist faszinierend, nicht wahr?« fragte Carlin mit einem eigenartigen Seitenblick. »Da war jene englische Herzogin im Jahre 1709... und 1746 der Teppichhändler in Pennsylvania... ganz zu schweigen von...«

»Ich bin mit der Geschichte bestens vertraut«, wiederholte Spangler nachdrücklich. »Mich interessiert aber nur der künstlerische Wert. Und außerdem ist da natürlich noch die Frage der Echtheit.«

»Echtheit!« kicherte Mr. Carlin trocken. »Der Spiegel ist von Experten begutachtet worden, Mr. Spangler.«

»Das war auch bei der Lemlier-Stradivari der Fall.«

»Wie wahr!« gab Mr. Carlin seufzend zu. »Aber keine Stradivari hatte jemals die... die beunruhigende Wirkung des DeIver-Spiegels.«

»Selbstverständlich«, sagte Spangler leicht verächtlich. Er begriff jetzt, daß man Carlin nicht von seiner Überzeugung abbringen konnte; der Mann war nun einmal total abergläubisch. »Selbstverständlich.«

Schweigend erklommen sie die Treppen zum zweiten und dann zum dritten Stock. Hier oben, in Dachnähe des unregelmäßig angelegten Hauses, war es beklemmend heiß. Und nicht nur heiß — in den düsteren Galerien herrschte auch ein unangenehmer Geruch, der Spangler wohlvertraut war, weil er von jeher in dieser Atmosphäre arbeitete — es war ein Geruch nach toten Fliegen, die seit Ewigkeiten in dunklen Ecken lagen, nach Schimmel,

Moder und krabbelnden Holzläusen hinter der Wandtäfelung. Eben der typische Altersgeruch. Ein Geruch, den man nur in Museen und Mausoleen wahrnehmen kann. Ein ähnlicher Geruch mochte vielleicht dem Grabe einer seit vierzig Jahren verstorbenen Jungfrau entsteigen.

Hier oben herrschte ein furchtbares Durcheinander, wie in einem Trödelladen. Mr. Carlin führte Spangler durch ein wahres Labyrinth von Statuen, Porträts mit gesplitterten Rahmen und pompösen vergoldeten Vogelkäfigen, vorbei am rostigen Skelett eines Tandems. Er führte ihn zur hinteren Wand, zu einer Trittleiter, die an der Falltür in der Decke endete. An dieser Falltür hing ein verstaubtes Vorhängeschloß.

Links von der Trittleiter starrte sie eine Adonis-Imitation mit leerem pupillenlosem Blick an. Ein Arm der Statue war ausgestreckt, und am Handgelenk hing ein gelbes Schild mit der Aufschrift: ZUTRITT STRENG VERBOTEN.

Mr. Carlin holte einen Schlüsselbund aus der Jackentasche, nahm einen Schlüssel und begann die Trittleiter hinaufzusteigen. Auf der dritten Sprosse blieb er stehen. Sein kahler Schädel schimmerte im Halbdunkel. »Ich mag diesen Spiegel nicht«, erklärte er. »Ich habe ihn noch nie gemocht. Ich habe Angst, in diesen Spiegel zu schauen. Ich habe Angst, daß ich eines Tages hineinschauen und... und das sehen könnte, was die anderen sahen.«

»Sie sahen nichts als ihr eigenes Spiegelbild«, sagte Spangler.

Mr. Carlin setzte zum Sprechen an, schloß den Mund wieder, schüttelte den Kopf und verrenkte sich gleich darauf fast den Hals beim Versuch, den Schlüssel ins Schloß zu stecken. »Da müßte unbedingt ein neues Schloß hin«, murmelte er. »Es ist — verflucht noch mal!« Das Vorhängeschloß sprang plötzlich auf und fiel aus dem Riegel. Mr. Carlin versuchte es aufzufangen und wäre dabei um ein Haar von der Leiter gestürzt. Spangler fing es geschickt auf und blickte hoch. Sein Führer klammerte sich zitternd an die oberste Sprosse; sein Gesicht hob sich leichenblaß von dem bräunlichen Halbdunkel ab.

»Der Spiegel macht Sie *wirklich* nervös, nicht wahr?« sagte Spangler leicht verwundert.

Mr. Carlin gab keine Antwort. Er schien wie gelähmt zu sein.

»Kommen Sie herunter«, sagte Spangler. »Bitte. Sonst *stürzen* Sie noch!«

Carlin stieg langsam die Leiter hinab, wobei er sich so krampfhaft an den Sprossen festhielt, als befände sich unter ihm ein tiefer Abgrund. Sobald seine Füße festen Boden berührten, fing er an zu babbeln, so als hätte der Kontakt mit dem Fußboden irgendeinen Mechanismus in Gang gesetzt.

»Eine Viertelmillion!« stammelte er. »Eine Versicherung in Höhe einer Viertelmillion, nur um dieses... dieses *Ding* von unten nach oben zu schaffen. Dieses gottverdammte *Ding*. Sie mußten extra einen Flaschenzug montieren, um es in den Lagerraum dort oben unterm Dach zu bringen. Und ich habe inbrünstig gehofft — ja direkt gebetet —, daß das Seil reißen oder daß es jemandem aus den Fingern rutschen möge... daß dieses gottverdammte Ding herunterfallen und in Millionen Einzelteile zersplittern möge...«

»Tatsachen!« sagte Spangler. »Tatsachen, Carlin! Keine Ammenmärchen, keine Groschenromane, keine Schundheftchen oder drittklassige Horrorfilme! *Tatsachen!* Erstens: John DeIver war ein englischer Handwerker normannischer Abstammung. In der sogenannten elisabethanischen Epoche der englischen Geschichte fertigte er Spiegel an. Sein Leben verlief ruhig, und auch bei seinem Tod gab es keine besonderen Vorkommnisse. Keine auf den Fußboden gekritzelten Pentagramme, die seine Haushälterin hätte beseitigen müssen, keine nach Schwefel riechenden Dokumente mit einem Blutfleck als Unterschrift. Zweitens: Seine Spiegel wurden zu begehrten Sammlerobjekten, weil sie wahre Meisterwerke sind, geradezu vollkommen gelungen, und weil DeIver ein besonderes Kristallglas verwendete, das eine leicht vergrößernde und ganz schwach verzerrende Wirkung auf das Auge des Betrachters hat — ein spezifisches Merkmal seiner Spiegel. Drittens: Soviel wir wissen, existieren heute nur noch fünf DeIver-Spiegel — zwei davon befinden sich in Amerika. Sie sind von unschätzbarem Wert. Viertens: Dieser DeIver-Spiegel und ein weiterer, der dann bei den Bombenangriffen auf London zerstört wurde, sind völlig zu Unrecht in Verruf geraten, aufgrund von Lügen, Übertreibungen und Zufällen...«

»Fünftens«, fiel Mr. Carlin ihm ins Wort. »Sie sind ein höchst anmaßender Kerl, Spangler, stimmt's?«

Spangler betrachtete mit leichtem Abscheu den blinden Adonis.

»Ich war der Führer jener Gruppe, zu der auch Sandra Bates' Bruder gehörte. Er war etwa sechzehn Jahre alt — es war eine High School-Gruppe. Wir standen vor dem von Ihnen so hochgepriesenen DeIver-Spiegel, und ich sprach über seine Geschichte und war gerade bei jenem Teil angelangt, der *Ihre* Zustimmung gefunden hätte — ich ließ mich über die kunsthandwerkliche Vollkommenheit, über die Eigentümlichkeiten des verwendeten Kristallglases aus. Und plötzlich hob der Junge die Hand und fragte: ›Aber was ist mit diesem schwarzen Fleck in der linken oberen Ecke? Das sieht doch wie ein Fehler aus.‹

Einer seiner Freunde fragte ihn, was er denn meine, und der Bates-Junge setzte zu einer Erklärung an, verstummte aber gleich wieder. Er ging so dicht wie möglich an den Spiegel heran, bis zu der roten Samtkordel-Absperrung, und starrte in ihn hinein. *Und dann schaute er hinter sich, so als wäre das, was er gesehen hatte, ein Spiegelbild gewesen — das Spiegelbild einer hinter ihm stehenden schwarz gekleideten Gestalt.* ›Es hat wie ein Mann ausgesehen‹, sagte der Junge. ›Aber ich konnte das Gesicht nicht erkennen. Jetzt ist es verschwunden.‹ Und das war alles.«

»Fahren Sie ruhig fort«, sagte Spangler. »Sie wollen mir weismachen, es wäre der Sensenmann gewesen — das ist doch die gängige Meinung, nicht wahr? Daß ganz bestimmte Personen im Spiegel den Sensenmann sehen? Nun spucken Sie's schon aus, Carlin! Der ›National Enquirer‹ wäre begeistert von dieser Geschichte! Erzählen Sie mir ruhig von den schrecklichen Folgen! Versuchen Sie doch, mich zu überzeugen. Wurde er später von einem Auto überfahren? Ist er aus einem Fenster gesprungen? Was ist ihm Furchtbares widerfahren?«

Mr. Carlin lächelte traurig vor sich hin. »Sie sollten es besser wissen, Spangler. Haben Sie mir nicht zweimal erklärt, Sie seien mit der Geschichte des Delver-Spiegels — wie haben Sie sich ausgedrückt? — bestens vertraut? Es *gab* keine schrecklichen Folgen. Es hat *nie* welche gegeben. Deshalb taucht der Spiegel ja auch nicht in den Sonntagsbeilagen von Zeitungen auf wie etwa der Kooh-i-Nor-Diamant oder der Fluch von Pharao Tut-ench-Amuns Grab. So spektakulär ist der Spiegel natürlich nicht. Sie halten mich bestimmt für einen kompletten Narren, stimmt's?«

»Ja«, sagte Spangler. »Können wir jetzt endlich raufgehen?«

»Aber selbstverständlich«, sagte Mr. Carl leidenschaftslos. Er stieg die Leiter hoch und stieß die Falltür auf. Dann verschwand er in der Dunkelheit, und Spangler folgte ihm. Der blinde Adonis starrte ihnen unwissentlich nach.

Im Giebelraum war es fürchterlich heiß. Licht fiel nur durch ein einziges schmutziges, spinnwebenverhangenes Fenster ein. Dadurch herrschte hier oben ein trübes, milchiges Zwielicht. Der Spiegel war auf ein stabiles Holzgestell montiert worden und stand so, daß er den größten Teil des einfallenden Lichtes auf die entgegengesetzte Wand reflektierte. Mr. Carlin warf keinen Blick darauf. Er schaute absichtlich in eine andere Richtung.

»Sie haben ihn nicht einmal mit einem Tuch gegen Staub geschützt!« sagte Spangler, und seine Stimme hatte jetzt zum erstenmal einen verärgerten Klang.

»Ich betrachte diesen Spiegel als eine Art Auge«, erklärte Mr. Carlin tonlos. »Wenn er immer offen bleibt, erblindet er vielleicht eines schönen Tages.«

Spangler schenkte seinen Worten keine Beachtung. Er zog sein Jackett aus, faltete es sorgfältig mit den Knöpfen nach innen und wischte mit unendlicher Behutsamkeit den Staub von der konvexen Oberfläche des Spiegels. Dann trat er etwas zurück und betrachtete ihn aufmerksam.

Er war echt. Daran konnte es überhaupt keinen Zweifel geben. Es war ein perfektes Beispiel von Delvers Genialität. Die kunterbunt im Zimmer herumstehenden Sachen, sein eigenes Spiegelbild, Carlins halb abgewandte Gestalt − das alles war ganz deutlich und scharf, fast dreidimensional zu sehen. Der schwache Vergrößerungseffekt des Glases verlieh allem eine leichte Wölbung, die zu einer fast vierdimensionalen minimalen Verzerrung führte. Der Spiegel war wirklich...

Seine Gedankengänge rissen abrupt ab, und er verspürte eine neue Zorneswelle.

»Carlin!«

Carlin schwieg.

»Carlin, Sie verdammter Idiot, Sie haben doch behauptet, jene Frau hätte den Spiegel nicht beschädigt!«

Keine Antwort.

Spangler warf der halb abgewandten Gestalt im Spiegel einen kalten, strafenden Blick zu. »In der oberen linken Ecke ist ein Stück Isolierband. Hat diese Bates ihn dort zerbrochen? Um Gottes willen, so machen Sie doch den Mund auf!«

»Sie sehen den Sensenmann«, sagte Carlin mit jener schrecklichen, leidenschaftslosen Stimme. »Auf dem Spiegel ist kein Isolierband. Fahren Sie doch mit dem Finger darüber... o mein Gott!«

Spangler wickelte einen Ärmel seines Jacketts um seine Hand und drückte sie vorsichtig auf den Spiegel. »Sehen Sie? Nichts Übernatürliches. Es ist verschwunden. Meine Hand bedeckt es.«

»Bedeckt es? Können Sie das Isolierband denn fühlen? Warum ziehen Sie es nicht einfach ab?«

Spangler zog behutsam seine Hand zurück und blickte wieder in den Spiegel. Alles kam ihm jetzt noch stärker verzerrt vor; die sonderbaren Winkel des Zimmers schienen wie verrückt zu schwanken, so als würden sie jeden Moment in eine unsichtbare Ewigkeit entgleiten. Kein dunkler Fleck war auf dem Spiegel zu sehen. Er war makellos. Spangler spürte, wie eine irrsinnige Angst plötzlich von ihm Besitz ergriff, und er verachtete sich selbst.

»Es hat doch ganz so ausgesehen, nicht wahr?« erkundigte sich Mr. Carlin. Sein Gesicht war sehr bleich, und er starrte zu Boden. Ein Halsmuskel zuckte krampfhaft. »Geben Sie es doch zu, Spangler! Es hat ausgesehen wie eine hinter Ihnen stehende Gestalt mit Kapuze, stimmt's?«

»Es hat ausgesehen wie Isolierband, das einen kurzen Sprung verdecken soll«, erwiderte Spangler sehr bestimmt, »und weiter nichts...«

»Der junge Bates war ein sehr kräftiger Bursche«, sprudelte es aus Carlin heraus. Seine Worte fielen in die heiße, geladene Stille wie Steine in dunkle Gewässer. »Er hatte die Statur eines Footballspielers. Er trug einen Sweater mit dem aufgedruckten Anfangsbuchstaben seiner High School und eine dunkelgrüne Baumwollhose. Auf halber Treppe zu den oberen Ausstellungsräumen...«

»Diese Hitze macht mich ganz krank«, sagte Spangler mit etwas schwankender Stimme. Er holte ein Taschentuch hervor und wischte sich den Nacken ab. Seine Blicke schweiften immer wieder unstet zur konvexen Spiegeloberfläche.

»... sagte er plötzlich: ›Ich brauche einen Schluck Wasser... um Gottes willen, einen Schluck Wasser!‹«

Carlin drehte sich um und starrte Spangler wild an. »Woher hätte ich es denn wissen sollen? Woher hätte ich es wissen sollen?«

»Gibt es hier irgendwo eine Toilette? Ich glaube, mir...«

»Sein Sweater... ich konnte gerade noch flüchtig seinen Sweater sehen, als er die Treppe hinunterrannte... und dann...«

»... wird schlecht.«

Carlin schüttelte den Kopf, so als wollte er seine Erinnerungen von sich streifen; dann blickte er wieder zu Boden. »Natürlich. Im ersten Stock. Wenn man auf die Treppe zugeht, ist es die dritte Tür links.« Er sah Spangler flehend an. »Woher hätte ich es denn *wissen* sollen?«

Aber Spangler hatte seinen Fuß schon auf die Trittleiter gesetzt. Sie knarrte bedenklich unter seinem Gewicht, und einen Moment lang dachte – hoffte – Carlin, daß der Mann abstürzen würde. Aber das passierte nicht. Durch das offene Quadrat im Fußboden sah er ihn hinabsteigen, eine Hand vor dem Mund.

»Spangler...?«

Doch er war schon weg.

Carlin lauschte, bis Spanglers Schritte immer leiser wurden und schließlich gar nicht mehr zu hören waren. Er zitterte am ganzen Leibe. Er versuchte sich selbst auf die Trittleiter zuzubewegen, hatte aber das Gefühl, seine Füße wären angewachsen. Jener letzte flüchtige Blick, den er auf den Sweater des Jungen hatte werfen können... O Gott!...

Es war so, als würden riesige unsichtbare Hände ihm den Kopf nach oben drücken. Gegen seinen Willen starrte Carlin in die schimmernde Tiefe des DeIver-Spiegels.

Nichts Ungewöhnliches war darin zu sehen.

Das Zimmer wurde wirklichkeitsgetreu gespiegelt; die staubigen Wände verschwammen in der schimmernden Unendlichkeit. Ihm fiel plötzlich eine Zeile eines halbvergessenen Gedichts von Tennyson ein, und er murmelte sie halblaut vor sich hin: »Die Schatten machen mich ganz krank, sagte die Lady von Shallott...«

Und trotzdem konnte er nicht wegschauen, und die atmende Stille hielt ihn in ihrem Bann. Hinter einer Spiegelecke hervor starrte ihn ein mottenzerfressener Büffelkopf aus leblosen Glasaugen an.

Der Bates-Junge hatte einen Schluck Wasser trinken wollen, und der Trinkbrunnen befand sich in der Halle im Erdgeschoß. Er war die Treppe hinuntergerannt und... und war nie mehr zurückgekommen.

Niemals.

Nirgendwohin.

Wie die Herzogin, die sich vor ihrem Spiegel für eine Soirée herausgeputzt, kurz gezögert und dann beschlossen hatte, ihre Perlen aus dem Salon zu holen. Wie der Teppichhändler, der eine Kutschfahrt unternommen und lediglich eine leere Kutsche und ein Pferdegespann hinterlassen hatte.

Und der DeIver-Spiegel war von 1897 bis 1920 in New York gewesen, war dort gewesen, als Richter Carter...

Carlin starrte wie hypnotisiert in die unergründliche Tiefe des Spiegels.

Unten hielt der blinde Adonis Wache.

Carlin wartete auf Spangler, so wie die Familie Bates auf ihren Sohn gewartet haben mußte, wie der Mann der Herzogin auf die Rückkehr seiner Frau aus dem Salon gewartet haben mußte. Er starrte in den Spiegel und wartete.

Und wartete.

Und wartete.

Nona

Liebst du?

Ich höre ihre Stimme, die das sagt — manchmal höre ich sie noch. In meinen Träumen.

Liebst du?

Ja, antworte ich. *Ja — und wahre Liebe wird niemals enden.* Dann wache ich schreiend auf.

Ich weiß auch heute noch nicht, wie ich es erklären soll. Ich kann nicht sagen, warum ich diese Dinge getan habe. Ich konnte es auch beim Prozeß nicht. Und hier gibt es eine Menge Leute, die mich danach fragen. Beispielsweise ein Psychiater. Aber ich schweige. Meine Lippen sind versiegelt. Außer hier, in meiner Zelle. Hier schweige ich nicht. Ich wache schreiend auf.

Im Traum sehe ich sie auf mich zukommen. Sie trägt ein weißes, fast durchsichtiges Kleid, und ihr Gesichtsausdruck ist eine Mischung aus Begierde und Triumph. Sie nähert sich mir in einem dunklen Raum mit einem Steinfußboden, und der Geruch vermoderter Oktoberrosen steigt mir in die Nase. Sie breitet ihre Arme aus, und auch ich breite meine Arme aus, während ich auf sie zugehe, um sie zu umarmen.

Ich verspüre Angst, Widerwillen und unsagbare Begierde. Angst und Widerwillen, weil ich weiß, wo ich mich befinde; Begierde, weil ich sie liebe. Ich werde sie immer lieben. Es gibt Zeiten, wo ich mir wünsche, daß es in diesem Staat noch die Todesstrafe gäbe. Ein kurzer Weg über einen dunklen Korridor, ein Stuhl mit gerader

Lehne und mit einer Schädelkappe aus Stahl, eiserne Fesseln... dann ein kurzer Stromstoß, und ich wäre mit ihr vereint.

Meine Angst wächst im Traum, wenn wir uns umarmen, aber es ist mir unmöglich, mich ihr zu entziehen. Meine Hände pressen sich auf die glatte Fläche ihres Rückens, und ich spüre ihre Haut unter der dünnen Seide. Sie lächelt mit diesen unergründlichen schwarzen Augen. Ihr Kopf neigt sich mir zu, und ihre Lippen öffnen sich zum Kuß.

Und in diesem Augenblick beginnt ihre Verwandlung. Ihre Haare werden rauh und struppig, das glänzende Schwarz geht in ein häßliches Braun über, das sich rasch auch auf ihren schneeweißen Wangen ausbreitet. Die Augen schrumpfen und nehmen die Form von Knöpfen an. Das Weiße verschwindet, und sie starrt mich aus winzigen Äuglein an, die wie zwei glänzende Kohlen aussehen. Der Mund wird zu einem Rachen mit vorstehenden, krummen gelben Zähnen.

Ich versuche zu schreien. Ich versuche aufzuwachen.

Ich kann nicht. Ich bin wieder gefangen. Ich werde es immer sein.

Ich werde von einer riesigen widerlichen Friedhofsratte umarmt. Lichter schwanken vor meinen Augen. Oktoberrosen. Irgendwo läutet eine Totenglocke.

»Liebst du?« flüstert diese Kreatur. »Liebst du?« Der Rosengeruch kommt aus ihrem Maul, wenn sie mich anhaucht, vermoderte Blumen in einer Leichenhalle.

»Ja«, antworte ich diesem Ratten-Wesen. »Ja — und wahre Liebe wird niemals enden.« Und dann schreie ich endlich und erwache.

Sie glauben, daß das, was wir gemeinsam getan haben, mich in den Wahnsinn getrieben hat. Aber mein Verstand arbeitet noch auf diese oder jene Weise, und ich habe nie aufgehört, nach den Antworten zu suchen. Ich möchte immer noch wissen, wie es war, was es war.

Sie haben mir Papier und einen Filzstift gegeben. Ich werde alles niederschreiben. Vielleicht wird das einige ihrer Fragen beantworten, und gleichzeitig kann ich damit vielleicht auch einige meiner eigenen Fragen beantworten. Und wenn ich damit fertig bin, habe ich noch etwas anderes. Sie *wissen* nicht, daß ich es habe. Ich habe es gestohlen. Es liegt unter meiner Matratze. Ein Messer aus der Gefängniskantine.

Als erstes muß ich wohl von Augusta erzählen.

Während ich dies hier schreibe, ist es Nacht, eine schöne Augustnacht mit strahlendem Sternenhimmel. Ich kann ihn durch mein Gitterfenster sehen, das auf den Hof hinausgeht, auf dem wir Luft schnappen dürfen. Es ist heiß, und abgesehen von meinen Shorts bin ich nackt. Ich kann die leisen Sommerlaute, das Quaken der Frösche und das Zirpen der Grillen hören. Aber ich brauche nur die Augen zu schließen, und schon fühle ich mich in den Winter zurückversetzt. Die grimmige Kälte jener Nacht, die Unwirtlichkeit, die kalten, unfreundlichen Lichter einer Großstadt, die nicht *meine* Stadt war. Es war der 14. Februar.

Sehen Sie, ich erinnere mich genau an alles.

Und wenn Sie jetzt meine Arme sehen könnten — obwohl sie schweißnaß sind, habe ich doch eine richtige Gänsehaut bekommen. Augusta...

Als ich Augusta erreichte, war ich mehr tot als lebendig, so kalt war es. Ich hatte mir einen schönen Tag ausgesucht, um dem Collegemilieu Adieu zu sagen und gen Westen zu trampen; und nun sah es so aus, als würde ich erfrieren, noch bevor ich den Staat verlassen hatte.

Ein Bulle hatte mich von der Autobahnböschung weggejagt und gedroht, er werde mich zur Schnecke machen, wenn er mich noch einmal dort stehen sehen würde. Ich war fast versucht gewesen, ihn zu provozieren. Die vierspurige Autobahn hatte Ähnlichkeit mit einer Flugzeuglandebahn gehabt, der Wind hatte geheult und den Pulverschnee über den Beton gefegt. Und für die anonymen Typen hinter ihren Windschutzscheiben aus Sicherheitsglas ist jeder, der in der Dunkelheit auf der Standspur den Daumen hochhält, ein Räuber oder Mörder, und wenn er zufällig lange Haare trägt, wird er zu allem übrigen auch noch für einen Schwulen und Kinderschänder gehalten.

Ich versuchte es danach eine Zeitlang auf der Zufahrtsstraße, hatte aber kein Glück. Und so gegen Viertel vor acht wurde mir klar, daß ich bald umkippen würde, wenn ich nicht irgendwohin ins Warme käme.

Ich legte anderthalb Meilen zurück, bevor ich an der 202 gerade an der Stadtgrenze eine Raststätte entdeckte. JOES GUTES ESSEN stand auf dem Neonschild. Auf dem Parkplatz standen drei Laster und eine neue Limousine. Über der Tür hing eine verwelkte Weihnachtsgirlande, die abzunehmen sich niemand die Mühe gemacht hatte, und daneben ein Thermometer, das minus 27 Grad anzeigte. Ich hatte keinen anderen Schutz für meine Ohren als mein Haar, und meine Lederhandschuhe fielen fast auseinander. Meine Fingerspitzen waren ohne jedes Gefühl.

Ich öffnete die Tür und trat ein.

Die Heizung war das erste, was mir auffiel, warm und angenehm. Als nächstes ein Hillbillysong aus dem Musikautomaten, die unverkennbare Stimme von Merle Haggard: »Wir lassen unsere Haare nicht lang und zottig wachsen wie die Hippies in San Francisco.«

Das dritte, was mir auffiel, war DER BLICK. Sie lernen

DEN BLICK kennen, sobald Ihre Haare länger sind als bis zu den Ohrläppchen. Dann wissen die Leute nämlich, daß Sie nicht zu den Lions, Elks oder Kriegsveteranen gehören. Man lernt DEN BLICK kennen, aber gewöhnen kann man sich nie daran.

Die Leute, die mir an jenem Abend DEN BLICK zuwarfen, waren vier Lastwagenfahrer in einer Nische, zwei weitere an der Theke, zwei alte Damen in billigen Pelzmänteln mit blau getönten Haaren, der Koch für die Schnellimbisse und ein tölpelhafter Bursche mit Seifenwasser an den Händen. Ganz am Ende der Theke saß ein Mädchen, das stur in seine Kaffeetasse starrte.

Dieses Mädchen war das vierte, was mir auffiel.

Ich bin alt genug, um zu wissen, daß es sowas wie Liebe auf den ersten Blick nicht gibt, daß das etwas ist, was Rogers und Hammerstein sich eines Tages ausgedacht haben, weil es so gut zu Mondschein und lauer Sommernacht paßte. Es ist was für Kinder, die beim Schülerball Händchen halten, stimmt's?

Aber als ich sie dort sitzen sah, fühlte ich etwas. Sie können ruhig lachen, aber Sie würden es nicht tun, wenn Sie sie mit eigenen Augen gesehen hätten. Sie war fast unwirklich schön. Mir war hundertprozentig klar, daß alle anderen in Joes Lokal das ebenfalls wußten. Ebenso, wie mir klar war, daß sie DEN BLICK abbekommen hatte, bevor ich hereingekommen war. Sie hatte pechrabenschwarzes Haar, so schwarz, daß es bei der Neonbeleuchtung fast blau wirkte. Es fiel offen über die Schultern ihres abgetragenen Mantels. Ihre Haut war schneeweiß, und nur ein Hauch von Röte verriet, daß sie aus der Kälte gekommen war. Dunkle, rußfarbene Wimpern. Ernste Augen, die ein ganz klein wenig schräg standen. Ein voller, beweglicher Mund unter einer geraden Patriziernase. Ich könnte nicht sagen, was für eine Figur sie hatte. Ich achtete nicht darauf. Sie hätten es auch nicht getan. Dieses Gesicht, dieses Haar, dieser *Blick* – das genügte vollauf. Sie war exquisit. Das ist das einzige Wort, das auf sie genau zutrifft.

Nona.

Ich setzte mich zwei Hocker von ihr entfernt hin, und der Koch kam herüber und schaute mich an. »Was?«

»Einen schwarzen Kaffee, bitte.«

Er entfernte sich. Hinter mir hörte ich jemanden sagen: »Na, ich glaube, Jesus ist wiedergekommen, genau wie meine Mama es immer gesagt hat.«

Der einfältige Geschirrspüler lachte glucksend. Die Lastwagenfahrer an der Theke stimmten in sein Gelächter ein. Der Koch brachte mir meinen Kaffee und stellte ihn so unsanft auf der Theke ab, daß einige Tropfen auf meiner langsam auftauenden Hand landeten. Ich zog sie mit einem Ruck zurück.

»Entschuldigung«, murmelte er gleichgültig.

»Er kann's ja auf der Stelle selber heilen«, rief einer der Lastwagenfahrer aus der Nische herüber.

Die Pelzdamen bezahlten und eilten hinaus. Einer der Könige der Landstraße schlenderte zur Musicbox und warf wieder eine Münze ein. Johnny Cash begann zu singen: »Ein Junge namens Sue«. Ich blies auf meinen heißen Kaffee.

Jemand zupfte mich am Ärmel. Ich wandte meinen Kopf um, und da war sie – sie hatte sich auf den Hocker neben mich gesetzt. Es blendete mich fast, dieses Gesicht aus nächster Nähe zu sehen. Ich verschüttete etwas von meinem Kaffee.

»Entschuldigung.« Ihre Stimme war leise, fast tonlos.

»Es war meine eigene Schuld. Ich habe noch kein Gefühl in den Fingern.«

»Ich...«

Sie unterbrach sich, offensichtlich verlegen. Ich bemerkte plötzlich, daß sie Angst hatte. Wieder verspürte ich – wie schon zuvor, bei ihrem ersten Anblick – den heftigen Wunsch, sie zu beschützen, auf sie aufzupassen, ihr die Angst zu nehmen. »Ich suche eine Mitfahrgelegenheit«, fuhr sie rasch fort. »Ich habe mich nicht getraut, einen von denen zu fragen.« Sie machte eine kaum merkliche Kopfbewegung in Richtung der Lastwagenfahrer in der Nische.

Wie soll ich Ihnen verständlich machen, daß ich alles darum gegeben hätte – *alles* – wenn ich ihr hätte sagen können: *Na klar, trinken Sie Ihren Kaffee aus. mein Auto steht direkt vor der Tür.* Ich weiß, es klingt verrückt, wenn ich sage, daß ich dieses Gefühl hatte, wo wir doch kaum ein halbes Dutzend Worte gewechselt hatten, aber es war so. Sie anzuschauen war so, als schaute man die Mona Lisa oder die Venus von Milo an, die plötzlich zum Leben erwacht waren. Und da war auch noch ein anderes Gefühl. Mir war so, als sei plötzlich ein helles Licht in der verwirrten Dunkelheit meines Gehirns aufgestrahlt. Es würde die Sache leichter machen, wenn ich sagen könnte, daß sie ein Flittchen war, und ich ein Weiberheld, der mit komischen und geistreichen Bemerkungen nur so um sich wirft. Aber das waren weder sie noch ich. Ich wußte nur, daß ich ihr nicht bieten konnte, was sie brauchte, und das brach mir fast das Herz.

»Ich bin per Anhalter unterwegs«, erklärte ich ihr. »Ein Bulle hat mich von der Autobahn verjagt, und ich bin nur hergekommen, um mich aufzuwärmen. Es tut mir sehr leid.«

»Sind Sie Student?«

»Ich war einer. Ich bin freiwillig gegangen, bevor sie mich von der Uni rausschmeißen konnten.«

»Wollen Sie jetzt nach Hause?«

»Ich habe kein Zuhause. Ich bin Waise. Ehemaliges Pflegekind. Ich hatte ein Stipendium, aber ich hab's mir verscherzt. Und jetzt weiß ich nicht, wohin ich gehen soll.« Meine Lebensgeschichte in fünf Sätzen. Ich fühlte mich ziemlich deprimiert.

Sie lachte — mir wurde heiß und kalt von diesem Lachen. »Wir sind Katzen aus dem gleichen Sack, glaube ich.«

Ich dachte, sie hätte *Katzen* gesagt. Ich *dachte* es. Aber ich habe hier viel Zeit zum Nachdenken gehabt, und ich bin immer mehr zu der Überzeugung gekommen, daß sie vielleicht *Ratten* gesagt hat. *Ratten* aus dem gleichen Sack. Ja. Und das ist nicht das gleiche, hab' ich recht?

Ich wollte gerade mein möglichstes an Konversation treiben — irgendeine geistreiche Bemerkung wie ›Tatsächlich?‹ machen, als sich mir eine Hand auf die Schulter legte.

Ich drehte mich um. Es war einer der Lastwagenfahrer aus der Nische. Er hatte blonde Bartstoppeln auf dem Kinn und ein Streichholz im Mundwinkel. Er roch nach Maschinenöl und sah aus, als sei er einer Zeichnung von Steve Ditko entsprungen.

»Ich glaub', du bist fertig mit dei'm Kaffee«, sagte er. Er verzog die Lippen zu einem Grinsen, ohne das Streichholz aus dem Mund zu nehmen. Seine Zähne waren schneeweiß.

»Was?«

»Du verpestest das Lokal, Junge. Du bist doch ein Junge, oder? Es ist nämlich ziemlich schwer, das herauszufinden.«

»Du bist selbst auch nicht gerade ein Prachtstück«, entgegnete ich. »Was ist das für ein edles Aftershave? Eau de Getriebegehäuse?«

Er schlug mir mit dem Handrücken heftig ins Gesicht. Kleine schwarze Punkte flimmerten mir vor den Augen.

»Keine Schlägerei im Lokal«, sagte der Koch. »Wenn Sie ihn zu Brei schlagen wollen, tun Sie's draußen.«

»Komm mit, du verdammter Jammerlappen!« sagte der Lastwagenfahrer.

An dieser Stelle sagt das Mädchen in Filmen gewöhnlich ›Lassen Sie ihn in Ruhe‹ oder ›Sie Rohling‹. Aber dieses Mädchen schwieg. Es beobachtete uns beide mit fieberhafter Intensität. Ich glaube, daß mir damals zum erstenmal auffiel, wie riesig seine Augen waren.

»Brauchst du erst 'ne weitere Abreibung?«

»Nein. Komm, du Scheißer!«

Ich weiß nicht, wie mir das herausgerutscht ist. Ich kämpfe nicht gern. Ich bin kein guter Kämpfer. Und mit Schimpfwörtern kann ich noch viel schlechter umgehen. Aber ich war in Wut geraten. Ich war so wütend, daß ich ihn am liebsten umgebracht hätte.

Vielleicht spürte er das irgendwie. Eine Sekunde lang spiegelte sein Gesicht eine leichte Unsicherheit wider, eine unbewußte Überlegung, ob er sich vielleicht den falschen Hippie ausgesucht hatte. Aber dieses Zögern dauerte nicht lange. Er würde doch nicht vor einem langhaarigen Intellektuellen, vor einem verweichlichten Snob kneifen, der sich mit der Flagge den Arsch abwischte — zumindest nicht vor seinen Kumpeln! Ein Teufelskerl von Lastwagenfahrer wie er doch nicht!

Wieder überflutete mich eine Zorneswelle. Schwul? Schwul? Ich war außer mir vor Wut und genoß plötzlich diesen Zustand.

Wir gingen zur Tür, und die Kumpel meines Gegners rissen ihre Ärsche von den Stühlen, um sich den Spaß nicht entgehen zu lassen.

Nona? Ich dachte an sie, aber sozusagen nur im Hinterkopf. Ich wußte, daß Nona da sein würde. Nona würde auf mich aufpassen. Ich wußte es einfach, ebenso wie ich wußte, daß es draußen kalt sein würde. Es war seltsam, das so genau zu wissen, wo ich das Mädchen doch erst vor fünf Minuten kennengelernt hatte. Aber mir kam erst später in den Sinn, wie seltsam das war. In jenem Augenblick war ich so in Rage, daß ich an nichts anderes als an den Kampf denken konnte. Ich hatte eine Mordswut im Bauch.

Die Kälte war so klar und klirrend, daß ich das Gefühl hatte, als durchschnitte ich sie mit meinem Körper wie mit einem Messer. Der gefrorene Kies auf dem Parkplatz knirschte laut unter seinen schweren Stiefeln und unter meinen Schuhen. Der Vollmond blickte teilnahmslos auf uns herab. Er war von einem Ring umgeben – ein Vorzeichen schlechten Wetters. Der Himmel war schwarz wie die Hölle. Das einfarbige Licht einer einzelnen Lampe auf einem hohen Pfahl hinter den geparkten Wagen ließ hinter uns unsere Schatten zwergenhaft verkürzt erstehen. Unsere Atemwolken zierten in kurzen Abständen die Luft. Der Lastwagenfahrer drehte sich nach mir um, die behandschuhten Fäuste geballt.

»Okay, du Hundesohn«, sagte er.

Ich schien zu wachsen – mein ganzer Körper schien größer zu werden. Irgendwie war mir dumpf bewußt, daß mein Verstand von einer unsichtbaren Kraft in mir ausgeschaltet wurde, von deren Vorhandensein ich nicht einmal etwas geahnt hatte. Das erschreckte mich – aber gleichzeitig begrüßte ich es, brannte vor Verlangen danach. In diesem letzten Moment zusammenhängenden Denkens hatte ich das Gefühl, als sei mein Körper zu einer Steinpyramide oder einem Wirbelsturm geworden, die alles, was sich ihnen in den Weg stellte, hinwegfegen konnten wie bunte Zahnstocher. Der Lastwagenfahrer kam mir klein, schwächlich und unbedeutend vor. Ich lachte ihn aus. Ich lachte, und dieses Lachen war so unheilverkündend wie der Mondhimmel über mir.

Er kam auf mich zu und schwenkte seine Fäuste. Ich fing seine rechte Faust ab, die linke landete mit aller Kraft in meinem Gesicht, ohne daß ich etwas spürte, und dann trat ich ihn in den Magen. Die Luft entwich in Form einer weißen Wolke aus ihm. Er hielt sich den Magen, hustete und versuchte zurückzuweichen.

Ich rannte hinter ihn, immer noch lachend wie ein Hund, der den Mond anbellt, und stieß dreimal zu, bevor er auch nur eine Vierteldrehung machen konnte. Ich traf ihn am Nacken, an der Schulter und an einem seiner roten Ohren.

Er jaulte vor Schmerz auf, und eine seiner herumwirbelnden Fäuste landete genau auf meiner Nase. Das brachte mich noch mehr in Rage, und ich trat wieder mit aller Kraft nach ihm wie nach einem Fußball. Er brüllte in die Nacht hinein, und ich hörte eine Rippe knacken. Er ging zu Boden, und ich sprang ihn an. Bei der Verhandlung hat einer der anderen Lastwagenfahrer ausgesagt, ich hätte mich aufgeführt wie ein wildes Tier. Und das stimmt auch tatsächlich. Ich kann mich an das meiste nicht mehr genau erinnern, aber ich weiß noch, daß ich knurrend über ihn herfiel wie ein tollwütiger Hund.

Ich würgte ihn, riß ihm ganze Büschel Haare aus, rieb sein Gesicht auf dem Kies hin und her. Im trüben Licht der Lampe sah sein Blut schwarz aus, wie das Blut von Käfern.

»Mein Gott, aufhören!« schrie jemand.

Hände packten mich bei den Schultern und zogen mich weg. Ich sah verschwommene Gesichter und schlug nach ihnen.

Der Lastwagenfahrer versuchte wegzukriechen. Sein Gesicht war blutüberströmt, die Augen waren getrübt.

Ich riß mich aus dem Griff der anderen los und trat wieder nach ihm und grunzte jedesmal zufrieden, wenn ich ihn traf.

Er war nicht mehr imstande zurückzuschlagen. Er versuchte nur noch, sich in Sicherheit zu bringen, und bei jedem Fußtritt, den ich ihm versetzte, schloß er gequält die Augen und heulte auf. Dann versuchte er weiterzukriechen. Er sah albern aus. Ich beschloß, ihn umzubringen.

Aber seine Kumpel verhinderten das. Sie schleppten ihn ins Lokal. Es dauerte eine ganze Weile, bis ich mich etwas beruhigt hatte. Der Koch trat auf die Schwelle des Lokals und belegte mich aus sicherer Entfernung mit allen möglichen Schimpfnamen. Es nützte auch nichts, daß ich ihm zu erklären versuchte, daß der andere schließlich den Streit angefangen hatte.

»Halt's Maul, du lausiger Dreckskerl!« rief er, während er vorsichtshalber einen Schritt zurückwich. »Du hast diesen Burschen fast umgelegt. Ich ruf' jetzt die Bullen!« Mit diesen Worten warf er die Tür hinter sich zu.

»Okay«, sagte ich vor mich hin. »Okay, das ist gut, okay.«

Ich hatte meine Handschuhe im Lokal liegengelassen, aber ich hatte den Eindruck, daß es keine allzu gute Idee wäre hineinzugehen, um sie zu holen. Ich schob meine Hände in die Taschen und machte mich wieder auf den Weg zur Zufahrtstraße. Mir war klar, daß meine Chancen, von einem Auto mitgenommen zu werden, bevor die Bullen mich schnappten, bestenfalls eins zu zehn standen. Meine Ohren waren eiskalt, und mir war flau im Magen. Eine lausige Nacht war das!

»Hallo, wart' auf mich! Wart' auf mich!«

Ich drehte mich um. *Sie* war es. Sie rannte mit wehenden Haaren hinter mir her.

»Du warst wundervoll«, sagte sie. »Einfach wundervoll!«

»Ich habe ihn schwer verletzt«, sagte ich dumpf. »Ich habe so etwas noch nie getan.«

»Ich wollte, du hättest ihn umgebracht!«

Ich warf ihr in dem frostklaren Licht einen verwunderten Blick zu.

»Du hättest hören sollen, was sie über mich geredet haben, bevor du hereinkamst. Gelacht haben sie, auf diese großspurige schmutzige Art — haha, schaut euch nur mal das kleine Mädchen an, das noch so spät im Dunkeln unterwegs ist. Wohin des Wegs, Schätzchen? Willst du mitfahren? Ich nehm' dich mit, wenn du mitmachst! *Verdammt!*«

Sie blickte über die Schulter zurück, als könnte sie sie mit einem Blitz aus ihren dunklen Augen töten. Dann wandte sie sich mir wieder zu, und ich hatte wieder dieses Gefühl, als sei in meinem Gehirn ein Scheinwerfer eingeschaltet worden. »Ich heiße Nona. Ich komme mit dir.«

»Wohin? Ins Gefängnis?« Ich zog mit beiden Händen an meinen Haaren. »Mit diesem Kennzeichen werden wir höchstwahrscheinlich bald von einem Bullen aufgegriffen werden. Dieser Koch hat nicht gespaßt, als er sagte, daß er die Polente rufen würde.«

»*Ich* werde den Daumen raushalten. Du stellst dich hinter mich. Sie werden für mich anhalten. Sie halten immer bei einem Mädchen, wenn es hübsch ist.«

Ich konnte dem nichts entgegensetzen und wollte es auch gar nicht. Liebe auf den ersten Blick? Vielleicht nicht. Aber irgend etwas war vorhanden. Können Sie das nachvollziehen?

»Hier«, sagte sie. »Die hast du liegengelassen.« Sie reichte mir meine Handschuhe.

Sie war nicht noch einmal ins Lokal hineingegangen, und das bedeutete, daß sie sie die ganze Zeit über bei sich gehabt hatte. Sie hatte gewußt, daß sie mich begleiten würde. Das war ein bißchen unheimlich. Ich zog meine Handschuhe an, und wir gingen die Zufahrtstraße entlang, auf die Autobahnböschung zu.

Sie hatte recht gehabt – gleich das erste Auto hielt an.

Wir hatten nicht miteinander gesprochen, während wir warteten, aber es kam mir so vor, als hätten wir's getan. Ich werde Ihnen jetzt nicht diesen ganzen Blödsinn über außersinnliche Wahrnehmungen und dergleichen auftischen; Sie wissen selbst, wovon ich spreche. Sie haben es selbst erlebt, wenn Sie jemals mit einem Menschen zusammen waren, der Ihnen wirklich nahestand, oder aber, wenn Sie jemals eine dieser Drogen geschluckt haben, deren Namen aus Anfangsbuchstaben bestehen. Man braucht sich dann nicht zu unterhalten. Die Kommunikation scheint dann über irgendeine emotionale Hochfrequenz-Wellenlänge zustande zu kommen. Die kleinste Handbewegung sagt dann alles. Wir kannten einander nicht. Ich wußte von ihr nur den Vornamen, und wenn ich jetzt zurückdenke, glaube ich, daß ich ihr überhaupt nicht gesagt habe, wie ich heiße. Aber die geheimnisvolle Verbindung zwischen uns funktionierte. Es war keine Liebe. Ich hasse es, das dauernd zu wiederholen, aber ich habe das Gefühl, es tun zu müssen. Ich möchte das Wort Liebe nicht in den Dreck ziehen, ich möchte es nicht in Zusammenhang mit uns verwenden, nicht nach allem, was wir getan haben, nicht nach Castle Rock, nicht nach meinen Träumen.

Ein hoher, greller auf- und abschwellender Sirenenton zerriß die kalte Stille der Nacht.

»Das dürfte ein Krankenwagen sein«, sagte ich.

»Ja.«

Dann trat wieder Stille ein. Das Mondlicht verschwand hinter einer dicken Wolkendecke. Der Ring um den Mond hatte nicht getrogen. Noch bevor die Nacht vorüber war, würde es schneien.

Scheinwerfer tasteten sich über den Hügel. Ich stellte mich hinter sie, ohne daß sie es mir noch einmal zu sagen brauchte. Sie warf ihre Haare zurück und hob ihr wunderschönes Gesicht. Während ich beobachtete, wie der Blinker signalisierte, daß das Auto auf die Autobahnauffahrt einbiegen wollte, überkam mich ein Gefühl der Unwirklichkeit — es konnte nicht Wirklichkeit sein, daß dieses bildschöne Mädchen sich entschlossen hatte, mit mir zu kommen, es konnte nicht Wirklichkeit sein, daß ich einen Mann so zusammengeschlagen hatte, daß er einen Krankenwagen brauchte, es konnte nicht Wirklichkeit sein, daß ich mich am nächsten Morgen eventuell im Gefängnis befinden würde. All das kam mir völlig unwirklich vor. Ich hatte das Gefühl, in einem Spinnennetz gefangen zu sein. Aber wer war dann die Spinne?

Nona streckte ihren Daumen aus. Das Auto, eine Chevrolet-Limousine, fuhr an uns vorbei, und ich dachte schon, daß es nicht anhalten würde, als plötzlich die Schlußlichter aufleuchteten. Nona packte mich bei der Hand. »Komm, der nimmt uns mit!« Sie grinste mich mit kindlicher Freude an, und ich grinste zurück.

Der Fahrer lehnte sich enthusiastisch über den Beifahrersitz, um ihr die Tür zu öffnen. Als er die Innenbeleuchtung einschaltete, konnte ich ihn deutlich sehen — es war ein ziemlich großer Mann in einem teuren Kamelhaarmantel, mit grauen Haaren unter dem Hutrand, mit Gesichtszügen, die vom jahrelangen guten Essen aufgeschwemmt waren. Ein Geschäftsmann oder ein Handelsvertreter. Allein. Als er mich sah, klappte ihm fast der

Unterkiefer herunter, aber es war schon ein-zwei Sekunden zu spät, um den Gang einzulegen und davonzubrausen. Außerdem war die Enttäuschung für ihn so leichter zu ertragen. Später würde er sich dann selbst einreden können, er hätte uns beide gesehen — er sei eben ein wirklich gutmütiger Mann, der einem jungen Pärchen weiterhelfen wollte.

»Kalte Nacht«, sagte er, während Nona neben ihm und ich neben ihr Platz nahmen.

»Das kann man wohl sagen«, stimmte Nona honigsüß zu. »Herzlichen Dank!«

»Ja«, sagte ich. »Vielen Dank.«

»Keine Ursache.« Und wir brausten los, und Sirenen, zusammengeschlagene Lastwagenfahrer und ›Joes Gutes Essen‹ blieben hinter uns zurück.

Ich war um halb acht von der Autobahn gejagt worden. Jetzt war es erst halb neun. Es ist erstaunlich, wieviel man in einer so kurzen Zeit tun kann, oder wieviel einem in so kurzer Zeit angetan werden kann.

Wir näherten uns den gelben Blinklichtern vor der Mautstation von Augusta.

»Wohin wollt ihr?« erkundigte sich der Fahrer.

Das war eine Herausforderung. Ich hatte gehofft, bis Kittery zu kommen, wo ich bei einem Bekannten reinplatzen wollte, der dort Lehrer war. Es schien mir auch jetzt noch keine schlechtere Antwort als jede andere zu sein, und ich öffnete gerade meinen Mund, als ich Nona sagen hörte:

»Wir wollen nach Castle Rock. Das ist eine kleine Stadt südwestlich von Auburn.«

Castle Rock. Das gab mir ein sonderbares Gefühl. Es hatte einmal eine Zeit gegeben, da hatte mir Castle Rock sehr gut gefallen. Aber das war gewesen, bevor die Sache mit Ace Merrill passierte.

Der Fahrer hielt kurz an, ließ sich eine Mautkarte geben, und schon ging's weiter.

»Ich fahre nur bis Gardener«, log er, ohne mit der Wimper zu zucken. »Das ist die nächste Ausfahrt. Aber immerhin ist es ein Anfang für euch.«

»So ist es«, sagte Nona ebenso honigsüß wie zuvor. »Es war nett von Ihnen, in so einer kalten Nacht anzuhalten.« Und während sie das sagte, teilte sich auf jener emotinalen Wellenlänge ihr heimlicher Zorn mir mit, nackt und voller Gift. Er beunruhigte mich, so wie ein Ticken in einem Päckchen mich beunruhigen würde.

»Mein Name ist Blanchette«, sagte der Fahrer. »Norman Blanchette.« Er streckte seine Hand in unsere Richtung aus.

»Cheryl Craig«, sagte Nona und drückte ihm graziös die Hand.

Ich verstand ihren Wink und nannte ihm ebenfalls einen falschen Namen. »Sehr erfreut«, murmelte ich.

Seine Hand war weich und schlaff. Sie fühlte sich an wie eine Wärmflasche. Der Gedanke verursachte mir Übelkeit. Es machte mich ganz krank, daß wir gezwungen gewesen waren, diesen gönnerhaften Mann zu bitten, uns mitzunehmen, diesen Mann, der geglaubt hatte, ein hübsches, ganz allein per Anhalter fahrendes Mädchen auflesen zu können, das vielleicht nichts dagegen haben würde, eine Stunde in einem Motelzimmer zu verbringen, wenn es dafür das Geld für eine Busfahrkarte bekam. Es machte mich ganz krank zu wissen, daß dieser Mann, der mir gerade seine schlaffe, heiße Hand gereicht hatte, an mir vorbeigebraust wäre, ohne mir auch nur einen zweiten Blick zu gönnen, wenn ich allein gewesen wäre. Es machte mich ganz krank zu wissen, daß er uns an der Ausfahrt Gardener absetzen, kurz darauf wenden und an uns vorbei auf die Autobahn zurückbrausen würde, und daß er sich dazu beglückwünschen würde, eine ärgerliche Situation so elegant gelöst zu haben. Alles an dem Kerl machte mich ganz krank. Die schwabbeligen Schweinebacken, die sorgfältig frisierten Seitenhaare, der Geruch seines Eau de Cologne.

Und welches Recht hatte er? Welches Recht?

Das Gefühl der Übelkeit wurde immer stärker, und wieder loderten die Flammen des Zorns in mir auf. Die Scheinwerfer seiner imposanten Limousine durchschnitten mit Leichtigkeit die Nacht, und in meiner Rage hätte ich am liebsten alles zerstört, wofür er stand — die Art von Musik, die er hören würde, während er sich mit der Abendzeitung in seinen Wärmflaschenhänden bequem in seinem Sessel zurücklehnte, die Farbtönung, die seine Frau für ihr Haar benutzte, die Art von Unterwäsche, die sie trug, und die ich mir genau vorstellen konnte, die Kinder, die immer ins Kino oder in die Schule oder ins Ferienlager geschickt wurden — solange sie nur nicht zu Hause waren! —, seine snobistischen Freunde und die Parties, die sie mit ihnen besuchten, und bei denen zum Schluß alle betrunken waren.

Aber am schlimmsten war sein Eau de Cologne. Es erfüllte das Auto mit seinem süßen, übelkeiterregenden Duft. Es roch wie das parfümierte Desinfektionsmittel, das am Ende jeder Schicht in den Schlachthäusern versprüht wird.

Das Auto glitt durch die Nacht, mit Norman Blanchette am Lenkrad, das er mit seinen dicken Wurstfingern hielt. Seine manikürten Nägel schimmerten im Licht des Armaturenbretts. Ich wollte ein Ausstellfenster öffnen, um diesen ekelhaften Geruch aus der Nase zu bekommen. Nein, mehr — ich wollte das ganze Fenster herunterkurbeln und meinen Kopf in die kalte Luft hinausstrecken, in der kühlen Frische schwelgen — aber ich war wie erstarrt, erstarrt in meinem sprachlosen, unaussprechlichen Haß.

In diesem Moment drückte Nona mir die Nagelfeile in die Hand.

Im Alter von drei Jahren hatte ich eine starke Grippe und mußte ins Krankenhaus. Während ich dort lag, schlief mein Vater mit brennender Zigarette ein, und das Haus brannte nieder – mit meinen Eltern und meinem älteren Bruder Drake. Ich habe Fotos von ihnen. Sie sehen aus wie Schauspieler aus einem alten amerikanischen Horrorfilm, sie haben Gesichter, die einem nicht so vertraut sind wie jene der berühmten Stars, eher vielleicht wie Elisha Cook Jr. und Mara Corday und irgendein Kinderdarsteller, an den man sich nicht richtig erinnern kann – etwa Brandon DeWilde.

Es gab keine Verwandten, die mich bei sich hätten aufnehmen können, deshalb verbrachte ich fünf Jahre in einem Heim. Das war in Portland. Dann wurde ich ein Pflegekind. Das bedeutet, daß man von einer Familie aufgenommen wird, die dafür vom Staat dreißig Dollar im Monat erhält. Ich glaube nicht, daß irgendein Pflegekind jemals Hummer zu essen bekommen hat. Normalerweise nahm ein Ehepaar zwei oder drei Heiminsassen bei sich auf – nicht etwa aus besonderer Menschenfreundlichkeit, sondern aus Geschäftssinn. Sie versorgen dich. Sie nehmen die dreißig Dollar, die der Staat ihnen gibt, und sie versorgen dich mit allem Notwendigen. Und sobald das Kind dann etwas größer ist, kann es mit allerlei Gelegenheitsarbeiten selbst etwas zu seinem Lebensunterhalt beisteuern. Aus den dreißig werden vierzig, fünfzig, vielleicht sogar fünfundsechzig Dollar. Kapitalismus, angewandt auf Heimkinder. Das tollste Land der Welt, nicht wahr?

Meine ›Eltern‹ hießen Hollis und wohnten in Harlow. Auf der anderen Flußseite lag Castle Rock. Sie hatten ein dreistöckiges Bauernhaus mit vierzehn Zimmern. In der Küche gab es einen Kohleofen, der die oberen Stockwerke aber natürlich nicht ausreichend beheizte. Im Januar deckte man sich mit drei Steppdecken zu, und wenn man morgens aufwachte, wußte man trotzdem nicht genau, ob man seine Füße noch hatte. Man mußte sie auf den Fußboden stellen, wo man sie sehen konnte, um sich zu vergewissern, daß sie noch da waren. Mrs. Hollis war fett. Mr. Hollis war geizig und wortkarg. Er trug das ganze Jahr über eine schwarz-rote Jägermütze. Das Haus war ein einziges Durcheinander von überflüssigem Mobiliar, Ramsch, moderigen Matratzen, Hunden, Katzen und Autoteilen auf Zeitungspapier. Ich hatte drei ›Brüder‹, allesamt Pflegekinder wie ich. Wir waren oberflächlich miteinander bekannt, wie Reisende, die drei Tage im gleichen Bus unterwegs sind.

Ich bekam in der Schule gute Zeugnisse und war in meinem zweiten Jahr auf der High School ein begeisterter Baseballspieler. Hollis redete ständig auf mich ein, ich solle damit aufhören, aber ich machte weiter, bis die Geschichte mit Ace Merrill passierte. Danach wollte ich nicht mehr hingehen, nicht mit meinem verschwollenen, aufgeschlagenen Gesicht, nicht nach all den Geschichten, die Betsy Malenfant verbreitete. Deshalb trat ich aus der Mannschaft aus, und Hollis besorgte mir einen Job als Sodaverkäufer im Drugstore.

Im Februar meines dritten High School-Jahres bewarb ich mich um die Aufnahme ins College und bezahlte die Gebühr mit den zwölf Dollar, die ich in meiner Matratze versteckt hatte. Ich wurde zum Studium zugelassen, bekam ein kleines Stipendium und einen guten Nebenjob in der Bibliothek. Die Gesichter der Hollis, als ich ihnen die Papiere zeigte, die mir eine finanzielle Beihilfe zusicherten, sind die schönste Erinnerung meines Lebens.

Einer meiner ›Brüder‹, Curt, lief von den Hollis fort. Ich hätte das nicht fertiggebracht. Ich war zu passiv für einen solchen Schritt. Ich wäre nach spätestens zwei Stunden zurückgekehrt. Die Universität war für mich der einzige Ausweg, und ich wählte ihn.

Mrs. Hollis' letzte Worte an mich waren: »Schick uns etwas, wenn du kannst.« Ich habe weder sie noch ihren Mann jemals wiedergesehen. Ich hatte im ersten Unijahr gute Noten und bekam im Sommer einen Ganztagsjob in der Bibliothek. Ich schickte den Hollis in jenem ersten Jahr eine Weihnachtskarte, aber es blieb die einzige.

Im ersten Semester meines zweiten Unijahres verliebte ich mich. Es war das Großartigste, was mir je passiert ist. Ob sie hübsch war? Sie hätte jeden Mann glatt vom Stuhl gerissen. Bis heute hab ich keine Ahnung, was sie an mir fand. Ich weiß nicht einmal, ob sie mich geliebt hat oder nicht. In der ersten Zeit vermutlich schon. Später war ich für sie wohl einfach so eine Art Gewohnheit, die man schwer ablegen kann, wie das Rauchen oder das Autofahren mit dem zum Fenster hinausgelehnten Ellbogen. Sie hielt sich noch eine Zeitlang an mich, vielleicht nur gewohnheitshalber, vielleicht auch, weil es ihrer Eitelkeit schmeichelte. Braver Junge, steh auf, hol das Papier. Hier hast du einen Gutenachtkuß. Es spielt keine Rolle. Eine Zeitlang war es Liebe, dann war es so etwas Ähnliches wie Liebe, und dann war Schluß.

Ich schlief zweimal mit ihr — beide Male, nachdem ihre Liebe schon ziemlich abgekühlt war. Es gab der Gewohnheit eine Zeitlang neuen Reiz. Dann kam sie aus den Erntedankfest-Ferien zurück und erklärte mir, sie hätte sich in einen Delta Tau Delta aus ihrer Heimatstadt verliebt. Ich versuchte sie zurückzuerobern, und einmal gelang es mir beinahe, aber der andere konnte ihr eine bessere Zukunft bieten.

Das brachte alles, was ich in all den Jahren seit dem Tod meiner Familie mühsam aufgebaut hatte, zum Einsturz. Das Abzeichen dieses verdammten Burschen auf ihrer Bluse.

Danach hatte ich in loser Folge drei oder vier Mädchen, die bereit waren, mit mir zu schlafen. Ich könnte jetzt natürlich die Schuld auf meine Kindheit schieben, ich könnte sagen, daß ich nie gute sexuelle Vorbilder gehabt habe, aber daran lag es nicht. Ich hatte mit meinem Mädchen in dieser Hinsicht nie irgendwelche Probleme gehabt. Sie fingen erst an, nachdem dieses Mädchen mir den Laufpaß gegeben hatte.

Ich begann, vor Mädchen ein wenig Angst zu haben. Und zwar nicht einmal so sehr vor jenen, bei denen ich impotent war, als vielmehr vor jenen, mit denen es klappte. Bei ihnen wurde ich eine gewisse Unruhe nie los. Ich fragte mich ständig, wo sie wohl irgendeine scharfe Axt versteckt haben mochten, und wann sie auf mich herabsausen würde. Ich bin in dieser Hinsicht natürlich kein Einzelfall. Zeigen Sie mir irgendeinen verheirateten Mann oder einen Mann mit einer festen Freundin, und ich werde Ihnen beweisen, daß er sich fragt (vielleicht nur in den frühen Morgenstunden oder Freitagnachmittags, wenn sie Einkäufe macht): *Was macht sie, wenn ich nicht da bin? Was denkt sie wirklich von mir?* Und am meisten fragt er sich vielleicht: *Inwieweit hat sie mich schon fest am Gängelband? Wieviel freie Entfaltungsmöglichkeiten habe ich noch?* Sobald ich einmal angefangen hatte, über diese Dinge nachzudenken, dachte ich ständig daran.

Ich begann zu trinken, und meine Noten wurden zusehends schlechter. In den Semesterferien bekam ich einen

Brief, in dem mir mitgeteilt wurde, daß mein Stipendium für das zweite Halbjahr gestrichen würde, wenn meine Leistungen sich nicht innerhalb von sechs Wochen besserten. Ich betrank mich mit einigen Kumpels, mit denen ich damals herumzog, und das taten wir die ganzen Ferien über. Am letzten Tag gingen wir in ein Bordell, und ich legte eine tolle Leistung hin. Es war zu dunkel, um Gesichter erkennen zu können.

Meine Noten wurden nicht besser. Einmal rief ich das Mädchen an und weinte am Telefon. Es weinte auch, und ich glaube, daß es das in gewisser Hinsicht genoß. Ich haßte sie damals nicht, und ich tue es auch heute nicht. Aber sie bereitete mir Qualen. Große Qualen.

Am 9. Februar erhielt ich einen Brief vom Dekan für Kunst und Wissenschaften; mir wurde mitgeteilt, daß ich in zwei von den drei Kursen meines Hauptfachs durchgefallen war. Am 13. Februar erhielt ich einen zaudernden Brief des Mädchens. Es wollte nicht, daß zwischen uns irgendeine Verstimmung herrschte. Es hatte die Absicht, jenen Kerl im Juli oder August zu heiraten, und ich konnte dazu eingeladen werden, wenn ich wollte. Das hatte direkt etwas Komisches an sich. Was hätte ich ihr zur Hochzeit schenken können? Mein Herz, mit einer roten Schleife verziert? Meinen Kopf? Meinen Schwanz?

Am 14. Februar — Valentinstag — entschied ich, daß es Zeit für einen Ortswechsel war. Und dann kam Nona, aber das wissen Sie ja schon.

Sie müssen begreifen, was sie mir bedeutete, wenn diese Niederschrift überhaupt einen Sinn haben soll. Sie war schöner als mein Mädchen, aber das war es nicht. Gutes Aussehen ist in einem reichen Land keine Kunst. Es war ihre ganze Art. Sie war sexy, aber ihr Sex-appeal war irgendwie pflanzenartig — blinder Sex, nicht zu verleugnender Sex, der nicht so wichtig ist, weil er so instinktiv ist wie die Fotosynthese. Nicht wie ein Tier, sondern wie eine Pflanze. Verstehen Sie, was ich meine? Ich wußte, daß wir miteinander schlafen würden, auf die Art und Weise, wie Männer und Frauen es tun, aber ich wußte auch, daß unsere Vereinigung so zerstreut und bedeutungslos sein würde, wie wenn Efeu sich in der Augustsonne an einem Gitter emporrankt.

Der Sex war nur wichtig, weil er unwichtig war.

Ich glaube — nein, ich bin sicher —, daß Gewalttätigkeit die eigentliche Triebkraft war. Die Gewalttätigkeit war real und nicht nur ein Traum. Sie war so groß und schnell und hart wie Ace Merrills Ford. Die Gewalttätigkeit in ›Joes Gutes Essen‹, die Gewalttätigkeit gegenüber Norman Blanchette. Und doch hatte selbst das etwas Blindes und Pflanzenartiges an sich. Vielleicht war sie nur so eine Art Weinranke, denn auch die Venusfliegenfalle gehört zur Gattung des Weines, aber diese Pflanze ist fleischfressend und macht Bewegungen wie ein Tier, wenn eine Fliege oder ein Stück rohes Fleisch auf ihre Blätter gelegt wird. Und alles war Realität. Ich bin sicher, daß die Venusfliegenfalle Geschmack an ihrer Fliege hat, daß sie deren immer schwächer werdende Befreiungsversuche genießt, während sie sie mit ihren Borsten umklammert.

Nicht zuletzt spielte meine eigene Passivität eine wesentliche Rolle. Ich vermochte die Leere in meinem Leben nicht zu füllen. Nicht die Lücke, die jenes Mädchen hinterlassen hatte, als es mich sitzenließ — ich möchte ihm nicht für diese Sache die Verantwortung zuschieben —, sondern das Loch, das schon immer vorhanden gewesen war, jener dunkle, verworrene Strudel, der in meinem tiefsten Innern nie zur Ruhe kam. Nona füllte dieses Loch. Sie brachte mich zum Handeln.

Sie machte mich zu einer imposanten Gestalt.

Vielleicht verstehen Sie es jetzt ein wenig. Warum ich von ihr träume. Warum die Faszination trotz der Gewissensbisse und der Aversion nicht vergeht. Warum ich sie hasse. Warum ich Angst vor ihr habe. Und warum ich sie immer noch liebe.

Von Augusta bis Gardener waren es nur acht Meilen, und wir legten sie in wenigen Minuten zurück. Ich hielt die Nagelfeile mit steifen Fingern fest und sah das grüne Leuchtschild – FÜR AUSFAHRT RECHTS FAHREN – aus der Nacht auftauchen. Der Mond war verschwunden, und es hatte leicht zu schneien begonnen.

»Ich wollte, ich würde weiterfahren«, sagte Blanchette.

»Ist nicht so schlimm«, sagte Nona warm, und ich spürte, wie ihr Zorn in meinen Schädel eindrang wie ein Bohreisen. »Setzen Sie uns bitte am Ende der Böschung ab.«

Er bog in die Ausfahrt ein und hielt sich genau an die dort vorgeschriebene Geschwindigkeit von dreißig Meilen pro Stunde. Ich wußte, was ich gleich tun würde. Meine Beine schienen sich in warmes Blei verwandelt zu haben.

Das Ende der Auffahrt wurde von einer Straßenlaterne beleuchtet. Links konnte ich die Lichter von Gardener vor der dichter werdenden Wolkendecke sehen. Rechts war nur schwarze Finsternis. Auf der Zufahrtstraße herrschte in beiden Fahrtrichtungen kein Verkehr.

Ich stieg aus, gefolgt von Nona, die Norman Blanchette noch einmal zulächelte. Ich machte mir keine Sorgen. Sie spielte großartig mit.

Blanchette setzte ein unvorstellbar schweinisches Lächeln auf, erleichtert darüber, uns los zu werden. »Also dann, gute Nacht.«

»Oh, meine Handtasche! Fahren Sie nicht mit meiner Handtasche davon!«

»Ich hol' sie dir«, sagte ich ihr und beugte mich wieder ins Auto. Blanchette sah, was ich in der Hand hatte, und sein schweinisches Lächeln gefror.

Jetzt tauchten auf dem Hügel Scheinwerfer auf, aber es war zu spät, um die Tat nicht auszuführen. Nichts hätte mich mehr davon abhalten können. Ich griff mit der linken Hand nach Nonas Tasche, mit der rechten stieß ich die Nagelfeile aus Stahl in Blanchettes Kehle. Er blökte kurz auf.

Ich machte, daß ich aus dem Wagen rauskam. Nona winkte dem herankommenden Fahrzeug, damit es anhalten sollte. Wegen der Dunkelheit und des Schnees konnte ich nicht erkennen, was für ein Wagentyp es war. Ich sah nur die beiden hellen Kreise der Scheinwerfer. Ich duckte mich hinter Blanchettes Auto und spähte durch das Rückfenster.

Die Stimmen gingen im Heulen des Windes fast unter.

»... Schwierigkeiten, junge Dame?«

»... Vater...« Wind. »... hatte einen Herzschlag! Könnten Sie...«

Ich schlich um den Kofferraum von Blanchettes Limousine und beugte mich etwas vor. Jetzt konnte ich sie sehen. Nonas schlanke Silhouette und eine größere Gestalt. Sie standen neben etwas, das wie ein leichter Lieferwagen aussah, dann näherten sie sich dem Fenster auf der Fahrerseite des Chevrolets, wo Norman Blanchette über dem Lenkrad hing, mit Nonas Nagelfeile in der Kehle. Der Fahrer des Lieferwagens war ein junger Mann im Parka. Er spähte ins Auto. Ich schlich mich hinter ihn.

»Mein Gott!« rief er. »Dieser Mann blutet ja! Was...«

Ich schlang meinen rechten Ellbogen um seine Kehle und packte mit der linken Hand mein rechtes Gelenk. Ich zog ihn mit einem Ruck hoch. Sein Kopf stieß mit einem dumpfen Laut gegen die Tür. Er erschlaffte in meinen Armen.

Ich hätte es damit gut sein lassen können. Er hatte Nona nicht genau und mich überhaupt nicht gesehen. Ich hätte aufhören können. Aber er war ein Wichtigtuer, ein lästiger Typ, der uns im Wege stand und versuchen würde, uns zu schaden. Ich hatte es satt, verletzt zu werden. Ich erwürgte ihn.

Als die Sache erledigt war, blickte ich hoch und sah Nona im Scheinwerferlicht des Chevrolets und des Lieferwagens stehen. In ihrem Gesicht stand eine groteske Mischung aus Haß, Liebe, Triumph und Freude geschrieben. Sie breitete ihre Arme aus, und ich stürzte zu ihr hin. Wir küßten uns. Ihr Mund war kalt, aber ihre Zunge war warm. Ich wühlte mit beiden Händen in ihren Haaren, und der Wind heulte um uns herum.

»Führ' die Sache jetzt zu Ende«, sagte sie. »Bevor noch jemand kommt.«

Ich tat es. Ich leistete ziemlich schlampige Arbeit, aber ich wußte, daß das genügen würde. Wir brauchten nur ein wenig Zeit. Danach würde es nichts mehr ausmachen, wenn die Leichen gefunden wurden. Wir würden in Sicherheit sein.

Der Lieferwagenfahrer war leicht. Ich trug ihn auf beiden Armen über die Straße und warf ihn in die Senkgrube jenseits der Leitplanken. Er purzelte Hals über Kopf in den Abgrund.

Ich ging zurück, um Blanchette zu holen.

Er war schwerer und blutete wie ein abgestochenes Schwein. Ich hob ihn hoch, stolperte drei Schritte nach rückwärts, und dann entglitt er meinen Armen und fiel auf die Straße. Ich drehte ihn um. Der Neuschnee klebte an seinem Gesicht und verwandelte es in die Maske eines Skiläufers.

Ich beugte mich hinab, packte ihn unter den Armen und schleppte ihn zur Senkgrube. Seine Füße hinterließen Schleifspuren. Ich warf ihn hinab und beobachtete, wie er auf dem Rücken nach unten glitt, die Arme über dem Kopf. Seine Augen waren weit aufgerissen und starrten blicklos auf die in sie hineinfallenden Schneeflocken. Wenn es weiterschneite, würden beide Leichen nur noch zwei undefinierbare Hügel sein, bis die Schneepflüge hier vorbeikamen.

Ich ging auf die andere Straßenseite zurück. Nona war schon in den Lieferwagen gestiegen, ohne daß ich ihr hätte sagen müssen, welches Fahrzeug wir benutzen würden. Ich konnte ihr Gesicht als hellen Fleck erkennen, und darin ihre Augen als dunkle Löcher, aber das war auch schon alles. Ich stieg in Blanchettes Auto, setzte mich in die Blutstreifen, die sich zwischen den Noppen des Vinylsitzbezuges gebildet hatten, und fuhr das Chevrolet an den Straßenrand. Ich schaltete die Scheinwerfer aus und die Blinklichter ein und stieg aus. Jeder, der vorbeifuhr, würde glauben, daß der Fahrer einen Motorschaden gehabt und sich zu Fuß in die Stadt begeben hatte, um eine Reparaturwerkstatt zu finden. Ich war sehr stolz auf mein Improvisationstalent. Es war so, als hätte ich schon mein Leben lang Menschen umgebracht. Ich ging zum Lieferwagen, setzte mich ans Steuer und fuhr die Autobahnauffahrt hinauf.

Sie saß neben mir, nicht direkt auf Tuchfühlung, aber sehr nahe. Wenn sie sich bewegte, streiften ihre Haare manchmal meinen Nacken. Es war ein Gefühl, als berührte mich eine winzige Elektrode. Einmal konnte ich nicht anders, ich mußte meine Hand ausstrecken und ihr Bein berühren, um mich zu vergewissern, daß sie wirklich neben mir saß. Sie lachte leise. Alles war Wirklichkeit. Der Wind heulte um die Fenster und wirbelte den Schnee umher.

Wir fuhren in Richtung Süden.

Wenn man von Harlow aus auf der 126 in Richtung Castle Rock geht, kommt man direkt hinter der Brücke an eine riesige umgebaute Farm, die den hochtrabenden Namen ›Castle Rock Jugendklub‹ führt. Es gibt dort zwölf Kegelbahnen mit launischen automatischen Kegelaufstellmaschinen, die an den drei letzten Tagen der Woche meistens nicht funktionieren, einige alte Pinball-Automaten, eine Musicbox mit den größten Hits von 1957, drei Poulespieltische und eine Theke für Coke und Pommes frites, wo man auch Kegelschuhe ausleihen kann, die aussehen, als stammten sie direkt von den Füßen toter Wermutbrüder. Der Name ist deshalb so lächerlich, weil die meisten Jugendlichen von Castle Rock abends ins Drive-in nach Jay Hill fahren oder zu den Viehwagenrennen in Oxford Plains gehen. Im ›Jugendklub‹ lungern hauptsächlich die Raufbolde aus Gretna, Harlow und Castle Rock herum. Im Durchschnitt kommt es auf dem Parkplatz jeden Abend zu einer Schlägerei.

Ich begann dort herumzuhängen, als ich das zweite Jahr die High School besuchte. Einer meiner Bekannten, Bill Kennedy, arbeitete dort an drei Abenden pro Woche, und wenn gerade ein Tisch frei war, ließ er mich kostenlos ein bißchen Poule spielen. Das war nicht umwerfend, aber es war immer noch besser als im Haus der Hollis herumzusitzen.

Im Klub traf ich Ace Merrill. Niemand hegte einen Zweifel daran, daß er der größte Raufbold der drei Städte war. Er fuhr einen frisierten Ford Baujahr 1952, und es wurde gemunkelt, daß er damit, wenn es sein mußte, 130 fahren konnte. Er pflegte mit pomadeglänzenden

Haaren wie ein König in den Klub zu stolzieren, ein paar Spielchen zu machen, Betsy ein Coke zu bezahlen und dann mit ihr zusammen zu verschwinden. Alle Anwesenden atmeten spürbar auf, wenn die zerkratzte Tür hinter ihm zufiel. Niemand ging je mit Ace Merrill auf den Parkplatz hinaus.

Das heißt, niemand außer mir.

Betsy Malenfant war sein Mädchen, das hübscheste Mädchen von ganz Castle Rock. Ich glaube nicht, daß sie besonders helle war, aber das spielte überhaupt keine Rolle. Sie hatte den makellosesten Teint, den ich je gesehen hatte, und er stammte nicht aus einer Kosmetikflasche. Kohlpechrabenschwarzes Haar, dunkle Augen, voller Mund, eine umwerfende Figur — die sie offenherzig zur Schau stellte. Wer hätte zu versuchen gewagt, sie abzuschleppen und anzuheizen, wenn Ace in der Nähe war? Kein vernünftiger Mensch.

Ich war in sie verknallt. Nicht wie in das Mädchen und nicht wie in Nona, obwohl Betsy wie eine jüngere Ausgabe von ihr ausgesehen hatte, aber es war mir damals ebenso verzweifelt ernst damit. Wenn Sie jemals eine große Jugendliebe hatten, wissen Sie, was ich durchmachte. Sie war siebzehn, zwei Jahre älter als ich.

Ich ging immer häufiger in den Klub, sogar an Abenden, wenn Billy nicht da war, nur um sie zu sehen. Ich kam mir vor wie ein Vogelbeobachter, nur mit dem Unterschied, daß ich von vornherein auf verlorenem Posten stand. Wenn ich heimkam, log ich den Hollis etwas vor, wo ich gewesen war, und ging in mein Zimmer hinauf. Ich schrieb ihr lange, leidenschaftliche Briefe, in denen ich alles aufzählte, was ich gern für sie tun würde — und dann zerriß ich sie. Und im Unterricht träumte ich davon, wie ich sie bitten würde, mich zu heiraten, und wie wir zusammen nach Mexiko durchbrennen würden.

Sie muß gespannt haben, was mit mir los war, und es muß ihr geschmeichelt haben, denn sie war nett zu mir, wenn Ace nicht in der Nähe war. Sie kam zu mir herüber und unterhielt sich mit mir, ließ sich von mir zu einer Coke einladen und rieb, wenn wir nebeneinandersaßen, verstohlen ihr Bein an meinem. Das machte mich ganz verrückt.

Eines Abends Anfang November trieb ich mich wieder im Klub herum, spielte mit Bill ein bißchen Poule und wartete darauf, daß sie zur Tür hereinkommen würde. Es war noch kein Mensch da, denn es war noch nicht einmal acht, und draußen heulte der Wind und kündigte den Winter an.

»Du solltest lieber die Finger davonlassen«, sagte Bill, während er die Neun genau in die Ecke schoß.

»Wovon?«

»Du weißt schon.«

»Nein, ich weiß es nicht.« Ich schoß daneben, und während Bill wieder an der Reihe war, ging ich zur Musicbox und warf eine Münze ein.

»Betsy Malenfant.« Er zielte sorgfältig. »Charlie Hogan hat Ace erzählt, wie du um sie rumscharwenzelst. Charlie fand das sehr komisch, weil sie älter ist und all sowas, aber Ace hat nicht gelacht.«

»Ich mach mir überhaupt nichts aus ihr«, murmelte ich.

»Ist auch besser für dich«, sagte Bill, und dann kamen einige Jungs herein, und er ging zur Theke, um ihnen einen Queue-Ball zu geben.

Ace tauchte so gegen neun Uhr auf, und er war allein. Er hatte mich bisher nie beachtet, und ich hatte schon fast vergessen, was Billy mir gesagt hatte. Ich spielte Pinball und war gerade schwer beschäftigt. Ich bemerkte nicht einmal, daß plötzlich eine unnatürliche Stille eintrat, und daß alle im Kegeln oder Poulespielen innehielten. Mit einem Mal flog ich quer über den Pinball-Automaten und landete auf dem Fußboden. Ich rappelte mich auf, fühlte mich aber alles andere als wohl in meiner Haut. Er stand da und musterte mich, den Reißverschluß seiner Garnisonsjacke halb geöffnet, die pomadisierten Haare tadellos frisiert.

»Finger weg von meinem Mädchen!« sagte er ruhig, »oder ich polier dir die Fresse so, daß du sie nicht wiedererkennst.«

Er stolzierte hinaus. Alle schauten mich an, und ich wäre am liebsten im Fußboden versunken, bis ich bemerkte, daß auf den meisten Gesichtern eine Art widerwilliger Bewunderung geschrieben stand. Daraufhin klopfte ich mir — nach außen hin völlig ungerührt — den Staub ab und warf eine neue Münze in den Pinball-Automaten. Einige Jungs kamen zu mir herüber und klopften mir anerkennend auf den Rücken, bevor sie wortlos hinausgingen.

Der Klub schloß um elf, und Billy erbot sich, mich heimzufahren.

»Du wirst noch ganz böse auf die Schnauze fallen, wenn du nicht aufpaßt«, sagte er.

»Mach dir um mich keine Sorgen«, meinte ich.

Er gab keine Antwort.

Zwei oder drei Abende später kam Betsy gegen sieben Uhr allein in den Klub. Außer mir war noch ein Bursche namens Vern Tessio da, der ein paar Jahre zuvor von der Schule geflogen war, und den ich kaum beachtete.

Ich spielte gerade wieder am Pinball-Automaten. Sie kam direkt auf mich zu und blieb dicht vor mir stehen, so daß ich den leichten Seifenduft ihrer Haut riechen konnte. Mir wurde davon ganz schwindlig.

»Ich habe gehört, was Ace mit dir gemacht hat«, sagte

sie. »Ich darf nicht mehr mit dir reden, und ich werde mich auch daran halten, aber vielleicht kann *das* dich ein wenig trösten.« Sie küßte mich, dann ging sie rasch hinaus. Ich spielte wie betäubt weiter. Ich bemerkte nicht einmal, daß Tessio wegging, um die Neuigkeit zu verbreiten. Ich sah nur ihre dunklen, dunklen Augen vor mir.

So kam es, daß ich später am Abend mit Ace Merrill auf dem Parkplatz landete, und daß er Kleinholz aus mir machte. Es war kalt, bitterkalt, und zuletzt begann ich zu heulen, und es war mir in diesem Augenblick völlig egal, daß alle es hören und sehen konnten. Ace hatte von mir keinen einzigen Treffer eingesteckt.

»Okay«, sagte er und ging neben mir in die Hocke. Er atmete nicht einmal schwer. Er zog ein großes Klappmesser aus der Tasche und drückte auf den Chromknopf. Eine sieben Zoll lange Stahlklinge blitzte im Mondlicht auf. »Nächstesmal bekommst du *das* zu spüren. Ich werd dir meinen Namen auf die Eier tätowieren.« Er stand auf, versetzte mir einen letzten Fußtritt und verschwand. Gute zehn Minuten lag ich zitternd im Dreck. Niemand kam her, um mir aufzuhelfen oder mir auf den Rücken zu klopfen, nicht einmal Bill. Auch Betsy tauchte nicht auf, um mich zu trösten.

Schließlich stand ich von allein auf und fuhr per Anhalter nach Hause. Ich erzählte Mrs. Hollis, ein Betrunkener hätte mich mitgenommen und wäre in den Straßengraben gefahren. Ich habe den Klub nie wieder betreten.

Kurze Zeit danach gab Ace Betsy den Laufpaß, und von da an ging es mit ihr immer mehr bergab. Irgendwo holte sie sich den Tripper. Billy berichtete mir, er hätte sie eines Abends im ›Manoir‹ in Lewiston gesehen, wo sie Männer um Drinks anhaute. Er erzählte, sie hätte fast keine Zähne mehr und eine gebrochene Nase, und er sagte, daß ich sie nicht wiedererkennen würde. Aber zu jener Zeit war mir das alles schon ziemlich egal.

Der Lieferwagen hatte keine Winterreifen und rutschte auf dem frischen Pulverschnee hin und her. Wir brauchten für die zweiundzwanzig Meilen bis zur Ausfahrt Lewiston mehr als eine dreiviertel Stunde.

Der Mann an der Ausfahrt Lewiston nahm meine Mautkarte und meine sechzig Cent. »Glatte Fahrbahn, was?«

Weder Nona noch ich gaben ihm eine Antwort. Allmählich näherten wir uns jetzt dem Ort, wohin wir wollten. Auch wenn ich nicht diesen seltsamen wortlosen Kontakt mit ihr gehabt hätte, wäre ich darauf gekommen, einfach aufgrund dessen, daß sie angespannt auf dem staubigen Sitz des Lieferwagens saß, mit beiden Händen ihre Handtasche umklammerte und starr geradeaus auf die Straße blickte. Unwillkürlich überlief mich ein Schauder.

Wir fuhren die 136 entlang. Es waren nicht viele Autos unterwegs; der Wind wurde immer stärker, der Schnee fiel immer dichter. Hinter Harlow Village fuhren wir an einem großen Buick Riviera vorbei, der ins Schleudern geraten und gegen die Leitplanke geprallt war. Seine Blinkleuchten waren eingeschaltet, und das erinnerte mich gespenstisch an Blanchettes Wagen, der inzwischen schneebedeckt sein mußte – ein verschwommener Hügel in der Dunkelheit.

Der Fahrer des Buicks versuchte mich anzuhalten, aber ich fuhr an ihm vorbei, ohne das Tempo herabzusetzen, und bespritzte ihn mit Schneematsch. Meine Scheibenwischer waren vom Schnee blockiert, und ich lehnte mich hinaus und wischte wenigstens den Schnee auf meiner Seite ab. Danach konnte ich etwas besser sehen.

Harlow war eine Geisterstadt. Alles war dunkel und geschlossen. Ich schaltete den rechten Blinker ein, um abzubiegen und über die Brücke nach Castle Rock zu fahren. Die Hinterräder wollten unter mir weggleiten, aber ich schaffte die Kurve. Jenseits des Flusses tauchte der dunkle Schatten des Jugendklubs vor uns auf. Das Gebäude sah verschlossen und verlassen aus. Plötzlich tat es mir leid, daß es soviel Schmerz gegeben hatte. Und Tod. In diesem Augenblick machte Nona zum erstenmal seit der Ausfahrt Gardener den Mund auf.

»Hinter dir fährt ein Polizeiauto.«

»Verfolgt es...?«

»Nein. Es fährt ohne Blaulicht.«

Aber es machte mich nervös, und vielleicht passierte *deshalb* der Unfall. Die 136 beschreibt auf der Harlow-Seite des Flusses eine Kurve von neunzig Grad und führt dann über die Brücke direkt nach Castle Rock. Ich schaffte die Kurve, aber die Brücke war vereist.

»*Verdammt*...«

Der Lieferwagen geriet ins Schleudern, drehte sich um sich selbst und rammte, ehe ich mich's versah, einen der massiven stählernen Brückenpfeiler. Als nächstes sah ich die hellen Scheinwerfer des Polizeiwagens dicht hinter uns. Der Polizist trat auf die Bremse — die roten Lichter reflektierten im Schnee —, aber das Eis erwischte auch ihn. Er fuhr direkt in uns hinein. Es gab einen heftigen Stoß, und wir prallten wieder gegen die Pfeiler. Ich wurde in Nonas Schoß geschleudert, und trotz meiner Verwirrung genoß ich in diesem Bruchteil einer Sekunde die geschmeidige Festigkeit ihrer Schenkel. Dann kam alles zum Stehen. Jetzt *hatte* der Polizist sein Blaulicht eingeschaltet. Blaue kreisende Schatten jagten über die Motorhaube des Lieferwagens und über die verschneiten Brükkenpfeiler. Die Innenbeleuchtung des Funkstreifenwagens ging an, als der Bulle ausstieg.

Wenn er nicht hinter uns gefahren wäre, hätte ich keinen Unfall gebaut. Dieser Gedanke ging mir unaufhörlich durch den Kopf. Ein unnatürliches, gefrorenes Grinsen breitete sich im Dunkeln auf meinem Gesicht aus, während ich auf dem Boden des Lieferwagens nach etwas suchte, womit ich zuschlagen konnte. Ich stieß auf einen offenen Werkzeugkasten und kam mit einem schweren Schraubenschlüssel hoch, den ich zwischen Nona und mich auf den Sitz legte. Der Bulle lehnte am Fenster. Das Blaulicht verwandelte sein Gesicht ständig wie das eines Teufels.

»Für die Straßenverhältnisse ein bißchen zu schnell gefahren, was, Junge?«

»Und Sie sind ein bißchen zu dicht aufgefahren, oder?« fragte ich. »Für die Straßenverhältnisse?«

Vielleicht errötete er. Es war in dem flackernden Licht schwer festzustellen.

»Willst du mir etwa frech kommen, Junge?«

»Nur, wenn Sie mir die Beulen in Ihrem Wagen anlasten wollen.«

»Zeigen Sie mal Ihren Führerschein und Ihre Wagenpapiere!«

Ich zog meine Brieftasche heraus und gab ihm meinen Führerschein.

»Und die Wagenpapiere?«

»Der Lieferwagen gehört meinem Bruder. Er trägt die Papiere immer in seiner Brieftasche mit sich herum.«

»Stimmt das auch wirklich?« Er warf mir einen scharfen Blick zu und versuchte, mich damit zu verunsichern. Als er begriff, daß ihm das nicht so leicht gelingen würde, wendete er seinen Blick Nona zu. Ich hätte ihm die Augen auskratzen können für das, was ich in ihnen las.

»Wie heißen Sie?«

»Cheryl Craig, Sir.«

»Was haben Sie denn mitten in einem Schneesturm im Lieferwagen seines Bruders zu suchen, Cheryl?«

»Wir wollen meinen Onkel besuchen.«

»In Castle Rock.«

»Genauso ist es.«

»Ich kenne keine Craigs in Castle Rock.«

»Sein Name ist Emonds. Er wohnt auf dem Bowen Hill.«

»Stimmt das auch?« Er ging nach hinten, um einen Blick auf das Nummernschild zu werfen. Ich öffnete die Tür und beugte mich hinaus. Er notierte sich die Kfz-Nummer.

Er kam zurück, während ich mich noch hinausbeugte und von der Taille aufwärts von seinen Scheinwerfern in grelles Licht getaucht wurde. »Ich werde... Was haben Sie denn da überall für Flecken an sich, Junge?«

Ich brauchte nicht erst nachzuschauen — ich wußte auch so, was es war. Ich habe seitdem immer geglaubt, dieses Hinauslehnen sei einfach Geistesabwesenheit, Unüberlegtheit gewesen, aber während des Schreibens bin ich zu einer anderen Meinung gekommen. Ich glaube nicht mehr, daß ich geistesabwesend gehandelt habe. Ich glaube, ich wollte, daß er es sieht. Ich packte den Schraubenschlüssel.

»Was für Flecken meinen Sie?«

Er kam zwei Schritte näher. »Sie sind verletzt — sieht so aus, als hätten Sie sich geschnitten. Sie sollten...«

Ich schlug zu. Seine Mütze war bei dem Zusammenstoß heruntergefallen, und sein Kopf war unbedeckt. Der Schraubenschlüssel traf ihn mit voller Wucht direkt über der Stirn. Ich habe das dabei verursachte Geräusch nie vergessen — wie wenn ein Pfund Butter auf einen harten Boden fällt.

»Beeil' dich«, sagte Nona. Sie legte mir ihre ruhige Hand auf den Nacken. Ihre Hand war sehr kühl, wie die Luft in einem Obstkeller. Meine Pflegemutter hatte einen Obstkeller.

Seltsam, daß mir das gerade in jenem Augenblick wieder einfiel. Sie schickte mich im Winter immer in den Keller, um Gemüse heraufzuholen, das sie selbst einmachte. In großen Gläsern mit Gummiringen unter den Deckeln.

Eines Tages ging ich in den Keller, um ein Glas Wachsbohnen für unser Abendessen zu holen. Die Einmachgläser wurden in Kisten aufbewahrt, die Mrs. Hollis ordentlich beschriftete. Ich weiß noch, daß sie ›Himbeeren‹ immer falsch schrieb, und daß ihre falsche Orthographie mir ein heimliches Überlegenheitsgefühl verschaffte.

An diesem Tag ging ich an den mit ›Himbeeren‹ beschrifteten Kartons vorbei bis zu der Ecke, wo die Bohnen aufbewahrt wurden. Es war kühl und dunkel. Die Wände waren aus Lehm, und bei nassem Wetter schwitzten sie in tröpfelnden, gewundenen Strömen Feuchtigkeit aus. Es roch nach einer geheimnisvollen Ausdünstung, die sich aus Organischem, Erde und Eingemachtem zusammensetzte, und große Ähnlichkeit mit dem Geruch der intimen Körperteile einer Frau hatte. In einer Ecke stand, schon seit ich zum erstenmal in den Keller gekommen war, eine alte kaputte Druckerpresse, und manchmal spielte ich damit und tat so, als könnte ich sie reparieren. Ich liebte diesen Keller. In jener Zeit — ich war damals neun oder zehn Jahre alt — war der Obstkeller mein liebster Aufenthaltsort. Mrs. Hollis weigerte sich, ihn zu betreten, und es war unter der Würde ihres Mannes hinunterzugehen und Gemüse zu holen. Deshalb hielt ich mich gern dort auf, sog jenen besonderen, geheimnisvollen Erdgeruch in mich ein und genoß die

Zurückgezogenheit. Dort fühlte ich mich geborgen wie im Mutterleib. Die einzige Lichtquelle war eine spinnwebenbehangene Glühbirne, die Mr. Hollis vermutlich noch vor dem Burenkrieg angeschlossen hatte. Manchmal bewegte ich meine Hände und zauberte große Hasen an die Wand.

Ich holte die Bohnen und wollte gerade wieder hinaufgehen, als ich unter einer der alten Kisten ein Rascheln hörte. Ich ging hin und hob sie hoch.

Da lag eine braune Ratte auf der Seite. Sie hob ihren Kopf und starrte mich an. Sie atmete schwer und bleckte ihre Zähne. Es war die größte Ratte, die ich je gesehen hatte, und ich beugte mich tiefer über sie. Sie war gerade dabei, Junge zu werfen. Zwei dieser unbehaarten und blinden Geschöpfe saugten schon an ihrem Bauch. Ein drittes kam gerade zur Welt.

Die Mutter starrte mich hilflos an, bereit zuzubeißen. Ich wollte sie töten, sie alle töten, zerquetschen, aber ich konnte nicht. Es war das Schrecklichste, was ich je gesehen hatte. Während ich wie gebannt auf dieses Bild starrte, lief eine kleine braune Spinne — ein Weberknecht, nehme ich an — über den Fußboden. Die Mutter schnappte nach ihm und fraß ihn auf.

Ich floh. Auf halber Treppe fiel ich hin und zerbrach das Bohnenglas. Mrs. Hollis verprügelte mich, und ich betrat den Keller freiwillig nie wieder.

In Erinnerungen versunken, stand ich da und starrte auf den Polizisten hinab.

»Beeil dich!« wiederholte Nona.

Er war viel leichter als Blanchette, oder aber mein Adrenalinspiegel war jetzt höher. Ich nahm ihn auf die Arme und trug ihn zum Rand der Brücke. Ich konnte die Wasserfälle ein Stück stromabwärts kaum erkennen, und stromaufwärts war die Eisenbahnbrücke nur ein düsterer Schatten, wie ein Schafott. Der Nachtwind heulte, und der Schnee peitschte mir ins Gesicht. Einen Augenblick lang hielt ich den Bullen an meine Brust gepreßt wie ein schlafendes neugeborenes Kind, und dann fiel mir wieder ein, was er in Wirklichkeit gewesen war, und ich warf ihn in die Dunkelheit hinab.

Wir stiegen wieder in den Lieferwagen, aber der Motor sprang nicht an. Ich versuchte es, bis mir der süßliche Benzingeruch in die Nase stieg, dann gab ich es auf.

»Komm«, sagte ich.

Wir gingen zum Streifenwagen. Der Kurzwellensender unter dem Armaturenbrett knackte und rauschte.

»Wagen vier, kommen, Wagen vier, kommen. Hören Sie mich?«

Ich stellte ihn ab, wobei ich mir die Knöchel an etwas anschlug, während ich nach dem richtigen Kippschalter suchte. Es erwies sich als Schrotflinte. Vermutlich war sie Privateigentum des Bullen gewesen. Ich reichte sie Nona, und sie legte sie auf ihren Schoß. Ich legte den Rückwärtsgang ein. Der Wagen war verbeult, aber ansonsten nicht beschädigt. Er hatte Winterreifen, und sie griffen hervorragend, sobald wir das vereiste Stück hinter uns hatten, das an allem schuld war.

Dann waren wir in Castle Rock. Die Straße war noch nicht vom Schnee freigepflügt worden, und es gab keine Reifenspuren außer denen, die wir hinterließen. Riesige schneebedeckte Tannen ragten um uns herum empor. Sie gaben mir das Gefühl, klein und unbedeutend zu sein, ein winziger Bissen in der Kehle dieser Nacht. Es war inzwischen schon nach zehn.

Während meines ersten Jahres an der Universität bekam ich vom geselligen Treiben nicht viel mit. Ich studierte eifrig und arbeitete nebenbei in der Bibliothek, wo ich Bücher in die Regale stellte, Einbände reparierte und lernte, wie man katalogisiert. Im Frühling spielte ich Baseball.

Gegen Ende des akademischen Jahres, kurz vor den Schlußexamen, fand im Festsaal eine Tanzveranstaltung statt. Ich hatte gerade nichts Besseres zu tun, war auf meine beiden ersten Prüfungen gut vorbereitet, deshalb ging ich hin.

Der Saal war dunkel und überfüllt, und es roch nach Schweiß. Es war eine fieberhafte Atmosphäre, wie sie nur bei Collegeveranstaltungen herrscht, über denen das Damoklesschwert der Schlußexamen hängt. Sex lag in der Luft. Man roch es nicht nur, man konnte es fast mit beiden Händen greifen wie ein nasses, schweres Stück Stoff. Man wußte, daß es etwas später hoch hergehen würde. Die Pärchen würden es überall miteinander treiben, unter den Zuschauersitzen, auf dem Parkplatz, in Apartments und Schlafsälen. Verzweifelte Männer/Jungen, denen die Einberufung zum Militär drohte, würden es mit hübschen Studentinnen treiben, die dieses Jahr abgehen, nach Hause zurückkehren und eine Familie gründen würden. Es würde unter Tränen oder Gelächter vor sich gehen, betrunken oder nüchtern, steif oder hemmungslos. Vor allem aber schnell.

Es waren ein paar Männer ohne Damenbegleitung da, aber nicht viele. Es war keine Nacht, in der jemand allein bleiben mußte. Ich schlenderte zur erhöhten Plattform für die Band. Als ich näher kam, wurde die Musik, der Beat, zu etwas direkt Fühlbarem. Hinter den Musikern waren im Halbkreis große Verstärker aufgestellt, und man fühlte, wie das Trommelfell sich im Rhythmus der Baßeinsätze bewegte.

Ich lehnte mich an die Wand und beobachtete das bunte Treiben. Die Tänzer bewegten sich nach vorgeschriebenen Regeln, ihre Füße schoben sich auf dem mit Sägemehl bestreuten Lackboden hin und her. Ich entdeckte keine Bekannten und begann mich einsam zu fühlen, aber auf eine angenehme Art und Weise. Ich befand mich in jenem Stadium, wo man sich zusammenfantasiert, daß man ein romantischer Fremdling ist und daß alle verstohlen aus den Augenwinkeln zu einem herüberschauen.

Etwa eine halbe Stunde später ging ich hinaus und holte mir im Foyer eine Cola. Als ich den Festsaal wieder betrat, hatte irgend jemand mit einem Rundtanz begonnen, und ich wurde in den Kreis hineingezogen. Ich legte meine Arme um die Schultern von zwei Mädchen, die ich noch nie gesehen hatte, und wir tanzten immer im Kreis herum. Er füllte den halben Saal und bestand aus etwa zweihundert Leuten. Dann bildeten zwanzig oder dreißig von ihnen in der Mitte des ersten Kreises einen zweiten und bewegten sich in entgegengesetzter Richtung. Mir wurde davon ganz schwindlig. Ich sah ein Mädchen, das wie Betsy Malenfant aussah, aber ich wußte, daß ich mir das nur einbildete. Als ich wieder nach ihr Ausschau hielt, konnte ich niemanden finden, der ihr auch nur ähnlich gesehen hätte.

Als der Kreis sich endlich auflöste, fühlte ich mich schwach und alles andere als wohl. Ich setzte mich auf eine Zuschauerbank. Die Musik war zu laut, die Luft zu verbraucht. Mir war immer noch schwindlig. Ich konnte meinen Herzschlag im Kopf pochen hören, wie nach einem schweren Besäufnis.

Ich glaubte bisher, daß das, was als nächstes geschah, auf meine Müdigkeit und die leichte vom Rundtanz herrührende Übelkeit zurückzuführen war, aber das Aufschreiben hat – wie schon gesagt – alles in schärferes

Licht gerückt. Ich kann nicht mehr an diese einfache Erklärung glauben.

Ich betrachtete sie wieder, all die schönen Menschen, die sich im Halbdunkel tummelten. Es kam mir so vor, als sähen alle Männer erschrocken aus, als seien ihre Gesichter zu langen grotesken Zeitlupenmasken erstarrt. Es war verständlich. Die Frauen — Studentinnen in Sweatern und kurzen Röcken — verwandelten sich nämlich allesamt in Ratten. Zuerst ängstigte mich das nicht. Ich kicherte sogar vor mich hin. Ich wußte, daß das, was ich sah, eine Art Halluzination war, und eine Zeitlang konnte ich sie fast klinisch beobachten.

Dann stellte sich ein Mädchen auf die Zehenspitzen, um ihren Freund zu küssen, und das war mir dann doch zuviel. Ein behaartes, verzerrtes Gesicht mit schwarzen Knopfaugen, ein Mund, der sich öffnete und Zähne enthüllte...

Ich floh.

Einen Augenblick lang stand ich im Foyer herum, halb von Sinnen. Es gab einen Waschraum hier unten, aber ich ging daran vorbei und lief die Treppe hinauf.

Die Garderobe befand sich im dritten Stock, und die letzte Treppe mußte ich hochrennen. Ich stieß die Tür auf und stürzte in eine der Toilettenkabinen. Ich übergab mich zwischen den vermischten Gerüchen von Pomaden, verschwitzten Uniformen und geöltem Leder. Die Musik war weit entfernt, die Stille war jungfräulich. Ich fühlte mich getröstet.

Wir mußten an einer Verkehrsampel in Southwest Bend halten. Die Erinnerung an den Tanzabend hatte mich unverständlicherweise sehr erregt. Ich begann zu zittern.

Sie lächelte mich mit ihren dunklen Augen an. »Jetzt?«

Ich konnte ihr nicht antworten. Dafür zitterte ich viel zu stark. Sie nickte langsam an meiner Stelle.

Ich bog in einen Seitenweg ab, fuhr aber nicht zu weit, weil ich befürchtete steckenzubleiben. Ich schaltete die Scheinwerfer aus, und Schneeflocken sammelten sich lautlos auf der Windschutzscheibe.

»Liebst du?« fragte sie sanft.

Ein eigenartiger Laut entrang sich meiner Kehle. Ich glaube, es muß eine Art orales Gegenstück zu den Gedanken eines Kaninchens gewesen sein, das in eine Fallschlinge geraten ist.

»Hier«, sagte sie. »Genau hier.«

Es war Ekstase.

Wir kamen nur mit großer Mühe auf die Hauptstraße zurück. Inzwischen war der Schneepflug vorbeigefahren — wir hatten seine orangefarbenen Blinklichter die Nacht erhellen sehen —, und er hatte einen hohen Schneewall errichtet, der uns den Weg versperrte.

Im Kofferraum des Polizeiwagens lag eine Schaufel. Ich brauchte eine halbe Stunde, um uns freizuschaufeln, und es war fast Mitternacht, als ich damit fertig war. Nona hörte währenddessen den Polizeifunk und erfuhr daraus, was wir wissen mußten. Die Leichen von Blanchette und dem Fahrer des Lieferwagens waren gefunden worden. Sie vermuteten, daß wir mit dem Funkstreifenwagen unterwegs waren. Der Bulle hatte Essegian geheißen, und das ist ein komischer Name. Es hatte einmal einen Baseballprofi namens Essegian gegeben — ich glaube, er spielte für die Dodgers. Vielleicht hatte ich einen Verwandten von ihm getötet. Es belastete mich nicht, den Namen des Bullen zu kennen. Er war zu dicht hinter uns gefahren, und er war uns im Weg gewesen.

Wir fuhren auf die Hauptstraße zurück.

Ich spürte ihre Erregung, groß, heiß und brennend.

Ich hielt kurz an, um die Windschutzscheibe mit dem Arm zu säubern, dann fuhren wir weiter.

Wir passierten Castle Rock West, und ich wußte, wo ich abbiegen mußte, ohne daß sie es mir zu sagen brauchte. Ein schneeverkrustetes Straßenschild besagte, daß es die Stackpole Road war.

Der Schneepflug war hier nicht durchgekommen, aber ein Fahrzeug mußte kurz vor uns diese Strecke gefahren sein. Die Reifenspuren im wirbelnden Schnee waren noch frisch.

Eine Meile, dann weniger als eine Meile. Ihre wilde Begierde, ihr Verlangen übertrugen sich auf mich, und ich wurde wieder nervös. Wir bogen um eine Kurve, und da stand der orangefarbene LKW des Elektrizitätswerkes mit blutroten Warnlichtern. Er blockierte die Straße.

Sie können sich Nonas Wut nicht vorstellen — besser gesagt, unsere Wut — denn nach dem, was geschehen war, waren wir wirklich zu einer Einheit verschmolzen. Sie können sich das mitreißende Gefühl intensiver Paranoia nicht vorstellen, jene Überzeugung, daß sich jetzt alle gegen uns verschworen hatten.

Es waren zwei Männer. Der eine war ein gebeugter Schatten in der Dunkelheit vor uns. Der andere hatte eine Taschenlampe in der Hand. Er kam auf uns zu, und das Licht bewegte sich auf und ab wie ein gespenstisches Auge. Es war nicht nur Haß. Es war auch Angst — Angst, daß man uns im letzten Moment alles zunichte machen würde.

Er schrie etwas, und ich kurbelte das Fenster herunter. »Sie können hier nicht durchfahren! Kehren Sie um! Eine unter Strom stehende Leitung liegt hier herum! Sie können nicht...«

Ich stieg aus, hob die Schrotflinte und feuerte beide Läufe auf ihn ab. Er wurde gegen den orangefarbenen

Lkw geschleudert, mich warf der Rückstoß gegen den Polizeiwagen. Er glitt langsam zu Boden, wobei er mich ungläubig anstarrte, dann fiel er in den Schnee.

»Sind noch Patronen da?« fragte ich Nona.

»Ja.« Sie gab mir welche, und ich lud die Schrotflinte erneut.

Der andere Kerl hatte sich aufgerichtet und starrte fassungslos zu uns herüber. Er schrie mir etwas zu, aber der Wind trug seine Worte davon. Es klang wie eine Frage, aber das spielte keine Rolle. Ich würde ihn sowieso töten. Ich ging auf ihn zu, und er stand wie angewurzelt da und glotzte mich an. Er bewegte sich nicht von der Stelle, nicht einmal, als ich die Flinte hob. Ich glaube nicht, daß er begriff, was vorging. Ich glaube, er hielt das ganze für einen Alptraum.

Ich feuerte aus einem Lauf, hatte aber zu tief gezielt. Schnee wirbelte auf. Erst jetzt stieß er einen lauten Entsetzensschrei aus, sprang mit einem Satz über die Stromleitung auf der Straße und rannte davon. Ich feuerte aus dem anderen Lauf und verfehlte ihn wieder. Dann verschwand er in der Dunkelheit, und ich konnte ihn vergessen. Er war uns nicht mehr im Wege. Ich ging zum Polizeiwagen zurück.

»Wir werden zu Fuß gehen müssen«, sagte ich.

Wir gingen an der Leiche, die im Schnee lag, vorüber, stiegen über die Stromleitung hinweg und liefen die Straße entlang, den Spuren des fliehenden Mannes folgend. Manchmal versank sie fast bis zu den Knien im Schnee, aber sie war mir immer ein kleines Stück voraus. Wir keuchten beide.

Wir erklommen einen Hügel, gingen dann wieder bergabwärts und gelangten in eine schmale Senke. Auf einer Seite stand ein baufälliger Schuppen mit scheibenlosen Fenstern. Sie blieb stehen und packte mich am Arm.

»Dort!« rief sie und deutete in die andere Richtung. Ihr Griff war kraftvoll und schmerzhaft, sogar durch meinen Mantel hindurch. Ihr Gesicht strahlte triumphierend. »Dort! Dort!«

Es war ein Friedhof.

Wir stolperten und rutschten die Böschung hoch und kletterten über eine schneebedeckte Steinmauer. Auch hier war ich selbstverständlich schon gewesen. Meine leibliche Mutter stammte aus Castle Rock, und obwohl sie und mein Vater nie hier gewohnt hatten, befand sich hier das Familiengrab. Die Eltern meiner Mutter, die in Castle Rock gelebt hatten und hier auch gestorben waren, hatten es ihr zum Geschenk gemacht. Während der Geschichte mit Betsy war ich oft hergekommen, um die Gedichte von John Keats und Percy Shelley zu lesen. Sie werden das vermutlich für albern und unreif halten, aber ich bin da ganz anderer Meinung. Auch heute noch. Ich fühlte mich ihnen nahe, und das war ein tröstliches Gefühl. Nachdem mich Ace Merrill verprügelt hatte, war ich nie wieder hier gewesen. Nicht, bis Nona mich hierher führte.

Ich glitt aus, fiel in den losen Pulverschnee und verstauchte mir den Knöchel. Ich stand auf und humpelte weiter; die Flinte benutzte ich dabei als Krücke. Die Stille war grenzenlos und unwirklich. Der Schnee fiel in weichen Flocken auf die schiefen Grabsteine und -kreuze und begrub alles, bis auf die Spitzen der verrosteten Flaggenhalterungen, die nur am Memorial Day und am Veterans Day Flaggen trugen. Die Grenzenlosigkeit der Stille war unerträglich, und zum erstenmal wurde ich von Schrecken gepackt.

Sie führte mich zu einem Steingebäude am Hügel, im Hintergrund des Friedhofs. Eine Gruft. Eine schneebedeckte Grabstätte. Sie hatte einen Schlüssel. Ich wußte, daß sie einen Schlüssel haben würde, und sie hatte tatsächlich einen.

Sie blies den Schnee von der Türkante und fand das Schlüsselloch. Das Geräusch des Schlüssels, der sich im Schloß drehte, quietschte durch die Nacht. Sie lehnte sich gegen die Tür, und diese öffnete sich nach innen.

Der Geruch, der uns entgegenwehte, war herbstlich kühl, so kühl wie die Luft im Keller der Hollis. Ich konnte nur ein kleines Stück weit sehen. Auf dem Steinboden lagen vertrocknete Blätter. Sie trat ein, blieb stehen, warf mir über die Schulter hinweg einen auffordernden Blick zu.

»Nein«, sagte ich.

»*Liebst* du?« fragte sie und lachte mich an.

Ich stand im Dunkeln und fühlte, wie sich alles zusammenfügte — Vergangenheit, Gegenwart, Zukunft. Ich wollte davonrennen, schreiend davonrennen, schnell genug rennen, um alles, was ich getan hatte, ungeschehen zu machen.

Nona stand da und schaute mich an, das schönste Mädchen der Welt, das einzige Wesen, das mir je gehört hatte. Sie deutete mit ihren Händen auf ihren Körper. Ich werde Ihnen diese Geste nicht näher erklären. Sie hätten sie verstanden, wenn Sie sie gesehen hätten.

Ich trat ein. Sie schloß die Tür.

Es war dunkel, aber ich konnte hervorragend sehen. Der Ort wurde von einem grünen Feuer erhellt, das sich langsam über die Wände bewegte und zungenförmig über den blätterbedeckten Boden glitt wie eine Schlange. In der Mitte der Gruft stand eine Totenbahre, aber sie war leer. Welke Rosenblätter waren darauf verstreut wie ein altes Brautopfer. Sie nickte mir zu und deutete auf die kleine Tür im Hintergrund. Eine kleine, von mir bisher unbemerkte Tür. Ich fürchtete mich vor dieser Tür. Ich glaube, daß ich in jenem Augenblick alles begriff. Sie hatte mich ausgenutzt und über mich gelacht. Und jetzt würde sie mich vernichten.

Aber ich konnte ihr nicht widerstehen. Ich ging zu dieser Tür, weil ich nicht anders konnte. Der geistige Telegraf funktionierte immer noch, und was sich mir mitteilte, war Fröhlichkeit — eine schreckliche, wahnsinnige Fröhlichkeit — und Triumph. Meine Hand griff zitternd nach der Tür, über die grüne Flammen zuckten.

Ich öffnete die Tür und sah, was sich dahinter verbarg.

Es war das Mädchen, mein Mädchen. Tot. Seine Augen starrten leer in die Gruft, in meine eigenen Augen. Es roch nach heimlichen Küssen. Es war nackt, und es war von der Kehle bis zum Beinansatz aufgeschlitzt worden, so daß der ganze Körper ein einziger Schoß war. Und etwas lebte dort drinnen. Die Ratten. Ich konnte sie nicht sehen, aber ich konnte sie dort drinnen rascheln hören. Ich wußte, daß sie im nächsten Augenblick ihren verdorrten Mund öffnen und mich fragen würde, ob ich liebe. Ich wich zurück, mit tauben Gliedern am ganzen Körper, mein Gehirn von einer dunklen Wolke überschattet.

Ich drehte mich nach Nona um. Sie lachte und breitete ihre Arme für mich aus. Und in plötzlich aufloderndem Begreifen wußte ich alles. Der letzte Test. Die letzte Prüfung. Ich hatte sie bestanden. *Ich war frei!*

Ich wandte mich wieder zu jener Tür, und natürlich war dahinter nur ein leeres Steingewölbe mit welkem Laub auf dem Boden.

Ich ging auf Nona zu. Ich ging auf mein Leben zu.

Sie legte mir die Arme um den Hals, und ich zog sie fest an mich. Und genau in diesem Augenblick begann sie sich zu verwandeln... Die riesigen dunklen Augen wurden klein und knopfförmig. Das Haar wurde struppig und braun. Die Nase schrumpfte zusammen, die Nasenlöcher wurden größer. Ihr Körper wurde unförmig und stieß gegen mich.

Ich wurde von einer Ratte umarmt.

»Liebst du?« quiekte sie. »Liebst du? Liebst du?«

Sie streckte ihren lippenlosen Mund dem meinigen entgegen.

Ich schrie nicht. Ich hatte keine Schreie mehr übrig. Ich bezweifle, daß ich jemals wieder schreien werde.

Es ist so heiß hier drinnen.

Eigentlich macht Hitze mir nichts aus. Ich schwitze gern, wenn ich hinterher duschen kann. Ich habe Schweiß immer als eine gute Sache empfunden, eine *männliche* Sache, aber manchmal gibt es bei großer Hitze Insekten, die stechen oder beißen – Spinnen, beispielsweise. Wußten Sie, daß Spinnenweibchen ihre Männchen stechen und auffressen? Sie tun es, gleich nach der Paarung.

Außerdem höre ich eiliges Trippeln in den Wänden. Das gefällt mir nicht.

Ich habe einen Schreibkrampf bekommen, und die Filzspitze meines Stifts ist ganz weich und breiig. Aber ich bin jetzt fertig. Und die Dinge stellen sich mir jetzt anders dar. Ganz und gar anders.

Können Sie sich vorstellen, daß sie mich eine Zeitlang fast soweit hatten zu glauben, ich hätte all diese schrecklichen Dinge selbst getan? Jene Lastwagenfahrer von der Raststätte, der Kerl vom Elektrizitätswerk, der entkommen war – sie sagten, ich sei allein gewesen. Ich war allein, als man mich fand, fast erfroren auf jenem Friedhof, neben den Grabsteinen meines Vaters, meiner Mutter, meines Bruders Drake. Aber das bedeutet nur, daß sie entkommen ist, das begreifen Sie doch. Jeder Narr würde es verstehen. Aber ich bin glücklich, daß sie entkommen ist. Wirklich. Aber Sie müssen doch erkennen, daß sie die ganze Zeit über mit mir zusammen war, bei einem jeden Schritt dieses Weges.

Ich werde mich jetzt umbringen. Es wird viel besser sein. Ich habe die ganzen Schuldgefühle, die Seelenpein und die Alpträume so satt, und ich mag auch die Geräusche in den Wänden nicht. Irgend jemand kann sich dort versteckt haben. Oder irgend etwas.

Ich bin nicht verrückt. Das weiß ich, und ich vertraue zuversichtlich darauf, daß auch Sie das wissen. Wenn jemand sagt, er sei *nicht* verrückt, so bedeutet das angeblich, daß er es *ist*, aber ich bin über derartige Spielchen längst hinaus. Sie war bei mir, sie war wirklich da. Ich liebe sie. Wahre Liebe wird niemals enden. Das habe ich unter all die Briefe geschrieben, die an Betsy gerichtet waren — jene Briefe, die ich zerrissen habe.

Aber Nona war die einzige, die ich jemals wirklich geliebt habe.

Es ist so heiß hier drinnen. Und ich mag die Geräusche in den Wänden nicht.

Liebst du?

Ja, ich liebe.

Und wahre Liebe wird niemals enden.

Onkel Ottos Lastwagen

Das alles aufzuschreiben, ist eine große Erleichterung.

Ich habe nicht mehr gut geschlafen, nachdem ich meinen Onkel Otto tot auffand, und es hat Zeiten gegeben, in denen ich wirklich glaubte, wahnsinnig geworden zu sein. Irgendwie wäre alles erträglicher gewesen, wenn ich diesen Gegenstand hier nicht leibhaftig in meinem Arbeitszimmer hätte, wo ich ihn anschauen oder, wenn ich es will, aufheben kann, um ihn in der Hand zu wiegen. Ich will das nicht tun; ich will dieses Ding da nicht berühren. Aber manchmal mache ich es, beinahe gegen meinen Willen.

Wenn ich es nicht mitgenommen hätte, als ich aus dem einzigen Zimmer seines kleinen Hauses floh, dann könnte ich anfangen mir einzureden, daß alles nur eine Halluzination ist – eine Einbildung eines überarbeiteten und überreizten Gehirns. Aber da ist es. Es fängt das Licht ein. Es hat Gewicht. Es kann in die Hand genommen werden.

Es ist alles geschehen, verstehen Sie.

Die meisten unter Ihnen werden mir nicht glauben, wenn sie diese Erinnerungen lesen, es sei denn, Ihnen ist schon etwas Ähnliches zugestoßen.

Jede schaurige Geschichte sollte einen Ursprung oder ein Geheimnis haben. Diese hat beides. Lassen Sie mich Ihnen zuerst kurz erzählen, wie mein Onkel Otto, der nach den Maßstäben von Castle County reich war, dazu kam, die letzten zwanzig Jahre seines Lebens in einem Haus mit einem Zimmer und ohne Wasseranschluß an einer abgelegenen Nebenstraße in einer Kleinstadt zu verbringen.

Otto wurde 1905 geboren, als ältestes von fünf Kindern. Mein Vater war der jüngste der Schenck-Kinder; er kam 1920 zur Welt, und so erschien mir mein Onkel Otto immer als sehr alt — vor allem, weil ich 1955 als jüngstes von vier Geschwistern geboren wurde.

Wie viele strebsame Deutsche kamen meine Großeltern mit etwas Geld nach Amerika. Mein Großvater ließ sich wegen der Holzindustrie, von der er einiges verstand, in Derry nieder. Er hatte Erfolg, und seine Kinder kamen in angenehmen Verhältnissen zur Welt.

Mein Großvater starb 1925. Onkel Otto, damals zwanzig, erhielt als einziges Kind seinen vollen Erbteil. Er zog nach Castle Rock und begann mit Immobilien zu spekulieren. In den folgenden fünf Jahren brachte das Geschäft mit Holz und Land Onkel Otto einen Haufen Geld. Er kaufte ein großes Haus auf dem Castle Hill, hatte Dienstboten und genoß das Ansehen eines jungen, verhältnismäßig hübschen (die Einschränkung ›verhältnismäßig‹, weil er eine Brille trug) und höchst begehrenswerten Junggesellen. Er blieb sein ganzes Leben lang Junggeselle.

Der Börsenkrach von 1929 spielte ihm übel mit. Er behielt das große Haus auf dem Castle Hill bis 1933 und verkaufte es·dann, weil ein riesiges Waldgebiet, das er um jeden Preis haben wollte, zum Verkauf angeboten wurde. Das Land gehörte der New England Company.

New England Paper existiert heute noch, und falls Sie vorhaben, Aktien der Gesellschaft zu erwerben, dann kann ich Ihnen das nur raten. 1933 aber bot die Gesellschaft gewaltige Brocken Land zu Schleuderpreisen an, um in einer letzten verzweifelten Anstrengung die Pleite zu verhindern.

Jenes legendäre Original des Vertrags ist verlorengegangen, und die Meinungen darüber gehen auseinander, aber auf alle Fälle waren es mehr als viertausend Morgen. Der größte Teil lag in Castle Rock, doch sie erstreckten sich auch nach Waterford und Sweden. Als die Einzelheiten des Vertrags ausgehandelt wurden, bot New England Paper das Land für ungefähr dreiundzwanzig Dollar den Morgen an, falls — und das war der Haken — der Käufer es im ganzen abnehmen würde.

Die Gesamtsumme machte also fast hunderttausend Dollar aus. Onkel Otto hatte nicht so viel, und so nahm er sich einen Partner, einen Vollblut-Yankee namens George McCutcheon. Heutzutage sind die Namen Schenck und McCutcheon weitverbreitet in Neuengland. Die Gesellschaft wurde vor langer Zeit aufgekauft, doch unter den Namen Schenck und McCutcheon werden noch in vierzig Städten Neuenglands Eisenwarenhandlungen geführt, und Holzlager unter den Namen Schenck und McCutcheon von den Central Falls bis nach Derry.

McCutcheon war ein stämmiger Mann mit einem schwarzen Vollbart, und er trug wie mein Onkel Otto eine Brille. Sein Vater und mein Großvater waren befreundet gewesen, und Onkel Otto lernte McCutcheon als Folge dieser Bekanntschaft kennen. Wie Onkel Otto, hatte er Geld geerbt. Es muß ein hübscher Batzen gewesen sein, denn er und Onkel Otto wickelten zusammen problemlos den Kauf des viertausend Morgen großen Gebiets ab. Beide waren im Innersten Halunken, und sie kamen ganz gut miteinander aus. Ihre Partnerschaft dauerte zweiundzwanzig Jahre — genaugenommen bis zum Jahr meiner Geburt —, und mit allem, was sie machten, hatten sie Erfolg.

Doch alles fing mit dem Kauf jener viertausend Mor-

gen Land an, die drei Städte im westlichen Maine um-
schlossen; in McCutcheons Lastwagen erkundeten sie jene viertausend Morgen auf Waldwegen, die manchmal
nur aus den Wagenspuren der Holzarbeiter bestanden,
sie quälten sich die meiste Zeit im ersten Gang voran,
holperten über ausgefahrene, zerfurchte Wege und fuhren spritzend durch Wasserlöcher, eine Zeitlang McCutcheon am Steuer und den Rest der Zeit mein Onkel Otto,
zwei junge Männer, die mitten in den düsteren Zeiten
der großen Depression Großgrundbesitzer in Neuengland
geworden waren.

Ich habe keine Ahnung, woher McCutcheon jenen Laster hatte, und ich bin mir nicht sicher, ob das von Bedeutung ist. Der Laster war ein Cresswell, ein Modell,
das nicht mehr hergestellt wird. Er hatte ein riesiges,
knallrot gespritztes Fahrerhaus, breite Trittbretter und einen elektrischen Anlasser. Falls der Anlasser einmal ver-
sagen sollte, konnte er angekurbelt werden – obwohl die
Kurbel leicht zurückschlagen und einem die Schulter bre-
chen konnte, wenn man beim Anwerfen nicht aufpaßte.
Die Ladefläche war siebeneinhalb Meter lang und hatte
Holzstangen an den Seiten, am besten erinnere ich mich
jedoch an die Schnauze des Lasters. Wie das Fahrerhaus
war sie blutrot. Um an den Motor zu kommen, mußte
man zwei Stahlplatten hochheben, auf jeder Seite eine.
Der Kühler war so hoch wie die Brust eines erwachsenen
Mannes. Der Lastwagen war ein gräßliches, monströses
Ding.

McCutcheons Lastwagen hatte eine Panne und wurde
repariert, hatte wieder eine Panne und wurde wieder repariert. Als der Cresswell endgültig seinen Geist aufgab,
tat er es auf spektakuläre Weise. Es spielte sich wie bei
dem wundervollen Einspänner in dem Gedicht von Hol-
mes ab – alles mit einem Schlag.

McCutcheon und Onkel Otto fuhren eines Tages im Jahr 1953 die Black Henry Straße hinauf, und sie waren beide, wie Onkel Otto es selbst zugab, ›stockbesoffen‹. Onkel Otto schaltete in den ersten Gang hinunter, um den Trinity Hill hochzukommen. *Das* klappte problemlos, aber, betrunken wie er war, vergaß er vollkommen, wieder hochzuschalten, als sie die andere Seite hinunterkamen. Der alte, ausgediente Motor des Cresswell lief heiß. Weder McCutcheon noch Onkel Otto merkten, wie sich der Zeiger der roten Marke auf der rechten Seite der Temperaturanzeige näherte. Am Fuße des Hügels gab es eine Explosion, deren Wucht die roten Motorhauben an den Seiten wie rote Drachenflügel aufstellte. Die Kühlerkappe schoß senkrecht in den Sommerhimmel. Eine Dampffontäne zischte hoch wie bei Old Faithful. Heraussprudelndes Öl ergoß sich über die Windschutzscheibe. Onkel Otto trat mit aller Gewalt auf die Bremse, aber der Cresswell hatte so ungefähr seit einem Jahr die schlechte Angewohnheit, Bremsflüssigkeit zu verlieren, und das Pedal fiel einfach durch bis auf die Fußmatte. Er konnte nicht sehen, wohin er steuerte, und kam von der Straße ab, fuhr zuerst in den Graben und dann wieder hinaus. Wenn der Motor des Cresswell ausgesetzt hätte, wäre es vielleicht noch einmal gutgegangen. Aber der Motor lief weiter, und zuerst flog ein Kolben in die Luft, und dann folgten zwei weitere, wie Schwärmer am 4. Juli. Einer, so erzählte Onkel Otto, zischte auf seiner Seite geradewegs durch die aufgesprungene Tür. Das Loch war groß genug, um eine Faust hindurchzustecken. In einer Wiese voller Goldruten kamen sie zum Stillstand und hätten eine wunderbare Aussicht auf die White Mountains gehabt, wenn die Windschutzscheibe nicht mit Öl verschmiert gewesen wäre.

Das war das Ende für den Cresswell; er kam nie wieder weg von dieser Wiese — die natürlich Onkel Otto und McCutcheon gehörte. Ziemlich ernüchtert von diesem Erlebnis, stiegen die zwei Männer aus, um den Schaden zu überprüfen. Keiner der beiden war Mechaniker, aber man mußte auch keiner sein, um zu sehen, daß der Schaden tödlich war. Onkel Otto war bestürzt — das hatte er jedenfalls zu meinem Vater gesagt — und bot an, den Laster zu ersetzen. George McCutcheon sagte ihm, er solle den Blödsinn lassen. McCutcheon war, um die Wahrheit zu sagen, in einer Art Verzückung. Er hatte einen Blick auf die Wiese und das Bergpanorama geworfen und beschlossen, daß das der Ort war, wo er das Haus für seinen Ruhestand bauen würde. Das war alles, was er Onkel Otto sagte, in einem Ton, den man normalerweise bei einer religiösen Bekehrung anschlägt. Sie gingen zusammen zur Straße zurück und ließen sich von dem Lieferwagen der Cushman Bäckerei, der gerade zufällig vorbeikam, mitnehmen. McCutcheon erzählte meinem Vater, daß Gottes Hand im Spiel gewesen sein mußte — er hatte den vollkommenen Standort gesucht, und da war er die ganze Zeit gewesen, auf dieser Wiese, an der sie drei- oder viermal die Woche vorbeigefahren waren, und die sie nicht einmal eines Blickes gewürdigt hatten. Die Hand Gottes, wiederholte er immer wieder, ohne zu wissen, daß er zwei Jahre später auf dieser Wiese sterben würde, zerquetscht unter der Vorderfront seines eigenen Lastwagens — des Lastwagens, der Onkel Ottos Lastwagen wurde, als George starb.

McCutcheon ließ Billy Dodd kommen, damit er seinen Abschleppwagen an den Cresswell hängte, um ihn so herumzudrehen, daß er zur Straße blickte. Er sagte, er könnte ihn so jedesmal, wenn er vorbeikäme, mit der

Gewißheit anschauen, daß die Bauarbeiter kommen könnten, um seinen Keller auszuheben, sobald Dodd wieder seinen Haken anhängen und ihn endgültig abschleppen würde. Er hatte etwas von einem Träumer an sich, aber er war nicht der Mann, der sich von einer Gefühlsduselei davon abhalten ließ, einen Dollar zu verdienen. Als ein Holzarbeiter namens Baker ein Jahr später auftauchte und die Felgen des Cresswells samt den Reifen kaufen wollte, weil sie für seinen Wagen die richtige Größe hatten, nahm McCutcheon die zwanzig Dollar des Mannes ohne langes Federlesen. Vergessen Sie nicht, diesem Mann gehörten damals eine Million Dollar. Er schaffte Baker auch an, den Laster so richtig schön aufzubocken. Er sagte, er wollte nicht vorbeikommen und ihn dort wie ein liegengelassenes Wrack sehen, hüfthoch verdeckt von Heu, Timotheusgras und Goldruten. Baker machte es. Ein Jahr später rutschte der Cresswell von den Blöcken herunter und zerquetschte McCutcheon. Die alten Männer erzählten die Geschichte mit sichtlichem Vergnügen, und zum Schluß sagten sie immer, daß der alte Georgie McCutcheon hoffentlich seinen Spaß gehabt hätte an den zwanzig Dollar für jene Räder.

Ich wuchs in Castle Rock auf — als ich zur Welt kam, arbeitete mein Vater für Schenck und McCutcheon —, und der Lastwagen, der George McCutcheon gehört hatte und dann meinem Onkel Otto (zusammen mit allem, was McCutcheon besessen hatte), war ein Markstein in meinem Leben. Meine Mutter kaufte immer bei Warren in Bridgton ein, und die Black-Henry-Straße war der Weg, der dorthin führte. So sahen wir auch jedesmal, wenn wir fuhren, den Laster in jener Wiese, mit den White Mountains dahinter. Er war nicht mehr aufgebockt — Onkel Otto sagte, ein Unfall sei genug —, aber der bloße Gedanke an das, was passiert war, reichte aus, daß es einem kleinen Jungen in kurzen Hosen eiskalt den Rücken hinunterlief.

Er war da im Sommer; im Herbst, wenn die Eichen und Ulmen an den drei Wiesenrändern wie Fackeln leuchteten; im Winter, wenn Schneeverwehungen manchmal bis über die Scheinwerfer, die wie Insektenaugen aussahen, anwuchsen, so daß er den Eindruck eines gegen weißen Treibsand kämpfenden Mastodons erweckte; und im Frühling, wenn die aufgeweichte Wiese im März ein Morast war, und man sich wunderte, daß er nicht einfach in der Erde versank. Das hätte auch leicht passieren können, wenn er nicht den Halt auf dem guten, darunterliegenden Mainefelsen gehabt hätte. Jahraus, jahrein war er da.

Einmal war ich sogar drinnen. Mein Vater fuhr eines Tages an die Straßenseite, als wir unterwegs nach Fryeburg Fair waren, nahm mich an der Hand und führte mich auf die Wiese hinaus. Ich glaube, es muß um das Jahr 1961 gewesen sein. Der Lastwagen machte mir Angst. Ich kannte die Geschichten darüber, wie er unbemerkt nach vorne gerutscht war wie ein verschlagenes, aber gefährliches Tier und den Partner meines Onkels zerquetscht hatte. Ich hatte diese Geschichten beim Friseur gehört, während ich mucksmäuschenstill hinter einem Life-Magazin, das ich nicht lesen konnte, saß und den Männern zuhörte, als sie darüber sprachen, wie er zerquetscht worden war, und wie sie sagten, daß der alte Georgie hoffentlich seinen Spaß an den zwanzig Dollar für jene Räder gehabt hätte. Einer von ihnen − es könnte Billy Dodd gewesen sein, der Vater vom verrückten Frank − meinte, daß McCutcheon ausgesehen hätte wie ›ein Kürbis, der von einem Traktorreifen zu Brei zermanscht worden ist‹. Das spukte monatelang in meinem Kopf herum. Doch mein Vater hatte natürlich keine Ahnung davon. Mein Vater dachte nur, es würde mir vielleicht Spaß machen, in dem Fahrerhaus des alten Lasters zu sitzen; er hatte gesehen, wie ich ihn jedesmal, wenn wir vorbeifuhren, anschaute, und hatte, glaube ich, fälschlicherweise meine Angst für Bewunderung gehalten.

Ich erinnere mich an die Goldruten, deren leuchtendes Gelb von der Oktoberkälte gedämpft wurde. Ich erinnere mich an den faden Geschmack der Luft, eine Spur bitter, eine Spur scharf. Ich erinnere mich an die silbrige Farbe des abgestorbenen Grases und an das *Scht-Scht* unserer Schritte. Doch am besten erinnere ich mich an den drohend aufragenden Lastwagen, der mit jedem Schritt größer wurde — an das boshafte Zähnefletschen des Kühlergrills, an die blutrote Farbe und den starren Blick der verschmierten Frontscheibe. Ich erinnere mich, wie eine Welle von Angst, die kälter und beklemmender war als die Stimmung in der Luft, über mir zusammenschlug, als mein Vater mir unter die Achselhöhlen griff, mich zum Fahrerhaus hochhob und sagte: »Fahr ihn nach Portland, Quentin! Los!« Ich erinnere mich, wie die Luft an meinem Gesicht vorbeistrich, als es immer höher hinaufging, und wie dann die Stelle der frischen Luft der Geruch von Altöl, rissig gewordenem Leder, Mäusedreck und — ich schwöre es — von Blut trat. Ich erinnere mich, wie ich versuchte, nicht loszuheulen, während mein Vater zu mir hinaufgrinste, überzeugt davon, daß er mir ein tolles Abenteuer bot (es war auch eins, nur nicht so, wie er es sich vorstellte). Auf einmal wurde mir mit absoluter Sicherheit klar, daß er weggehen oder mir zumindest den Rücken zudrehen würde, und daß der Lastwagen mich dann verschlingen würde. Mich bei lebendigem Leib verschlingen würde. Und das, was er ausspucken würde, würde wie zerkaut und zerfetzt und... und wie zerplatzt aussehen. Wie ein Kürbis, der von einem Traktorreifen zu Brei zermanscht worden ist.

Ich fing zu heulen an, und mein Vater, der eine Seele von Mensch war, nahm mich herunter, beruhigte mich und trug mich zurück zum Wagen. Er hielt mich an seine Brust gedrückt, und über seine Schulter beobachtete ich den kleiner werdenden Lastwagen, der dort auf der Wiese stand, blutrot, mit seinem riesigen, bedrohlich aufragenden Kühler und mit dem schwarzen, runden Loch, in das die Kurbel gehörte, und das wie eine Augenhöhle aussah, die auf grausige Weise an die falsche Stelle geraten war. Ich wollte ihm erzählen, daß ich Blut gerochen und deswegen geheult hatte. Ich hatte keinen Schimmer, wie ich das anstellen sollte. Er hätte mir das ohnehin nicht geglaubt, vermute ich.

So, wie ich als fünfjähriger Junge noch an den Weihnachtsmann, an den Osterhasen und an den schwarzen Mann glaubte, glaubte ich auch, daß mir der Lastwagen mit Absicht den bösen Schrecken eingejagt hatte, als mich mein Vater in sein Fahrerhaus hochgehoben hatte. Ich brauchte zwanzig Jahre, um herauszufinden, daß es nicht der Cresswell gewesen war, der George McCutcheon umgebracht hatte; mein Onkel Otto hatte das getan.

Der Cresswell war ein Markstein in meinem Leben gewesen, aber nicht nur in meinem — er gehörte zum Bewußtsein der Menschen der ganzen Gegend. Wenn man jemandem den Weg von Bridgton nach Castle Rock erklärte, dann sagte man ihm, daß er auf der richtigen Straße ist, wenn er auf der linken Seite einen großen, alten, roten Laster sieht, der abseits in einer Heuwiese steht, ungefähr drei Meilen nach der Abzweigung von der Fernstraße 302. Oft konnte man Touristen sehen, die auf dem weichen Bankett parkten (und manchmal dort stekkenblieben, was immer für Gelächter sorgte), um die

White Mountains zu fotografieren, wobei Onkel Ottos Lastwagen den Vordergrund für die malerische Perspektive abgab — lange Zeit nannte mein Vater den Ort ›die Trinity Hill Lastwagengedenkstätte, das Glanzstück unseres Fremdenverkehrs‹, aber dann ließ er es bleiben. Inzwischen war Onkel Otto nämlich so besessen von dem Lastwagen, daß damit nicht mehr zu spaßen war.

Was war mit Onkel Otto geschehen?

Es gibt viele Antworten auf diese Frage. Alle sind einleuchtend, aber keine ist beweisbar. Das beste wird es sein, denke ich, alles zu erzählen, einschließlich der Dinge, die ich mir zusammenreime und der Dinge, die ich instinktiv errate.

Daß er McCutcheon umgebracht hat, ist das einzige, was ich wirklich sicher weiß. »Zermanschte ihn wie einen Kürbis zu Brei«, sagten die Feierabendphilosophen aus dem Friseursalon. Einer von ihnen fügte hinzu: »Ich wette, der kniete da vor dem Laster und betete zu Allah wie so ein schmieriger Kameltreiber. Das kann ich mir so richtig gut bei dem vorstellen. Die hatten nen Sprung in der Schüssel, alle beide. Schaut euch doch an, wo der Schenck Otto landete, wenn ihr's mir nicht glaubt. Genau auf der anderen Straßenseite in dieser Hütte, glaubte glatt, die Stadt würde sie als Schule hernehmen, der war so verrückt wie eine Scheißhausratte.«

Das wurde mit Kopfnicken und vielsagenden Blicken aufgenommen, aber keiner der klugen Männer aus dem Friseursalon kam auf den Gedanken, daß diese Vorstellung — McCutcheon, der direkt vor dem Laster auf seinen verrotteten Blöcken ›wie so ein schmieriger Kameltreiber‹ kniete — genauso abwegig wie übertrieben war.

Tratsch ist immer ein heißes Thema in einer Kleinstadt; Leute werden als Diebe, Ehebrecher, Wilddiebe und Betrüger gebrandmarkt, auf Grund von völlig fadenscheinigen Beweisen und wildesten Spekulationen. Ich glaube, daß das nur deshalb nicht ganz und gar bösartig wird, weil der landläufige Tratsch in den Lebensmittelgeschäften und Friseursalons meistens merkwürdig naiv ist. Man könnte meinen, daß diese Leute Gemeinheit und Liederlichkeit erwarten, ja, sie sogar erfinden, wenn es sie nicht gibt, aber daß das wirkliche und offenkundige Böse ihre Vorstellungskraft übersteigt, selbst wenn es genau vor ihren Augen schwebt wie so ein böser Zauberteppich aus einem Kameltreibermärchen.

Sie fragen, woher ich es weiß? Bloß weil er mit McCutcheon an jenem Tag zusammen war? Nein, dank des Lastwagens, des Cresswells. Als die Besessenheit anfing, Onkel Otto völlig zu beherrschen, kam er auf die Idee, direkt ihm gegenüber in jenem winzigen Haus zu wohnen, obwohl er dann in seinen letzten Lebensjahren eine Todesangst vor dem Lastwagen hatte, der auf der anderen Straßenseite zu Bruch gegangen war.

Ich glaube, McCutcheon ging mit Onkel Otto auf die Wiese, wo der Cresswell aufgebockt war, weil Onkel Otto ihn dazu brachte, über seine Hauspläne zu sprechen. McCutcheon war immer erpicht, über sein Haus und seinen nahenden Ruhestand zu reden. Die beiden Geschäftspartner hatten ein gutes Angebot von einer viel größeren Gesellschaft erhalten – ich werde keinen Namen nennen, aber wenn ich es täte, wüßten Sie sofort Bescheid –, und McCutcheon wollte es annehmen. Onkel Otto aber nicht. Sie hatten sich seit dem Frühling im stillen über das Angebot gestritten. Ich nehme an, daß diese Meinungsverschiedenheit der Hauptgrund gewesen war, warum sich Onkel Otto entschloß, seinen Partner loszuwerden.

Ich glaube, mein Onkel muß zwei Vorbereitungen für

den Zeitpunkt getroffen haben: Als erstes untergrub er die Blöcke, auf denen der Laster stand, und als zweites legte er den Köder aus, indem er etwas direkt vor den Laster, wo es McCutcheon sehen würde, auf den Boden legte oder vielleicht eingrub.

Was für ein Ding das war? Keine Ahnung. Irgend etwas Glänzendes. Ein Diamant? Oder nichts weiter als ein Glassplitter? Das spielt auch keine Rolle. Es funkelt und glitzert in der Sonne. Vielleicht sieht McCutcheon es. Wenn nicht, dann können Sie sicher sein, daß Onkel Otto ihn darauf aufmerksam macht. *Was ist denn das?* fragt er und deutet darauf. *Weiß nicht*, sagt McCutcheon und läuft hin, um nachzuschauen.

McCutcheon kniet sich vor den Cresswell hin, genau wie so ein schmieriger Kameltreiber, der zu Allah beten will, und versucht, den Gegenstand aus der Erde herauszupulen, während mein Onkel wie zufällig zur Rückseite des Lasters schlendert. Ein guter Stoß und schon kam er herunter und zerquetschte McCutcheon. Zermanschte ihn zu Brei wie einen Kürbis.

Ich vermute, in ihm steckte wohl zuviel von einem Halunken, um leicht zu sterben. In meiner Vorstellung sehe ich ihn eingeklemmt unter der Schnauze des Cresswell liegen, Blut strömt aus der Nase, dem Mund und den Ohren, das Gesicht kreidebleich, die Augen glanzlos, und er fleht meinen Onkel an, Hilfe zu holen, schnell Hilfe zu holen. Er bittet und bettelt und schließlich verflucht er meinen Onkel, schwört ihm, daß er ihn kriegen, ihn umbringen, ihn kaltmachen würde – und mein Onkel stand da und sah zu, bis es vorbei war.

Ich glaube, danach beschlich Onkel Otto ein Gefühl von Schuld und Angst, eben das Schuldbewußtsein und die Angst, die ihm zuguterletzt den Verstand raubten.

Nicht lange nach McCutcheons Tod begann mein Onkel Dinge zu tun, die die klugen Männer aus dem Friseursalon zunächst als komisch, dann als seltsam und schließlich als ›verdammt sonderbar‹ einstuften. Die Dinge, die letzten Endes dazu führten, daß man ihn im beißenden Jargon des Friseursalons für ›so verrückt wie eine Scheißhausratte‹ erklärte, folgten im Laufe der Zeit. Das Meisterstück unter ihnen war, daß er zuerst das kleine Haus auf der dem Cresswell gegenüberliegenden Straßenseite baute und dann auch noch darin wohnte. Aber kaum jemand zweifelte daran, daß sein sonderbares Verhalten ziemlich genau zu der Zeit anfing, als George McCutcheon umkam.

1965 ließ Onkel Otto gegenüber von dem Lastwagen ein kleines Haus mit einem einzigen Zimmer bauen. Es gab eine Menge Gerede darüber, was der alte Otto Schenck wohl dort draußen auf der Black-Henry-Straße vorhätte, aber die Überraschung war perfekt, als Onkel Otto dem kleinen Bau den letzten Schliff gab, indem er ihm von Chuckie Barger einen knallroten Anstrich verpassen ließ, und dann verkündete, daß er ein Geschenk an die Stadt wäre; ein prächtiges, neues Schulhaus, sagte er, und alles, was er dafür wollte, war, daß sie es nach seinem verstorbenen Partner benannten.

Die Stadträte von Castle Rock fielen aus allen Wolken. Und keinem in der Stadt erging es da anders. Fast alle Bewohner der Stadt hatten so eine Zwergschule mit einem Raum besucht (oder glaubten, es getan zu haben, was wohl auf das gleiche hinausläuft). Doch bis zum Jahr 1965 waren alle Zwergschulen aus Castle Rock verschwunden. Die allerletzte, die Castle Ridge-Schule, war das Jahr zuvor geschlossen worden. Darin ist jetzt Steves Pizzahütte, draußen an der Fernstraße 117. Im Jahr 1965 hatte die Stadt eine Volksschule aus Glas und Hohlziegeln am Rande des Gemeindelands und ein schönes, neues Gymnasium in der Carbine Straße. Das Resultat dieses absonderlichen Angebots war, daß es Onkel Otto in einem Satz von ›komisch‹ zu ›verdammt sonderbar‹ brachte.

Die Stadtäte (keiner traute sich so recht, ihm persönlich gegenüberzutreten) schickten einen Brief, bedankten sich höflich und gaben ihrer Hoffnung Ausdruck, daß er in Zukunft auch an die Stadt denken werde, aber das kleine Schulhaus wiesen sie mit der Begründung zurück, daß für die Unterrichtsbedürfnisse der Stadtkinder schon ausreichend gesorgt sei. Onkel Otto platzte schier vor Wut. »In Zukunft an die Stadt denken?« schnaubte er meinen Vater an. In Ordnung, er würde an sie denken, aber nicht so, wie sie meinten. *Er* wäre doch nicht auf den Kopf gefallen. *Er* ließe sich kein X für ein U vormachen. Und wenn sie mit ihm um die Wette pissen wollten, sagte er, dann würden sie bald merken, daß er wie ein Stinktier pissen konnte, das gerade ein Faß Bier ausgesoffen hat.

»Und was jetzt?« fragte ihn mein Vater. Sie hockten bei uns daheim am Küchentisch. Meine Mutter hatte ihr Nähzeug mit nach oben genommen. Sie sagte immer, sie habe nicht viel übrig für Onkel Otto, er rieche wie einer, der nur einmal im Monat ein Bad nähme, ganz egal, ob er es nötig hätte oder nicht; »und gerade er, als reicher Mann«, fügte sie hinzu und rümpfte die Nase. Ich glaube, sein Geruch war ihr wirklich zuwider, aber ich glaube auch, daß sie Angst vor ihm hatte. 1965 war Onkel Ottos Aussehen genauso verdammt sonderbar geworden wie sein Verhalten. Er trug grüne, von Hosenträgern gehaltene Arbeitshosen, ein warmes Unterhemd und große, gelbe Arbeitsschuhe. Und er hatte angefangen, beim Reden mit den Augen zu rollen.

»Ich hab dich gefragt, was du jetzt mit dem Haus tun willst«, wiederholte mein Vater.

»In dem Scheißkasten wohnen«, stieß Onkel Otto hervor, und genau das tat er dann auch.

Die Geschichte seiner letzten Jahre ist schnell erzählt. Er litt an dieser tristen Art der geistigen Umnachtung, von der man des öfteren in billigen Revolverblättern liest. Millionär verhungert in Mietswohnung. Bankauszüge beweisen: Landstreicherin war reich. Vergessener Großbanker stirbt vereinsamt.

Schon in der nächsten Woche zog er in das kleine rote Haus — in späteren Jahren verblaßte der Anstrich zu einem matten, ausgewaschenen Rosa. Kein Einwand meines Vaters konnte ihn davon abhalten. Ein Jahr darauf verkaufte er das Geschäft, für das er nach meiner Überzeugung zum Mörder geworden war. Sein absonderliches Verhalten hatte sich zwar gesteigert, aber sein Geschäftssinn hatte ihn nicht verlassen, und so erzielte er einen hübschen — fantastischen, wäre eigentlich der treffendere Ausdruck — Gewinn.

Da lebte also mein Onkel Otto, ein vielleicht siebenfacher Millionär, in diesem winzigen Häuschen in der Black-Henry-Straße. Sein Haus in der Stadt war verschlossen, die Fensterläden waren zu. Inzwischen war er von ›verdammt sonderbar‹ auf ›so verrückt wie eine Scheißhausratte‹ vorgerückt. Der nächste Schritt wird etwas platter, weniger farbig, aber dafür unheilverkündender in Worte gekleidet: »Wer weiß, vielleicht ist er gefährlich«. Darauf folgte dann oft die Einweisung.

Auf seine Weise wurde Onkel Otto genauso eine feste Einrichtung wie der Lastwagen auf der anderen Straßenseite, obwohl ich bezweifle, daß jemals ein Tourist von *ihm* ein Foto machen wollte. Er hatte sich einen Bart wachsen lassen, der eher gelblich als weiß wurde, als ob ihn das Nikotin seiner Zigaretten einfärben würde. Er war richtig fett geworden. Die schlaffe Haut seiner Bakken hing lose in runzeligen Falten hinunter, in denen sich der Dreck ansammelte. Des öfteren sah man ihn im Eingang seines merkwürdigen Häuschens stehen; bewegungslos stand er da und schaute hinaus auf die Straße und über sie hinweg auf den Lastwagen – *seinen* Lastwagen.

Als Onkel Otto nicht mehr in die Stadt fuhr, sorgte mein Vater dafür, daß er nicht verhungerte. Er brachte ihm jede Woche Lebensmittel und bezahlte sie aus der eigenen Tasche, denn Onkel Otto gab ihm nie das Geld zurück – dachte einfach nicht daran, nehme ich an. Dad starb zwei Jahre vor Onkel Otto, dessen Geld schließlich im forstwissenschaftlichen Institut der Universität von Maine landete. Wie ich hörte, waren sie darüber hocherfreut. In Anbetracht der Summe sollte man das auch meinen.

Nachdem ich 1972 den Führerschein gemacht hatte, brachte ich oft die wöchentliche Lebensmittelration hinaus. Anfangs begegnete mir Onkel Otto voller Mißtrauen, aber nach einer Weile taute er auf. Es war drei Jahre später, im Jahr 1975, als er mir zum ersten Mal erzählte, daß der Lastwagen auf das Haus zukroch.

Ich ging inzwischen auf die Universität von Maine, aber im Sommer war ich daheim und hatte meine alte Gewohnheit fortgesetzt, Onkel Otto die wöchentliche Lebensmittelration zu bringen. Er saß rauchend am Tisch, sah mir zu, wie ich die Konserven aufräumte, und hörte sich mein leeres Gerede an. Ich glaubte, er wußte nicht mehr, wer ich war; manchmal vergaß er das – oder tat so als ob. Einmal hatte er mir das Blut in den Adern gefrieren lassen, als er »Bist du's, George?« aus dem Fenster rief, während ich auf das Haus zuging.

An jenem besonderen Tag im Juli des Jahres 1975, unterbrach er plötzlich mein belangloses Geplappere, um mit barscher Stimme zu fragen: »Was hältst du von dem Laster dort drüben, Quentin?«

Diese unerwartete Frage überrumpelte mich so, daß ich eine ehrliche Antwort gab: »Ich hab in dem Fahrerhaus des Lasters in die Hosen gemacht, als ich fünf war. Ich glaub, wenn ich jetzt reinklettern würde, würde ich wieder reinpinkeln.«

Onkel Otto schüttelte sich vor Lachen. Ich drehte mich um und starrte ihn verblüfft an. Ich konnte mich nicht erinnern, sein Lachen jemals vorher gehört zu haben. Es hörte mit einem Hustenanfall auf, der sein Gesicht knallrot anlaufen ließ. Dann sah er mich mit glänzenden Augen an.

»Komm näher, Quent«, sagte er.

»Was, Onkel Otto?« fragte ich. Ich glaubte, er hätte wieder einen seiner verwirrenden Sprünge von einem Thema zum anderen gemacht. Vielleicht meinte er, daß Weihnachten naht, oder das Tausendjährige Reich des Johannes, oder die Wiederkehr Christi.

»Dieser verdammte Scheißlaster«, sagte er und sah mir gelassen wie einem Mitverschwörer in die Augen, was mir nicht besonders gefiel, »kommt jedes Jahr näher.«

»Tatsächlich?« fragte ich vorsichtig und dachte mir, was das denn für eine neue und vor allen Dingen unangenehme Vorstellung sei. Ich warf einen Blick hinaus auf den Cresswell, der inmitten von Heu, mit den White Mountains als Hintergrund, auf der anderen Straßenseite stand, und eine verrückte Minute lang schien er *tatsächlich* näher zu sein. Dann blinzelte ich, und die Illusion war verschwunden. Der Laster stand natürlich da, wo er immer gewesen war.

»Aber, ja«, sagte er. »Er kommt jedes Jahr ein bißchen näher.«

»Du meine Güte, vielleicht brauchst du eine Brille. Ich kann überhaupt keinen Unterschied sehen, Onkel Otto.«

»Natürlich kannst du nicht!« schnauzte er mich an. »Kannst ja auch nicht sehen, wie sich der Stundenzeiger auf deiner Armbanduhr bewegt, oder? Das verdammte Ding bewegt sich so langsam, daß man nichts sieht, außer man läßt's die ganze Zeit nicht aus den Augen. Und so behalte ich den Laster dort im Auge.«

Er zwinkerte mir zu, und mich überlief ein Frösteln.

»Warum sollte er sich denn bewegen?« fragte ich.

»Er ist hinter mir her, das ist der Grund«, sagte er. »Denkt die ganze Zeit an mich und an nichts anderes. Eines Tages wird er hier hereinbrechen, und das ist das Ende. Er wird mich wie Mac über den Haufen rennen, und das ist das Ende.«

Das jagte mir einen ganz schönen Schrecken ein — am meisten aber, denke ich, erschreckte mich sein gelassener Ton. Und gewöhnlich reagieren junge Leute auf Angst, indem sie einen Witz reißen oder vorlaut werden. »Solltest in dein Haus in der Stadt zurückziehen, wenn dir das keine Ruhe läßt, Onkel Otto«, sagte ich, und niemand hätte am Klang meiner Stimme gemerkt, daß ich die Hosen gestrichen voll hatte.

Er sah mich an und dann den Lastwagen auf der anderen Straßenseite. »Kann ich nicht, Quentin«, sagte er. »Manchmal muß ein Mann sich zusammenreißen und darf nicht einfach wegrennen.«

»Wovor denn, Onkel Otto?« fragte ich, obwohl ich mir sicher war, daß er den Lastwagen meinte.

»Vor seinem Schicksal«, sagte er und zwinkerte mir

wieder zu. Aber die Angst stand ihm deutlich ins Gesicht geschrieben.

Mein Vater erkrankte 1979 an den Nieren, die Krankheit schien ein paar Tage vor seinem Tod noch abzuklingen. Während einer Reihe von Krankenhausbesuchen im Herbst jenes Jahres, sprachen mein Vater und ich über Onkel Otto. Mein Dad ahnte etwas von dem, was 1955 wirklich passiert sein könnte; es waren seine noch harmlosen Vermutungen gewesen, die dann meinen schweren Verdacht begründeten. Mein Vater hatte keinen Schimmer davon, wie ernst und tiefgreifend Onkel Ottos Besessenheit von dem Lastwagen geworden war. Ich wußte Bescheid. Er stand beinahe den ganzen Tag in seinem Hauseingang und starrte ihn an. Sah ihn an wie ein Mann, der seine Uhr nicht aus den Augen läßt, um zu sehen, wie sich der Stundenzeiger bewegt. Er glaubte, er käme, um ihn zu holen.

War das alles kein ausreichender Beweis für seine Schuld?

Bis 1981 hatte Onkel Otto den letzten Funken Verstand verloren. Ein ärmerer Mann wäre schon längst ins Irrenhaus gewandert, aber mit Millionen auf der Bank kann man sich in einer Kleinstadt eine Menge Verrücktheiten leisten, ganz besonders wenn genug Leute glauben, daß der Verrückte in seinem Testament die Gemeinde bedacht hat. Trotzdem hatten 1981 die Leute angefangen, ernsthaft darüber zu reden, daß Onkel Otto zu seinem eigenen Besten eingeliefert werden sollte. Jener platte, unheilvolle Ausdruck ›wer weiß, vielleicht ist er gefährlich‹, trat gerade an die Stelle von ›so verrückt wie eine Scheißhausratte‹. Er hatte sich angewöhnt, zum Urinieren an den Straßenrand hinauszuschlurfen, anstatt in den Wald hinter dem Haus zu gehen, wo sein Abtritt war. Manchmal schüttelte er, während er sich erleichterte, drohend die Faust gegen den Cresswell, und mehr als einer, der im Auto vorbeifuhr, glaubte, daß Onkel Otto die Faust gegen ihn schüttelte. Der Laster mit den malerischen White Mountains im Hintergrund war eine Sache, Onkel Otto aber, der am Straßenrand pinkelte, während seine Hosenträger an den Knien herunterbaumelten, war eine andere Sache. Auf keinen Fall war *das* eine Touristenattraktion.

Obwohl ich inzwischen mit dem College fertig war, brachte ich Onkel Otto immer noch die wöchentliche Lebensmittelration. Ich versuchte auch, ihm auszureden, daß er sein Bedürfnis am Straßenrand verrichtete, wenigstens im Sommer, wenn jeder x-beliebige Tourist aus Michigan, Missouri oder Florida, der gerade vorbeikam, ihn sehen konnte.

Ich konnte ihm das nicht klarmachen. Der Lastwagen ging ihm zu sehr an die Nieren, als daß er sich um solche Nebensächlichkeiten gekümmert hätte. Seine Besessenheit von dem Cresswell hatte ihn in den Wahnsinn getrieben. Er behauptete jetzt felsenfest, daß er auf seiner Seite der Straße war – direkt auf dem Platz vor seinem Haus.

»Ich bin heute nacht um drei aufgewacht, und da war er, genau vor dem Fenster«, sagte er. »Ich hab ihn dort gesehen, das Mondlicht hat sich in der Windschutzscheibe gespiegelt, keine drei Meter von mir entfernt, und das Herz ist mir fast stehengeblieben. Um ein Haar *stehengeblieben*, Quentin.«

Ich nahm ihn mit nach draußen und zeigte ihm, daß der Cresswell genau dort stand, wo er immer gestanden hatte, jenseits der Straße in der Wiese, wo McCutcheon vorgehabt hatte, zu bauen. Es half nichts.

»Das ist nur das, was du *siehst*, Junge«, sagte er gereizt, in einem Ton unendlicher Verachtung, während die Zigarette in seiner Hand zitterte, und er mit den Augen rollte. »Das ist nur das, was du *siehst*.«

»Onkel Otto«, sagte ich und versuchte eine witzige Bemerkung zu machen, »man bekommt, was man sieht.«

Er schien es gar nicht gehört zu haben.

»Der alte Mistkerl, hätte mich fast erwischt«, flüsterte er. Mich überlief ein Schauder. Er sah ganz normal aus. Miserabel, ja, und ganz sicher erschrocken. Aber nicht verrückt. Einen Moment lang erinnerte ich mich, wie mein Vater mich in das Fahrerhaus des Lastwagens hob, erinnerte mich an den Geruch von Öl und Leder – und von Blut. »Hätte mich fast erwischt«, wiederholte er.

Er starb drei Wochen später. Ich war es, der ihn fand. Es war Mittwochabend, und ich war mit zwei Tüten voll Lebensmittel auf dem Rücksitz hinausgefahren, wie ich es beinahe an jedem Mittwochabend getan hatte.

Es war ein heißer, schwüler Abend. Ab und zu rollte in der Ferne ein Donner. Ich erinnere mich an meine Nervosität, als ich in meinem Pontiac die Black-Henry-Straße entlangfuhr; ich war mir irgendwie sicher, daß etwas passieren würde, versuchte aber, mir einzureden, daß es an dem niedrigen Luftdruck lag.

Ich fuhr um die letzte Ecke, und einen Moment lang, gerade als Onkel Ottos kleines Haus in Sicht kam, hatte ich eine höchst merkwürdige Halluzination. Einen Augenblick glaubte ich, daß der verdammte Laster wirklich in seinem Vorhof sei, groß und unförmig, mit seiner roten Farbe und seinen morschen Seitenstangen. Ich wollte auf die Bremse treten, aber noch bevor mein Fuß auf dem Pedal aufsetzte, blinzelte ich, und die Sinnestäuschung war verschwunden. Doch irgendwie ahnte ich, daß Onkel Otto tot war.

Ich fuhr, so schnell ich konnte, auf den Vorhof, stieg aus und rannte zum Haus, ohne mich um die Lebensmittel zu kümmern.

»Onkel Otto?« schrie ich. »Onkel Otto, alles in Ordnung?«

Die Tür war offen — er sperrte sie nie ab. Ich hatte ihn einmal danach gefragt, und er hatte mir geduldig erklärt, so wie man einem Einfaltspinsel eine völlig offensichtliche Tatsache erklären würde, daß eine abgesperrte Tür den Cresswell nicht aufhalten würde. Er lag auf seinem Bett, das auf der linken Seite des Zimmers stand, gegenüber der Kochnische. Er hatte die grünen Hosen und das warme Unterhemd an, und seine glasigen Augen waren offen. Ich glaube nicht, daß er mehr als zwei Stunden tot war. Es gab keine Fliegen und keinen Verwesungsgeruch, obwohl an dem Tag eine Bullenhitze geherrscht hatte.

»Onkel Otto?« Ich sprach jetzt schon leiser. Ich erwartete keine Antwort mehr. Mit solchen weitgeöffneten und hervorquellenden Augen liegt man nicht einfach zum Spaß im Bett. Wenn ich etwas fühlte, dann war es Erleichterung. Es war vorbei.

»Onkel Otto?« Ich ging näher an ihn heran. »Onkel...«

Ich hielt inne, als mir zum ersten Mal auffiel, wie seltsam entstellt seine untere Gesichtshälfte war — wie geschwollen und verzerrt. Ich bemerkte zum ersten Mal, wie seine Augen aus ihren Höhlen auf etwas starrten. Doch sie waren weder auf die Tür noch auf die Decke gerichtet. Sie waren so verdreht, daß sie auf das kleine Fenster über dem Bett blickten.

Ich bin heute nacht um drei aufgewacht, und da war er genau vor dem Fenster, Quentin. Hätte mich fast erwischt.

Zermanschte ihn zu Brei wie einen Kürbis, hörte ich einen der klugen Männer aus dem Friseursalon sagen, während ich dasaß, die Düfte von Vitalis und von dem Wildroot Cream-Haaröl einatmete und so tat, als ob ich ein Life-Magazin lesen würde.

Hätte mich fast erwischt, Quentin.

»Onkel Otto?« flüsterte ich, und als ich auf das Bett zuging, wo er lag, hatte ich das Gefühl, als ob ich schrumpfen würde, nicht nur in der Größe, sondern auch an Jahren — als ob ich wieder zwölf würde, fünfzehn, zehn, acht, sechs — und schließlich fünf. Ich sah, wie sich meine kleine zitternde Hand nach seinem geschwollenen Gesicht ausstreckte. Als meine Hand ihn berührte und sich über sein Kinn legte, sah ich auf, und da war der Cresswell, seine gespenstisch leuchtende Windschutzscheibe füllte das ganze Fenster aus; obwohl es nur einen Augenblick dauerte, könnte ich bei Gott schwören, daß *das* keine Halluzination war. Der Cresswell war dort gewesen, im Fenster, keine drei Meter von mir entfernt.

Ich hatte die Finger auf eine von Onkel Ottos Wangen gelegt und den Daumen auf die andere und wollte, nehme ich an, diese merkwürdige Schwellung untersuchen. Als ich den Lastwagen im Fenster sah, verkrampfte sich meine Hand zu einer Faust, ohne daß ich daran dachte, daß sie locker um die untere Gesichtshälfte des Toten gelegt war.

In diesem Moment verschwand der Lastwagen spurlos von dem Fenster, eben wie das Spukwesen, für das ich ihn jetzt halte. Und im gleichen Moment hörte ich ein ekliges, schmatzendes Geräusch. Meine Hand füllte sich mit einer heißen Flüssigkeit. Ich beugte meinen Kopf, während ich nicht nur weiches Fleisch und Feuchtigkeit spürte, sondern auch etwas Hartes und Eckiges. Ich beugte meinen Kopf und sah es, und dann fing ich an zu schreien. Öl strömte aus Onkel Ottos Mund und Nase. Wie Tränen sickerten Öltropfen aus den Augenwinkeln. Aber es war nicht nur das Öl, irgend etwas ragte aus seinem Mund hervor.

Ich schrie immer noch und eine Zeitlang war ich unfähig, mich zu bewegen, unfähig, meine ölverschmierten Hände von seinem Gesicht zu nehmen, unfähig, meine Augen von diesem großen, klebrigen Ding abzuwenden, das aus seinem Mund hervorragte — dieses Ding, das die Form seines Gesichts so schrecklich entstellt hatte.

Endlich löste sich meine Lähmung, und ich floh, immer noch schreiend, aus dem Haus. Ich rannte über den Vorhof zu meinem Pontiac, stürzte hinein und raste los. Die für Onkel Otto bestimmten Lebensmittel purzelten vom Rücksitz auf den Boden, die Eier gingen zu Bruch.

Es grenzte an ein Wunder, daß ich auf den ersten drei Kilometern nicht in den Tod raste — ich warf einen Blick auf den Tachometer und merkte, daß ich schneller als 110 fuhr. Ich hielt am Straßenrand und holte ein paarmal tief Luft, bis ich mich wieder einigermaßen in der Hand hatte. Mir wurde langsam klar, daß ich Onkel Otto nicht einfach so liegenlassen konnte, wie ich ihn gefunden hatte; das würde zu viele Fragen nach sich ziehen. Ich mußte zurückfahren.

Und, das muß ich zugeben, eine gewisse teuflische Neugier hatte mich gepackt. Ich wollte, sie hätte mich nicht gepackt, oder ich hätte ihr widerstanden. Und es wäre mir jetzt wirklich lieber, ich hätte sie einfach ihre Fragen stellen lassen. Sie wären sicherlich zu dem Schluß gekommen, daß das Onkel Ottos letzte groteske Tat gewesen war — ein trauriger Selbstmord. Aber ich fuhr zurück und verharrte dann etwa fünf Minuten vor seiner Tür. Ich stand ungefähr an der Stelle, an der er so oft und so lange gestanden hatte, um den Lastwagen zu beobachten, und hatte dabei fast die gleiche Haltung wie er angenommen. Ich stand also dort und kam zu diesem Schluß: Der Lastwagen auf der anderen Straßenseite hatte seinen Standort verändert, wenn auch nur ein klein wenig.

Dann trat ich ein.

Jetzt war ein schwacher Ölgeruch in dem Zimmer, und die ersten paar Fliegen schwirrten um sein ölverschmiertes Gesicht herum. Nervös sah ich zum Fenster, wo ich den drohend aufragenden Cresswell gesehen hatte, dann streckte ich meine Hand aus und öffnete Onkel Ottos Mund.

Das, was herausfiel war ein Kolben — glatt und ölig und sehr, sehr alt.

Ich nahm ihn mit. Jetzt wäre mir wohler, wenn ich das nicht getan hätte, aber natürlich stand ich damals unter Schock. Es wäre alles erträglicher, wenn ich den Gegenstand hier nicht leibhaftig in meinem Arbeitszimmer hätte, wo ich ihn anschauen oder, wenn ich es will, aufheben kann, um ihn in der Hand zu wiegen, diesen Kolben, der aus dem Mund meines toten Onkels gefallen war.

Wenn er nicht da wäre, wenn ich ihn nicht mitgenommen hätte, als ich das zweite Mal aus dem einzigen Zimmer seines kleinen Hauses floh, dann könnte ich mich vielleicht jetzt daranmachen, mir einzureden, daß alles — nicht nur die Sache mit dem Cresswell, als ich um die Kurve bog und sah, wie er sich wie ein großer, roter Hund an die Wand des kleinen Hauses drückte, sondern wirklich *alles* — nur eine Halluzination war. Aber da ist der Kolben; er fängt das Licht ein. Er ist wirklich. Er hat Gewicht. *Der Laster kommt jedes Jahr näher*, hatte Onkel Otto gesagt, und jetzt scheint es, als ob er recht gehabt hätte. Aber sogar er hatte keine Ahnung davon gehabt, wie nahe der Cresswell kommen würde.

In der Stadt ging das Gerücht um, daß Onkel Otto sich selbst umgebracht hatte, indem er Öl schluckte, und das war eine Zeitlang das Tagesgespräch in Castle Rock. Carl Durkin, der städtische Leichenbestatter und kein besonders verschlossener Mann, erzählte, daß die Ärzte, als sie ihn zur Autopsie öffneten, fast drei Liter Öl in ihm fanden — und nicht nur in seinem Magen. Es hatte seinen ganzen Organismus überschwemmt. Das, was die ganze Stadt interessierte, war: Was hatte er mit den Ölkannen gemacht? Keine einzige wurde gefunden. Keine Kanne, keine Flasche, kein wie auch immer gearteter Behälter.

Wie ich schon sagte, die meisten unter Ihnen werden mir nicht glauben, wenn sie diese Erinnerungen gelesen haben — es sei denn, Ihnen ist schon etwas Ähnliches zugestoßen. Aber der Lastwagen steht immer noch dort draußen auf der Wiese — und ob Sie mir glauben oder nicht, es ist tatsächlich *geschehen*.

Originaltitel der Geschichten, die Übersetzer und die Erstveröffentlichungen

Mrs. Todds Abkürzung — *Mrs. Todd's Shortcut*
Deutsche Übersetzung von Alexandra von Reinhardt

Der Hochzeitsempfang — *The Wedding Gig*
Deutsche Übersetzung von Alexandra von Reinhardt

Travel — *The Jaunt*
Deutsche Übersetzung von Rolf Jurkeit
(bereits erschienen in: Schattenlicht. Unheimliche Geschichten. Ausgewählt und übersetzt von Rolf Jurkeit. München 1985 — Heyne 01/6428)

Kains Aufbegehren — *Cain Rose Up*
Deutsche Übersetzung von Alexandra von Reinhardt

Das Floß — *The Raft*
Deutsche Übersetzung von Rolf Jurkeit (bereits erschienen in: Dämmerlicht. Neue unheimliche Geschichten. Ausgewählt und übersetzt von Rolf Jurkeit. München 1985 — Heyne 01/6498)

Der Gesang der Toten — *The Reach*
Deutsche Übersetzung von Alexandra von Reinhardt

Der Sensenmann — *The Reaper's Image*
Deutsche Übersetzung von Alexandra von Reinhardt

Nona — *Nona*
Deutsche Übersetzung von Alexandra von Reinhardt
(in gekürzter Form bereits erschienen: Stephen King: No-

na und die Ratten. Übersetzt von Alexandra von Reinhardt. München 1985 — Heyne 33/2)

Onkel Ottos Lastwagen — Uncle Otto's Truck
Deutsche Übersetzung von Martin Bliesse
(bereits erschienen in: Die Gruselgeschichten des Jahres.
Herausgegeben von Karl Edward Wagner. München
1984 — Heyne 01/6614)

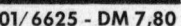

John Saul

Der Meister des psychologischen Horror-Romans verbindet sanftes Grauen mit haarsträubendem Terror. Er versteht es, seinen Lesern das Gruseln zu lehren.

Das Kind der Rache
01/6963 - DM 8,80

Wehe,
wenn sie
wiederkehren
01/6740 -
DM 7,80

Blinde Rache
01/6636 -
DM 7,80

01/7659 - DM 8,80

Wilhelm Heyne Verlag München